Serge Latouche

Die Unvernunft der ökonomischen Vernunft

Serge Latouche

Die Unvernunft der ökonomischen Vernunft
Vom Effizienzwahn zum Vorsichtsprinzip

Aus dem Französischen
von Heinz Jatho

Mit einem Vorwort zur deutschen Ausgabe
von Wolfgang Sachs

diaphanes

Titel der Originalausgabe: *La Déraison de la raison économique. Du délire d'efficacité au principe de précaution*

1. Auflage
ISBN 3-935300-49-2

www.diaphanes.net

Layout, Satz: 2edit, Zürich, www.2edit.ch
Druck: Druckhaus Köthen
Umschlagfoto: Luca Fanelli / photowo.net
»Müllhalde. Dakar 2002«

Inhalt

Vorwort zur deutschen Ausgabe

Sushi in Dortmund und *Pizza Hut* in Tokio, *Youssou N'Dour* aus Boxen in Berlin und *Madonna* in Dakar, *Tae kwon do* im Fitness-Center Paderborns und Fußball in der Arena von Seoul: überall hält kulturelle Vielfalt Einzug in einer schrumpfenden Welt. So jedenfalls behaupten es die Bannerträger der Globalisierung. Sie verweisen darauf, wie die Verbreitung verschiedener Eß- und Kleidungsstile, Musik- und Designtraditionen, Sprachen und Ethnien unser aller Alltag bereichert hat. Recht haben sie – und doch auch Unrecht. Worum geht es bei kultureller Diversität im 21. Jahrhundert? Um eine größere Zahl bunter Angebote? Um immer neue Erlebnisse? Oder gar nur um Ehrerbietung für die Vergangenheit? Serge Latouche gibt in diesem Buch eine Antwort, die in die vollen geht. In seinen Augen ist die Gegenwart anderskultureller Lebensformen auf dem Globus nichts weniger als ein Rettungsanker für die westliche Zivilisation.

Jede wahrhaftige Erkundung kultureller Diversität wird mit einem anthropologischen Blick auf den Westen beginnen. Erst wenn der Westen in seiner Eigentümlichkeit hervortritt, erst wenn deutlich wird, worin er sich nicht nur von dieser oder von jener, sondern worin er sich von allen anderen Kulturen unterscheidet, dann läßt sich das Andere in den fremden Lebensformen erkennen und möglicherweise wertschätzen. Latouche betrachtet den Westen als das Reich der ökonomischen Rationalität. In den Gesellschaften dieses Reiches herrscht die Wirtschaft über die Gesellschaft und nicht die Gesellschaft über die Wirtschaft. In westafrikanischen Gesellschaften – ihnen gilt die besondere Neugier des Autors – läßt sich dagegen noch das umgekehrte Verhältnis beobachten: Die wirtschaftlichen Tätigkeiten sind in die sozialen Beziehungen und Regeln eingelassen, wie sie in einem Dorf oder einem Clan herrschen: die Gesellschaft absorbiert die Wirtschaft. Nicht in den Akkumulationsdrang wird die soziale Energie in erster Linie investiert, sondern in die Pflege eines Netzwerks von Freunden, Verwandten oder Stammesmitgliedern. Für westliche Augen erscheinen daher Afrikaner allzu leicht als eigenwillig und ineffizient, während sie sich in Wahrheit schlicht an anderen Spielregeln orientieren.

Für nicht-westliche Kulturen, so läßt es sich vielleicht auf eine Formel bringen, liegt das Rationale im Relationalen. Vorrang haben die Beziehungen zwischen Personen und nicht die Beziehungen zwischen Personen und Dingen. Im ersten Fall werden Ereignisse im Licht ihrer Bedeutung in bezug auf Nachbarn, Verwandte oder Ahnen und Götter bewertet; dagegen werden sie im zweiten Fall danach beurteilt, was sie zu Erwerb und Besitz von Dingen beitragen. Dieses Unpersönlichkeitspostulat, demzufolge unpersönliche Beziehungen vor persönlichen Beziehungen rangieren, kann wohl als spezifisch westlich gelten. Um seine Durchsetzung in nicht-westlichen Gesellschaften ging es bei den Entwicklungs- und Modernisierungsanstrengungen der vergangenen Jahrzehnte.

Vor diesem Hintergrund entwickelt Serge Latouche sein großes Thema von der ›Unvernunft der ökonomischen Vernunft‹. Mit Geschichten von den Kuhbauern des Senegals, der Nomadenkultur der Tuaregs und den Seestädten des Mezzogiorno illustriert er, wie das wirtschaftlich Rationale dem sozial Vernünftigen in die Quere kommen kann. Was als irrational erscheint, enthüllt sich mitunter als das Vernünftige, und was als rational erscheint, als das Unvernünftige. Umwege zu machen und Zeit zu vergeuden, das muß sein, um das soziale Netz zu kräftigen. Als einzelner auf Geldmaximierung zu setzen, das soll besser nicht sein, um das Sozialgefüge – und damit die Sicherheit – nicht zu untergraben. Den Leser nach Westafrika, Süditalien und in die Weiten der westlichen Geistesgeschichte führend, erzählt Latouche Episoden, Ereignisse und Entwicklungen, die alle von einem roten Faden zusammengehalten werden: dem Konflikt zwischen dem, was *rational*, und dem, was *reasonable* ist. Denn ohne die Rettung des *reasonable* wird es für Latouche keinen Ausweg aus dem Verhängnis der westlichen Zivilisation geben. Die Rückkehr der Vernunft verlangt die Entthronung der Ökonomie.

Mit diesem Buch führt Latouche das Leitmotiv seiner Schriften der letzten zwanzig Jahre fort: die Kritik der ökonomischen Imagination. Als Wirtschaftsprofessor hat er Grundkategorien des ökonomischen Denkgebäudes entmystifiziert, als Mitbegründer von MAUSS *(Mouvement anti-utilitariste dans les sciences sociales)* hat er auf die verborgene der Ökonomie des Schenkens aufmerksam gemacht, als (Anti-)Entwicklungstheoretiker hat er die produktivistische Zurichtung nicht-westlicher Gesellschaften kritisiert und als globalisierungskritischer Intellektueller hat er wiederholt auf die Relevanz der Peripherien für die Erneuerung der Welt bestanden. In *Die Unvernunft der ökonomischen Vernunft* klingen alle diese Motive wieder an und werden, durchgespielt in zahlreichen Bildern und Beispielen, zu einem Stück über die westliche Rationalität und ihre falschen Überlegenheitsansprüche zusammengeführt. Wer über kulturelle Hegemonie und ihre Fallstricke in der Zeit der Globalisierung Aufschluß erhalten möchte, wird zu diesem Buch greifen. Und er wird sich obendrein mit einer anschaulichen Sprache, mit anspruchsvollem Denken und einer ungewöhnlichen Perspektive belohnt sehen.

Wolfgang Sachs
Wuppertal, März 2004

Für meine Freunde auf beiden Seiten unseres Meeres, die mir geholfen haben, den mediterranen Geschmack des Vernünftigen zu entdecken

Einleitung

Die Gefahr steht auf dem Tisch. Der Triumph der instrumentalen Rationalität und die Niederlage der Vernunft [1]

»Wir sprachen von Hühnchen und Schmetterlingen. Man stelle sich vor, eines Tages wären wir an der Reihe, so behandelt zu werden, und die Wissenschaftler würden es schaffen, vom Menschen ausgehend künstliche Ungeheuer zu erzeugen [...] Was würde passieren?«
Giovanni Macchia [2]

»Wir sind die erste Gesellschaft, in der sich die Frage einer Selbstbegrenzung des Fortschritts der Techniken und Kenntnisse nicht aus religiösen oder anderen Gründen stellt [...], sondern als Frage der *phronesis* – im aristotelischen Sinn, als Frage der Klugheit im tiefen Sinn des Worts.«
Cornelius Castoriadis [3]

Wir leben in einer Kultur des Risikos.[4] Jeden Tag versorgt uns die Zeitung mit einer Portion Neuigkeiten, die größere und kleinere technologische Zwischen- oder Unfälle betreffen, manche eher amüsant, wie das Computervirus zum Jahr 2000, andere dramatisch wie die Explosion des vierten Reaktors im Kernkraftwerk von Tschernobyl im April 1986. Schlagen wir einfach *Le Monde* auf, Ausgabe vom 30./31. März 1999. Auf Seite 4 ein Bericht über die belgischen Dioxin-Hühner: »Gesundheitsalarm in Belgien: Behörden verbieten jeden Verkauf von Eiern und Hühnern«. Noch ist der Massenmord an Millionen von vergifteten Hühnern in Hongkong nicht vergessen, da wird das belgische Federvieh auf dem Altar der industriellen Zucht geopfert. Das kontaminierte Tiermehl macht das Borstenvieh verdächtig und erinnert an die Hekatombe, die die Schweinepest gekostet hat, und über allem liegt majestätisch der Schatten des Rinderwahns.

En passant hätte man auch die obskuren Geschäfte mit verschmutztem Motoröl, die zum Austreten von Dioxin geführt haben sollen, erwähnen können, was wiederum daran erinnert hätte, wie vor ein paar Jahren spanische Konsumenten durch ein betrügerisches Recycling vergiftet wurden. Die Gefahr kommt näher, und man ahnt sie schon auf dem Teller.

Auf derselben Seite eine kleine Meldung, daß der Zusammenstoß eines Lastwagens mit einem Pkw im österreichischen Tauerntunnel einen Brand verursachte, bei dem eine Person starb und siebenundneunzig verletzt wurden; es sollten um die fünfzehn Tote werden. Die Erinnerung an die Katastrophe im Mont-Blanc-Tunnel dagegen begann bereits wieder zu verblassen, ebenso wie die Ankündigungen, einen Huckepackverkehr einzurichten.

Auf Seite 21 berichtet man uns – vor dem Hintergrund »großer industrieller Aktivitäten« – von den Mißgeschicken des Klonschafs Dolly und seinem vorzeitigen Altern, was wiederum auf die Debatte über die OGM (genetisch modifizierte Organismen) verweist. Die *Libération*-Ausgabe vom selben Tag enthält eine ganzseitige Reklame der Supermarktkette Edouard Leclerc, die die von manchen Branchenkollegen immerhin unterstützte Forderung nach *traçabilité*, dem lückenlosen Herkunftsnachweis, ablehnt und ein endgültiges Expertenurteil verlangt, während gleichzeitig die Amerikaner, gestützt auf eine erste Entscheidung der WTO, ihren Druck auf die Europäer zum Konsum von hormonbehandelten Rindern verstärken. Auch hier fehlt es nicht an Betrug und Schiebung. »Nächtlicher DNA-Diebstahl. Verrat, Einbrüche, Skandale, Milliarden und Prozesse: der Streit um die Urheberschaft des synthetischen Wachstumshormons dauert schon neun Jahre«, titelt *Libération* am 8. Juni. Dieser Prozeß, in dem sich die Genentech, eine Tochter der schweizerischen Roche-Gruppe, und die Universität von Kalifornien in San Francisco gegenüberstehen, erinnert wiederum an den unrühmlichen Streit der Laboratorien um die Entdeckung des AIDS-Virus.

Auf Seite 22 teilt uns *Le Monde* mit, daß »über den Sonnenanbetern die Drohung des Melanoms schwebt«: »Die Mortalität, die auf den äußerst bösartigen, in acht bis zehn Prozent aller Fälle erblichen und durch übermäßige Sonneneinwirkung hervorgerufenen Hautkrebs zurückgeht, wächst beständig.« Neben den Sonnenschutzcremes hat wohl auch das Verschwinden der Ozonschicht damit zu tun.

Am gleichen Tag berichtet *Libération* über den Stand der Dinge im Fall des Mineralwassers Chantereine. Der Ursprung der Toxizität ist einem Lösungsmittel zuzuschreiben, das versehentlich dem Wasser beigemischt wurde. Dieser Vorfall antizipiert künftige (etwa Mitte Juni in der Coca-Cola-Fabrik von Dünkirchen) und schließt sich an frühere desselben Typs an. Man erinnert sich der Millionen von Perrier-Flaschen, die 1992 in Amerika vom Markt genommen wurden, gar nicht zu reden von den achtundneunzig Prozent aller bretonischen Gemeinden, die aufgrund der Verunreinigung des Grundwassers durch Schweinegülle, chemische Pestizide und Dünger nicht mehr fürs Trinkwasser garantieren konnten. Jeden Tag konfrontiert uns die Zeitungslektüre mit einer Flut von unangenehmen Antworten, mit denen die Natur auf die Manipulationen, die man ihr antut, reagiert.

Gewiß, das technologische Risiko ist nichts Neues. Mit dem Schiff hat der Mensch den Schiffbruch erfunden; seit er das Feuer entdeckte, droht dem Menschen die Gefahr tödlicher Brände. Dennoch, die ungeheuren Feuersbrünste, die Indonesien 1998 verwüstet und noch nicht völlig evaluierte Schäden von Malaysia bis zu den Philippinen nach sich gezogen haben, von den Auswirkungen auf die planetarische Ökologie gar nicht zu reden, sind zunächst das Ergebnis des direkt oder indirekt kriminellen Verhaltens transnationaler, am *business* der großen Pflanzungen beteiligter Firmen, selbst wenn sie zweifellos durch das verhängnisvolle Auftreten von El Niño noch verschlimmert wurden. Desgleichen sind die regelmäßig auftretenden riesigen Brände im Amazonasgebiet, die den Treibhauseffekt verstärken und das ökologische Gleichgewicht des Planeten gefährden, von den verhängnisvollen Folgen für die biologische Vielfalt und die eingeborene Bevölkerung ganz abgesehen, keine Unfälle. Sie werden gelegt im Namen der ökonomischen Entwicklung und stehen im Einklang mit der Weltwirtschaft, die die großen *fazienderos* zur Vergrößerung der Weideflächen und die vom amazonischen Trugbild angelockten kleinen landlosen Farmer zur Anpflanzung von Bohnen ermuntert. Der Schiffbruch des Planeten ist nicht der Preis des menschlichen Scharfsinns, sondern eines Unternehmens, das jedweder *Klugheit* hohnspricht.

Ist das *rationale* Verhalten des modernen Menschen, wenn er im Streben nach maximalem Profit die Natur im Dienst des größten Glücks aller grenzenlos manipuliert, wirklich *vernünftig*? Entspricht das System, das im Zeichen der okzidentalen Vernunft auf dem entfesselten ökonomischen und technischen Wettbewerb beruht, einem Modell von Weisheit?

Unser in der griechischen Tradition geformter Instinkt sagt uns, daß trotz der Faszination, die das prometheische Abenteuer der Moderne ausübt, eine weiße Linie überschritten wurde. Minerva, die griechisch-lateinische Göttin der Vernunft, ist bekanntlich in voller Rüstung dem Haupt Jupiters entsprungen. Nach manchen Mythen wäre sie jedoch die Tochter der Metis, der chthonischen Gottheit der List und ersten Frau des Zeus, die dieser verschlungen haben soll, nachdem sie empfangen hatte. Nicht weniger mythisch lassen sich der spröden Jungfrau zwei Kinder im Geist zuschreiben; das ältere wäre die *Phronesis*, die wir Vorsicht oder Weisheit oder besser noch »das Vernünftige« nennen, und das jüngere der *Logos epistemonikos*, die geometrische Vernunft oder das Rationale.[5] Lange Zeit seiner Schwester untertan, hat dieser jüngere Bruder bis etwa zum sechzehnten Jahrhundert in Harmonie mit ihr gelebt. Dann aber hat er unbekannte Horizonte entdeckt und sich emanzipiert, und am Ende hat er die Ältere regelrecht verbannt, in ein fernes Exil (vielleicht nach China oder ins Innere Afrikas), wo wir nach ihr suchen müssen.

Die von der okzidentalen Moderne lancierte technisch-ökonomische Rationalität führt uns zur Eroberung des Kosmos, vom unendlich Kleinen zum unendlich Großen. Wir berauschen uns an der Beherrschung und der Manipulation des gigantischen Baukastens der Schöpfung. Trotzdem ruft uns die Erstgeborene noch immer die Lehren einer älteren Tradition, einer, die an den Ufern jenes Meers zwischen den Ländern – dem Mittelmeer – geboren wurde, in Erinnerung. Es gibt Markierungen, die man nicht überschreiten soll. Welche? Wo liegen sie? Haben wir sie schon überschritten? Die Grenze des Vernünftigen ist ganz und gar willkürlich. Dies ist die unheilbare Schwäche von Minervas ältester Tochter.

Der Mensch, der sich um des ständig fliehenden Horizonts des größten Glücks willen von den erreichbar scheinenden Ufern des »guten Lebens« entfernt hat, hat in einem Boliden ohne Pilot, ohne Bremse und ohne Rückwärtsgang Platz genommen und strebt einer ständig sich beschleunigenden Zukunft zu. Statt sich ein bescheidenes, aber seinem Maß entsprechendes Ziel zu wählen, fährt er hinaus auf die hohe See. Es gibt dann nichts anderes mehr als die Flucht nach vorn, den Wettlauf selbst. Indem er, um sich dieser sinnlosen Herausforderung zu stellen, sich selbst manipuliert und zum »Cyborg« oder Mutanten wird, kompromittiert er seine menschliche Identität, um sich einem technisch bestimmten *Schicksal* zu überlassen, das der Name des großen Sprungs ins Unbekannte ist. So verwandelt sich die totale Beherrschung in ihr Gegenteil. Der große Manipulator ist schließlich nur noch ein manipulierter Roboter.

Wäre es nicht weise, spräche jenes in diesen Zeiten großer technologischer Risiken so in Mode gekommene *Vorsichtsprinzip* nicht dafür, sich wieder auf die Weisheit zu besinnen, wäre es nicht vernünftig, zum Vernünftigen zurückzukehren, wäre es nicht klug, sich mit der Klugheit wieder zu versöhnen? Wäre es nicht angebracht, sich von jenem anderen Kind der Vernunft, welches die technisch-szientifisch-ökonomische Rationalität ist, zu verabschieden, nachdem es sich zum tyrannischen Narren entwickelt hat?

Ist eine solche Rückkehr, die Rückkehr von den ozeanischen Ufern des großen Abenteuers der Moderne hin zu denen des Mittelmeers, möglich, und zu welchen Bedingungen? Es geht nicht bloß darum, nostalgisch der antiken Weisheit nachzuhängen. Eine fromme Mahnung wäre ohnmächtig. Es geht darum, auf die Ursachen der Niederlage und des Exils zurückzukommen, aufs Warum der Usurpation. Man muß die Schwächen des Vernünftigen aufdecken, muß ihnen, wenn's geht, beikommen, bevor man sich auf einen neuen Götterkampf einläßt. Die Herausforderung Minervas anzunehmen, heißt der kohärenten und strengen Einfachheit des rationalen Kalküls eine genauso kohärente Form der Vernunft entgegenzustellen, die nicht nur deren selbstmörderische Fallen zu vermeiden, sondern auch Verhaltensregeln anzugeben imstande wäre, mit deren Hilfe das Schiff der Menschheit durch die Klippen und die Riffs einer ungewissen Zukunft hindurchsteuern könnte. Dies ist das ehrgeizige Programm, das in diesem kleinen Werk skizziert wird.

Die Bestandteile dieser Reflexion haben sich zusammengefügt, wie der Zufall der Anlässe es wollte, wobei die Willkür ihrer Komposition eine gewisse durchgängige Progression nicht ausschloß. Bis zu einem gewissen Grad zeichnet diese Progression die Weise nach, wie wir selbst die Spannweite des Themas entdeckt haben. Das anfängliche Erstaunen über die Begegnung mit der ökonomischen Irrationalität auf afrikanischem Boden mündet in eine erste Erfahrung des Vernünftigen im Palaver. Diese Erkundung erneuert sich im Verlauf eines mediterranen Parcours, der ein besonderes Licht auf die Opposition zwischen dem Rationalen und dem Vernünftigen wirft und den Einsatz, um den es in dieser Herausforderung geht, genauer zu fassen erlaubt. Es folgt eine theoretische Vertiefung der intrinsisch ökonomischen Natur der Rationalität zusammen mit dem Nachweis ihrer Grenzen und Aporien. Unterwegs wird immer deutlicher, daß die Rückkehr des Vernünftigen ausgesprochen subversive Implikationen mit sich führt. Sie kann in der Tat nur innerhalb eines anderen Funktionierens der Welt stattfinden. Die *phronesis* stellt nicht nur die übliche Führung der Unternehmen in Frage, sondern auch die Grundlagen unseres ökonomischen Imaginären überhaupt. Die Notwendigkeit, die Ethik im sozialen Tausch wieder zur Geltung zu bringen, erlaubt es, eine Neubegründung der Demokratie zu konzipieren. Schließlich endet unsere Odyssee mit einer Einladung, einen Blick auf die wunderbare Schönheit eines Sonnenaufgangs an einem Strand zu werfen, der – wenn die schwarze Kruste der Welt und Leben besudelnden Rationalität einmal entfernt ist – immer noch makellos ist.

Die schwarze Athena: die afrikanische Erfahrung und ihre Lehren

»Die Beratung stellt den menschlichen, also den mittleren Weg dar, den Weg eines weder ganz wissenden noch ganz unwissenden Menschen in einer Welt, die weder ganz rational noch ganz absurd ist, einer Welt, in die man Ordnung bringen muß, indem man sich der unzulänglichen Mittel bedient, die sie bereithält.«
Pierre Aubenque [6]

Der senegalesische Präsident Léopold Sédar Senghor, der Prophet der *négritude,* wollte sein Land zum Athen Afrikas machen. Allerdings war die Erneuerung der afrikanischen Kultur bei diesem Absolventen der *École Normale* und Professor der klassischen Literatur nicht frei von einem seltsamen Mimetismus. Als er einen Kollegen aus Benin empfing, der in einem beratenden Ausschuß im Vatikan seine Nachfolge antreten sollte, faßte er ihn heftig am Arm, als ob er der Botschaft, in der für ihn das Wesen der Kultur zusammengefaßt war, Nachdruck verleihen wollte: »Mein Freund!«, sagte er, »das Latein! Latein ist alles!« Tatsächlich erhielt Emmanuel Seyni Ndione, der Initiator der alternativen Projekte in Grand-Yoff (Senegal), der zur Zeit der Unabhängigkeitsbewegung noch studierte, nach dem Verlassen des Seminars von Thiès ein Stipendium, um in Frankreich eine Dissertation über das Vokabular der pastoralen Bilder in Vergils *Georgica* anzufertigen.[7]

Es ist einfach, sich über den Byzantinismus solcher Forschungen lustig zu machen und zu fragen, was sie zur Lösung der Probleme des heutigen Afrika beitragen. Das ist nicht unsere Absicht. Die utilitaristische Kritik hat in unseren Erziehungssystemen schon zu viele Verheerungen angerichtet, als daß wir diesen Standpunkt einnehmen könnten. Daß sie Abhandlungen über das

»Verschwinden des intervokalischen Sigma im medialen Aorist im Altgriechischen zwischen dem sechsten und fünften Jahrhundert v. Chr.« preisgekrönt hat (um ein Beispiel für eine manchmal als steril angeprangerte Gelehrsamkeit zu nennen), gereicht der Sorbonne nicht zur Schande. Das Drama Afrikas, des offiziellen, des Afrikas der Unabhängigkeitsbewegungen, hat vielmehr darin bestanden, daß es in blinder Servilität die Anerkennung des Westens gesucht und zugleich auf Authentizität Anspruch erhoben hat, statt sich, um Sinn und Würde nicht zuletzt in seinen eigenen Augen zurückzugewinnen, auf die eigenen Wurzeln zu besinnen. Athena, die griechische Minerva, ist vor ihrer Auswanderung nach Griechenland vielleicht eine afrikanische Göttin gewesen.[8] Jedenfalls haben wir in Schwarzafrika in die Grenzen des Rationalen und seinen in pathologischer Weise okzidentalen Charakter Einsicht genommen, während eine bestimmte afrikanische Weisheit neu zu entdecken war, und zwar auch als Heilmittel für unsere eigenen Krankheiten.

I. Der afrikanische Leidensweg der Experten

Bekanntlich ist Afrika das klassische Land der scheiternden Entwicklung. Die ökonomische *Irrationalität* scheint dort allgegenwärtig. Trotzdem ermöglicht eben dieses »Informelle« das Wunder des Überlebens. Bei unseren Forschungen zur informellen Ökonomie und Gesellschaft in Afrika sind uns großartige »Erfolge« begegnet, die gemessen an den Normen der ökonomischen Rationalität völlig absurd scheinen müssen. Das Informelle kann insgesamt als ein Delinquenzphänomen gegenüber der ökonomischen Rationalität, die dem »Formellen« zugrunde liegt, gewertet werden. Wenn es aber einleuchtend ist, daß die zahllosen Irrationalitäten der Dritten Welt die Strategien der Entwicklung scheitern lassen, dann ist andererseits selbst für die meisten Ökonomen offenkundig, daß der Erfolg des Informellen im allgemeinen auf eben denselben Irrationalitäten beruht. Unsere persönliche

Begegnung mit dem Vernünftigen ist somit Hand in Hand mit einer Analyse der afrikanischen *Sozialitäten* entstanden. Wenn dem Rationalen an seinem eigentlichen Ort, dem Ökonomischen nämlich, Schach geboten wird, dann weil die Wirklichkeit dort nicht bloß ökonomisch ist. Das Scheitern der Moderne südlich der Sahara hängt mit diesem Unvermögen zur eindimensionalen Reduzierung der Welt zusammen; der Erfolg ökonomisch *irrationaler* Verhaltensweisen beruht auf der *Einbettung* des Ökonomischen ins Soziale (der *embeddedness* Karl Polanyis). Wenn das Überleben auf der Solidarität beruht, ist es z. B. vernünftig, diese Solidarität um den Preis »luxuriöser« Ausgaben und einer nicht notwendig unbedachten Verschwendung aufrechtzuerhalten. In Duala sprechen die Empfänger von Tontinen bei ihren Zusammenkünften gern dem Champagner zu. Die Schrotthändler von Kigali veranstalten Sammlungen, um Bananenbier-Feste begehen zu können. Diese Konvivialität stärkt die Solidarität; die Akkumulation von Gewinnen würde dagegen nur die Konkurrenz auf einem begrenzten Markt verschärfen und vermutlich Nachteile für alle mit sich bringen. »Die Stellung, die das Fest einnimmt«, bemerkt (keineswegs als einziger) Eric de Rosny, »steht, wie alle Ökonomen bestätigen, in keinem Verhältnis zu den finanziellen Mitteln der Bevölkerung, aber sie entspricht ihren affektiven Bedürfnissen.«[9] In einer »irrationalen« Umgebung ist irrational zu sein vernünftig...

Die gesellschaftsbezogene Norm, die das Überleben und die Konvivialität »neo-klanartiger« Netze in den Vorstädten und Bidonvilles des Südens ermöglicht, ist uns, auch in ihren »ökonomischen Leistungen«, als das *Vernünftige* erschienen. Sie gewinnt dann eine ganze Reihe von Bestimmungen hinzu und erweist damit allem Anschein zum Trotz ihre tiefe Originalität in diesem Kontext. Wenn Axelle Kabou am Ende ihres Buchs *Et si l'Afrique refusait le développement?* peremptorisch behauptet, das Afrika des einundzwanzigsten Jahrhunderts werde rational sein oder nicht sein, dann schüttet sie das Kind mit dem Bade aus.[10] Statt dessen sollte man den Kurs ändern und sich fragen, ob es nicht, um im einundzwanzigsten Jahrhundert zu überleben, am Okzident wäre, das Vernünftige neu zu entdecken und das Rationale zu verabschieden. Afrika, über das sich die ökonomischen Entwicklungsexperten den Kopf zerbrechen, bietet ein unerschöpfliches Florilegium an Irrationalitäten. Ohne auf die Einzelheiten dieses enormen Dossiers hier eingehen zu wollen, erlauben wir uns, das Faktum, daß das *Irrationale* dort seine Gründe hat, mit ein paar Anekdoten zu illustrieren; daß es, mit anderen Worten, durchaus vernünftig und weise sein kann, daraus ein paar Lehren im Hinblick auf unser Thema zu ziehen.

In Madagaskar ist die Versorgung mit Milch in den Städten unzureichend, aber es gibt zahlreiche kleine Züchter, die nur eine Kuh besitzen. Um diesem Mangel abzuhelfen, wurde ein Fachmann der FAO (der Ernährungs- und Landwirtschaftsorganisation der Vereinten Nationen) mit einem in der Logik der westlichen Ökonomie interessanten und wohlbegründeten Projekt beauftragt. Die Züchter sollten davon überzeugt werden, sich eine zweite Kuh anzuschaffen, um Milch verkaufen zu können. Wenn sie keine zweite Kuh hätten, dann, so nahm man an, weil sie aus Mangel an Ersparnissen sie sich nicht leisten könnten. Das geringe Einkommen und mit ihm die geringen Ersparnisse stünden, glaubte man, gemäß dem berühmten *circulus vitiosus* der Armut der Investition und mithin der Steigerung der Produktion, des Einkommens und der Ersparnisse im Wege. Man wollte den Züchtern also Geld leihen, damit sie eine zweite Kuh kaufen könnten. Das Projekt war einleuchtend, denn durch den Verkauf ihrer Milch hätten die Bauern Geld bekommen, um ihre Anleihen zurückzuzahlen; es würde sich also lohnen. Nach Rückzahlung ihrer Schulden bliebe ihnen sogar noch Geld für sich; sie könnten sich nach Belieben einen neuen Pagne* oder ein Radio kaufen oder sie könnten, noch *rationaler*, ihre Profite in eine dritte Kuh investieren und so in den tugendhaften Kreislauf der sich

* So heißen die in ganz Afrika beliebten, mit Wachsfarben bedruckten und meist als Kleidung oder zur Kleiderherstellung benutzten Stoffe [A.d.Ü.]

selbst tragenden Entwicklung eintreten. Unser braver Experte sucht also einen dieser Bauern, der gerade beim Melken ist, auf und erklärt ihm die Sache. »Wenn du eine zweite Kuh hättest, könntest du dir das und das leisten.« Schweigen. »Du hast kein Geld, um dir eine zu kaufen? Man wird es dir leihen, du zahlst es zurück, etc.« Nachdem er sich den ganzen schönen Vortrag angehört hat, wendet sich der Bauer an den Experten. »Hör zu«, sagt er, »wenn ich damit fertig bin, meine Kuh zu melken, habe ich gerade noch genug Zeit, um den Sonnenuntergang zu betrachten.« Der Sonnenuntergang auf der madegassischen Hochebene ist, wie es scheint, sehr schön. Ein solches Verhalten hat in der Logik der Experten für ökonomische Entwicklung offensichtlich keinen Platz. Aber ist es deshalb unvernünftig?

Ein andere Variante dieses Experten-Mißgeschicks ist neueren Datums. Seit 1992 der CFA-Franc, die Währungseinheit der *Communauté Franco-Africaine*, abgewertet wurde, haben gewisse Staaten wie Burkina Faso oder Mali die Möglichkeit, Fleisch zu exportieren. Das Fleisch aus dem Sahel konkurriert dann (sehr provisorisch) mit dem aus Argentinien oder mit den subventionierten Überschüssen des Gemeinsamen Markts. Infolgedessen finanziert die Weltbank entsprechende Entwicklungsprojekte in diesen Ländern. Aber angesichts von Züchtern, die einfach nicht einsehen, warum sie ihren Viehbestand über das Notwendige hinaus erhöhen sollen, können sich die Fachleute nur die Haare raufen. »Was soll man denn mit all dem Geld machen?«, werden sie gefragt. Solche Enttäuschungen sind recht häufig und ließen sich durch weitere Anekdoten illustrieren.

Noch heute zeigt sich in Afrika, daß der Begriff der ökonomischen Armut in nichtindividualistischen Gesellschaften, in die das westlich geprägte System von Bedürfnissen zum großen Kummer der Experten noch nicht Eingang gefunden hat, nicht wirklich sinnvoll ist. Dieses Fehlen des Bedürfnisses ist besonders bei den Nomadenvölkern, etwa den maurischen, festzustellen, wie der folgende Bericht eines erzürnten Entwicklungsexperten belegt: »Das gegenwärtige Fehlen einer auf Geld aufgebauten Ökonomie stellt ein interessantes und hochwichtiges Problem dar. Der Nomade, der die Dinge, die den fortgeschrittenen Völkern unentbehrlich sind – Radio, Kühlschrank, Ventilator oder auch bloß das Fahrrad –, nicht gewohnt ist, hat nicht das Bedürfnis, Geld zu akkumulieren, um sie zu kaufen. Um die erste Etappe des Übergangs aus dem Tauschsystem zu bewältigen, müßte man wohl in der Bevölkerung das Bedürfnis für die kleinen Annehmlichkeiten des modernen Lebens wecken... Wenn wir, die wir aus fortgeschrittenen Ländern kommen, die Rolle des Ratgebers, des Wohltäters oder irgendeine andere, egal wie sie heißen mag, einnehmen wollen, müssen wir uns bei unserer Intervention voll und ganz über die Konsequenzen im klaren sein, die unsere Hilfe für die Empfänger hat. Wir müssen ein Mittel finden, Leute, die die Annehmlichkeiten des modernen Lebens nicht kennen, mit dem, wovon sie profitieren könnten, bekannt zu machen, denn sie können nicht etwas verlangen, dessen Existenz sie nicht einmal vermuten.«[11] Kommentar überflüssig.

Die folgende Geschichte, die von Raimon Panikkar nach Mexiko und von Jean Malaurie nach Grönland verlegt wird, ist vermutlich für die traditionellen Gesellschaften typisch, denn ich habe sie 1964 in fast identischer Weise in Kinshasa erlebt.

In einer mexikanischen Boutique wird, vor etwa zwanzig Jahren, ein amerikanischer Tourist auf einen bunten, handgefertigten Stuhl aufmerksam, der ihm gut gefällt. Er fragt den indianischen Handwerker nach dem Preis.

»Zehn Pesos«.

»Wenn ich sechs davon bestelle, welchen Preis würdest du dann verlangen?«

»Fünfundsiebzig Pesos«, antwortet der Indio.

»Wie!«, ruft der Yankee, der einen Nachlaß erwartet hatte, fassungslos, denn er findet ein so wenig kommerzielles und offen anti-ökonomisches Verhalten schockierend, »das ist wohl ein Mißverständnis. Ein Stuhl zehn Pesos, sechs Stühle fünfundsiebzig Pesos. Du meinst wohl fünfundfünfzig Pesos?«

»Nein, sechs Stühle machen fünfundsiebzig Pesos.«

Nach einer Diskussion gibt der Indio schließlich folgende Erklärung: »Was wird mich denn für die unglaublich langweilige Plakkerei entschädigen, wenn ich fünfmal genau dasselbe mache?«[12]

Kein unvernünftiges Argument, aber unserer ökonomischen Rationalität entspricht es nicht.

Zahlreiche Beobachter haben auf den afrikanischen Märkten die Erfahrung gemacht, daß die Verkäuferinnen sich weigerten, ihre ganze Ware auf einmal zu verkaufen, oder nur mit einem Aufschlag.[13] »Der Preis en gros ist höher als der Preis en détail«, wundert sich ein Ökonom.[14] Dieses irrationale Verhalten erklärt sich daraus, daß die Präsenz auf dem Markt mit seinen Begegnungen und Diskussionen kein *Kostenfaktor,* sondern ein *Gewinn* ist, und darum ist es vernünftig, sich den Verlust, den ein überstürzter Verkauf nach sich zieht, bezahlen zu lassen. So geben unsere afrikanischen Verkäuferinnen Aristoteles recht. Die Individuen lieben den Austausch mehr als den Gewinn, und darum tauschen sie. Man geht nicht nur aus Interesse zum Tausch.[15] Das Soziale ist stärker als das Ökonomische, und das ist sicherlich ein Zeichen von Weisheit.

In Afrika ziehen es die Teilhaberinnen von Tontinen, jene Frauen, die *cagnottes,* also Gemeinschaftskassen, unterhalten, im allgemeinen vor, ihre Tontine zuletzt statt zuerst zu empfangen, obwohl das Kapital durch die Inflationsrate mit der Zeit erheblich an Wert verloren hat. Entgegen John Stuart Mill (der sagt, der Mensch sei von »Natur« aus dazu bestimmt, »größeren Reichtum einem geringeren vorzuziehen«[16]) ist dieses Verhalten jedoch *vernünftig;* die Tontine ist keine spekulative Anlage, sondern eine Ersparnis innerhalb eines mehr oder weniger konvivialen Kollektivs mit spielerischen Aspekten. Ihr Zweck ist, in der Zukunft über eine größere Summe verfügen zu können, sei es im Hinblick auf besondere Fälle wie Heirat oder Geburt, sei es um ein inzwischen aufgetretenes Loch zu stopfen. Der unmittelbare Zugriff aufs Geld ist von Übel, denn mangels Verwendung droht es durch Solidaritätsverpflichtungen gegenüber der Gruppe verschleudert oder gar gestohlen zu werden.

Ganz allgemein macht die Funktionsweise des *informellen* afrikanischen Handwerks, selbst wenn es hochprofessionell ist, den Beobachter perplex. Zwei Schmiede haben sich an der Straße von Kaolak (Senegal) niedergelassen. Der Standort wurde von einer NGO ausgesucht und ist auf die Bedürfnisse der ländlichen Kundschaft in der Umgebung zugeschnitten. Allerdings begünstigt die Ortswahl, die durch den Gebrauch einer leistungsfähigeren elektrischen Ausrüstung geboten ist, eine kommerzielle Fehlentwicklung aufgrund städtischer Aufträge. Diese Schmiede, die zwar einer Kaste angehören, aber von den Gebräuchen ihrer Ahnen nur wenig beibehalten haben, sind in die Handelsbeziehungen voll integriert. Dennoch stößt man auf folgendes Paradox: Es gibt eine unzweifelhafte Nachfrage zu befriedigen, und doch bleibt die Produktion weit unter dem Maximum. Andererseits gehen die Geschäfte keineswegs besonders gut, und die Lehrlinge sind entweder zu zahlreich und unterbeschäftigt oder im Gegenteil nicht ausreichend vorhanden. Das Lokal ist ausgesprochen ungeeignet und die Ausrüstung bloß elementar. Eine Akkumulation schließlich findet nicht statt, selbst wenn wichtige Aufträge unverhoffte Einkünfte verschaffen können. Gewiß, es geht, aber könnte es nicht viel besser gehen?[17]

Beispiele solcher Art ließen sich viele aufzählen – die Soninké-Schmiede von Kaedi (Mauretanien), die Frauen von Grand-Yoff et cetera.[18] Wenn es irgendwie geht, dann geht es *gegen* die Ökonomie. Kann man sich damit begnügen zu sagen, daß irrational zu sein in einer »irrationalen« Umgebung vernünftig ist? Die Formel ist verführerisch, aber das Paradox bleibt aufzulösen. Genauso gut könnte man sagen, daß es rational ist, irrational zu sein. Das ist es, was Guy Nicolas bemerkt: »Wenn die sozialen Werte einer Gesellschaft dem Mann, der von vielen Abhängigen umgeben ist, Prestige verleihen, ist es vollkommen ›rational‹, wenn der Käufer eines Gespanns von Zugtieren diese benutzt, um außerhalb seines Betriebs Arbeiten ausführen zu lassen und sich so Geld zu verschaffen, damit er, wie wir es beobachten, die zahlreichen Lohnarbeiter für die Bearbeitung seines Landes bezahlen kann. ›Irrational‹ ist vielmehr der Promoter, wenn er meint, man müsse nur für eine moderne Ausrüstung sorgen, um die Sitten zu verändern.«[19] In diesem Sinn kann es »einem Individuum mehr Prestige einbringen, sich mit wenig effizienten, aber zahlreichen Handarbeitern zu umgeben, als mit hoch leistungsfähigen Arbeitern oder Geräten. Es sei denn, diese Geräte sind selbst prestigeträchtig...«[20] Wie man sieht, läßt sich für das antiökonomische oder »irrationale« Verhalten der Afrikaner immer eine Rechtfertigung finden. Muß man also eine afrikanische Rationalität erfinden?

II. Gibt es eine afrikanische Rationalität?

Fast alle genannten Beispiele zeigen die Gründe des afrikanischen *Irrationalen.* In der Analyse dieser Paradoxien wird ein *Vernünftiges* erkennbar, das vom Rationalen unterschieden werden kann, ja ihm entgegengesetzt ist. In all diesen Fällen, vor allem in letzterem, ist der erste Reflex des ökonomischen Experten der, ein bißchen Rationalität einführen zu wollen: die Produktivität zu steigern, die Verkäufe zu beschleunigen, die Lokalitäten zu verbessern und in den Kreislauf der Akkumulation und des grenzenlosen Wachstums einzutreten. Dieser *intelligente* Reflex ist zweifellos der Königsweg des Scheiterns. André Whittaker, selbst Unternehmer und Spezialist für »kreolische Geschäftsführung« auf den Antillen, sagt scherzhaft vom Werk eines Experten, das die Betriebsführung in Afrika behandelt,[21] es sei »in Wirklichkeit ein Handbuch für schlechte Betriebsführung. Man hätte dieses Buch *Handbuch fürs Scheitern bei der Betriebsführung in Afrika* nennen sollen, oder auch *Anleitungen und Ratschläge zum Mißerfolg.*«[22] Seine Diagnose entspricht der unsrigen: Das Informelle zu rationalisieren, heißt es zu töten. »Modernisieren«, so schreibt er anläßlich eines Unternehmens in Guadeloupe, »war gleichbedeutend mit Exogenisieren, das heißt mit Verschuldung, Finanzplänen, formeller Organisation, Risiko, Abhängigkeit von Banken, etc.« Die

Handwerker, die die Anweisungen dieser *Berater* (barmherziger Samariter von NGOs oder ähnlichem) befolgt haben, sind bankrott gegangen oder zur früheren Praxis zurückgekehrt. Man darf, was diese Handwerker in den Armenvorstädten Afrikas betrifft, nie vergessen, daß ihre bloße Existenz ans Wunder grenzt. Das ist es, was man zunächst verstehen und analysieren muß. Es gibt ganz einfach keinen Markt im ökonomischen Sinn des Worts, das heißt keine zahlungsfähige Nachfrage. Von einer Kundschaft ohne Einkommen kann man sich kein Vermögen erhoffen, aber es ist schon ein großer Erfolg, wenn man das eigene Überleben und das dieser Kundschaft erreichen kann. Wenn *rationale* Unternehmen in Afrika problemlos gedeihen könnten, wüßte man's, zumal es in hundert Jahren Kolonialismus und vierzig Jahren Entwicklung an solchen Versuchen nicht gefehlt hat!

Das afrikanische Informelle zu rationalisieren heißt, es als afrikanisches zu verneinen, es zu verwestlichen und letztlich seiner Vereinnahmung und Zerstörung den Weg zu bereiten. Überall da, wo das Informelle *Erfolge* vorweisen kann, handelt es sich nicht um einen Maximum-Minimum-Kalkül mit Blick auf eine homogene quantifizierbare Größe vom Typ monetärer Gewinne und Kosten, sondern um eine synthetische Spekulation unter Berücksichtigung der vielfachen »Gründe«, die in den Umgang mit einem Problem, das die soziale Totalität umfaßt, eingehen.

Anzuerkennen, daß die ökonomische Effizienz mit den kulturellen Werten Afrikas kombiniert oder daß die ökonomische Rationalität an die nationalen Traditionen angepaßt werden muß, ist das eine, die Rationalität selbst in Frage zu stellen, ein anderes. Nachdem die Entwicklungsexperten in den sechziger Jahren die »Irrationalität« der Länder der Dritten Welt denunziert hatten, wurde man sich allmählich der Wichtigkeit kultureller Faktoren bewußt und begann sie zu berücksichtigen. So hat die Weltbank neuerdings den »psychologischen Motiven für ökonomische Entscheidungen in Afrika« eine Studie gewidmet. »Bei den meisten Mikro-Unternehmen des informellen Sektors«, liest man dort, »die sich in einer feindlichen Umgebung durchsetzen müssen und keinerlei staatliche Hilfe beziehen, erklärt sich ihr Erfolg vor allem aus der Fähigkeit, die sozialen und kulturellen Werte Afrikas mit der notwendigen ökonomischen Effizienz zu verbinden.«[23] Die Vernunft muß zur List greifen. Muß man, so fragt ein afrikanischer Autor treffend, bei Afrika von einer »a-modernen« Rationalität oder von einer »a-rationalen« Moderne sprechen?[24] Zum irrationalen Kontext würde eine irrationale Vernunft gehören oder vielmehr, für die Ökonomen, eine Rationalität, die sich dem *Realitätsprinzip* anpassen würde. Die Rationalität würde, ohne aufzuhören rational zu sein, in Afrika afrikanisch, in Japan japanisch, in den Vereinigten Staaten protestantisch und in Südeuropa lateinisch sein, etc.

Die afrikanische Rationalität, die man unter Berufung auf die Erfolge des Informellen zu entdecken glaubt und die manche bereits in betriebswirtschaftlichen Handbüchern für potentielle lokale Unternehmer und fremde Investoren auswerten wollen, scheint mir eine Illusion zu sein. Zunächst zeigt sich in diesem Willen, jeden Erfolg der Rationalität zuzuschreiben, eine gewisse Arroganz und eine erhebliche Gedankenlosigkeit. Weil die informellen Unternehmen funktionieren, können sie nur *rational* sein, müssen also dem großen okzidentalen Paradigma der Rationalität gehorchen. Die Rationalisierung des Handelns ist, im Sinn von Max Webers magistraler Analyse, zweifellos der zentrale Zug der Moderne. Die *Ökonomie des Gefühls,* wie manche die informellen Praktiken genannt haben, ist im eigentlichen Sinn gar keine Ökonomie.[25] Die symbolischen Güter, wie Macht, Prestige, Vertrauen, Freundschaft etc., die in ihr eine so große Rolle spielen, sind nicht quantifizierbar. Die intensiven Abwägungen, zu denen sie Anlaß geben, sind ein *Kalkül* nur im metaphorischen Sinn. Eine in Ziffern ausdrückbare Bewertung ist bei ihnen gar nicht denkbar. Was dagegen in die Überlebensstrategie eingeht, ist ein Grundelement, das im Okzident praktisch verschwunden ist: das Gedächtnis. Die Fähigkeit, die Identität von Personen zu memorisieren, ist verblüffend. Jeder muß alle seine »Verbindungen«, also den Namen, die persönliche Situation sowie die ethnische, familiäre und soziale Stellung von mehreren hundert Leuten, muß ihre Geschichte und ihre Geschichten sowie die ihrer Familie kennen. Es gibt keinen Tausch ohne vorherige Kenntnis und Anerkennung. Es geht tatsächlich darum, die Handelsbeziehung in den familiären Tausch und wenn möglich ins Netz der Verwandtschaft einzufügen. Die Virtuosität, die die Akteure bei der Handhabung dieser »Datenbank« an den Tag legen, löst bei dem von außen kommenden Beobachter immer wieder Staunen und Bewunderung aus. Es handelt sich wirklich um ein in den sozialen Verkehr eingehendes *Kapital,* um seinen Grundstock. Wenn man von Beziehungsinvestitionen, vom kulturellen Faktor etc. redet, dann ist dieser Rückgriff auf ökonomische Metaphern auch umkehrbar. Man kann so verständlich zu machen versuchen, wie die Gesellschaft *ohne* Ökonomie funktioniert, oder man kann versuchen, die Ökonomie da, wo sie nicht existiert, neu zu erfinden.

Auf diese Weise beobachten wir, wie sich Theorien eines *Managements* auf afrikanische Art entwickeln, so wie man sich auch französischer, amerikanischer oder anderer Traditionen in der »Unternehmenskultur« bewußt wird[26] oder wie die diversen Migrationsströme und insbesondere die massive Zuwanderung von Arbeitern aus dem Süden zu einer Fülle von Handbüchern für interkulturelles Management Anlaß geben.[27] In einem für Unternehmen bestimmten *Globalen Führer durch die Kulturen* sind die verschiedenen Zivilisationen mit ihren charakteristischen Werten inventarisiert, und die Blindheit des von seinem Universalismus überzeugten Westens wird verspottet.[28] Natürlich mischen sich auch die afrikanischen Intellektuellen ein. Emmanuel Okamba, ein promovierter Betriebswirt, will das lokale Palaver »in den Dienst des Unternehmens stellen«.[29] Die Idee ist verführerisch, aber man muß zugeben, daß das Resultat hinter dem Ehrgeiz zurückbleibt. Es bleibt bei einer *petitio principii.* »Es ist Zeit«, versichert der Autor, »die Pforten des afrikanischen Unternehmens fürs Modell des lokalen Palavers zu öffnen.«[30] Gewiß, aber wie sieht sie aus, diese Öffnung? Wir erfahren es nicht. In dem vor ein paar Jahren erschienenen Werk *Culture d'entreprise et management de l'entreprise moderne* nennt der Chef eines Unternehmens, das erfolgreich an der Elfenbeinküste Fuß gefaßt hat, das Problem der Vereinbarkeit einer modernen Betriebsführung mit der afrikanischen Umgebung klar beim Namen.[31] Wie soll man einen Arbeitnehmer dazu bringen, das Interesse des Unternehmens über das des Klans zu stellen? Wie läßt sich verhindern, daß sich *marabouts* und Hexer in die tägliche Arbeit einmischen? Wie kann man sich den Status der afrikanischen Frau in den Arbeitsbeziehungen zunutze machen? Weil die kulturellen Besonderheiten als Hindernisse für die okzidentale Rationalität gewertet werden, muß man sie zu umgehen lernen, muß man sich mit ihnen arrangieren oder das Beste daraus machen. »Die ungenaue Auffassung von der Zeit und der Zeitdauer, die von der legendären Geduld der Afrikaner herrührt«, sagt der Verfasser, »verträgt sich nicht besonders gut mit der Genauigkeit und der Logik des modernen Unternehmens.« Um diesen Problemen zu begegnen, gibt er Ratschläge, die auf seiner langen und positiven persönlichen Erfahrung in Abidjan beruhen. Insbesondere sollte man bei allem, was die persönlichen Beziehungen berührt, statt expatriierter und teurer europäischer Kader afrikanische einsetzen. »Was die *ressources humaines* angeht«, urteilt er, »ist der schlechteste Afrikaner besser als der beste Europäer.«

Diese Annäherungen, die im allgemeinen mit Stereotypen nicht geizen, sind zweideutig. Sie können dazu führen, daß gewisse *Voraussetzungen* der ökonomischen Rationalität in Frage gestellt werden; so wenn das Rationale nicht mehr bloß mit der protestantischen und angelsächsischen Kultur verbunden wird. Daß universale Prinzipien existieren und der ökonomische Kalkül allgemein anwendbar ist, wird allerdings kaum je angezweifelt. Man begnügt sich damit, für spezifische *Modalitäten* zu plädieren. Die so temperierte Rationalität mündet jedoch eher in eine Rationalität, die man plural nennen könnte, als in die Wiederentdeckung des Vernünftigen. Im Grunde hat man eine enge Konzeption des Rationalen vorübergehend verlassen, bloß um wieder besser in sie eintreten zu können. Die Versöhnung des Rationalen mit sich selbst ist termingerecht programmiert. Die wirtschaftliche Entwicklung und die Globalisierung der Märkte treibt die Uniformisierung der Welt unerbittlich voran, so daß die Besonderheiten verschwinden. »Die westliche Zivilisation hat ihre Vielgestaltigkeit […] eingebüßt«, bemerkt Paul Feyerabend.[32] Holländer, Franzosen und Amerikaner, aber auch Japaner und Javaner würden so allmählich das, was unterschiedliche Managements rechtfertigen würde, verlieren. Gewiß, das Wort *management* verweist ursprünglich auf die Hauswirtschaft (*ménagement*), die, auf ein großes Netz realer oder symbolischer Verwandtschaftsbeziehungen ausgeweitet, eben die des afrikanischen Informellen ist. In der angelsächsischen Welt hat das *ménagement* jedoch viel von der Wärme der familiären Heimstätte verloren (des griechischen *oikos,* von dem unsere Ökonomie etymologisch abstammt), um stattdessen in die eisigen Wasser des ökonomischen Kalküls von anonymen und unpersönlichen Unternehmen einzutauchen.

Wenn sie von den Opfern der okzidentalen Rationalität in Anspruch genommen wird, sieht sich die *plurale* Rationalität einer weiteren Zweideutigkeit ausgesetzt. Unter Berufung auf *eben diese* Erfahrung sowohl des Scheiterns der okzidentalen Rationalität und der mimetischen Entwicklung als auch des relativen Erfolgs des Informellen verlangen viele Afrikaner die Anerkennung einer *afrikanischen Rationalität,* die ebenso wissenschaftlich, ebenso edel und streng wäre wie die westliche. Die Zweideutigkeit, die diese Ansprüche bedroht, ist mit der vergleichbar, die jene anderen Ansprüche auf eine *andere* Entwicklung, eine *andere* Technik, eine *andere* Wissenschaft oder eine *andere* Ökonomie betrifft.[33] Sie sind vollkommen legitim, aber sie sind paradox. Sie sind legitim, weil sie sich auf das Bestreben gründen, Ehre und Würde wiederzufinden, die der kulturelle (und nicht nur kulturelle) Imperialismus mit Füßen getreten hat; sie sind widersprüchlich, weil sie eine Anerkennung der Differenz in den Formen der Identität mit dem anderen verlangen. Gerecht werden kann ihnen nur die Wiedereinsetzung des Vernünftigen in seine Rechte und die Zurechtweisung des Rationalen.

Man muß das Rationale auf das Gebiet beschränken, in dem es sich *historisch* entwickelt hat, statt um jeden Preis das Vernünftige darunter subsumieren zu wollen. Die Philosophen und Anthropologen versuchen zwar, die beiden inzwischen verfeindeten komplementären Kinder Minervas in einer höheren Vernunft zu vereinigen, aber man sollte dieser Versuchung widerstehen, selbst wenn das Vernünftige der unüberschreitbare Horizont des Rationalen bleibt.[34] Die Hypothese des rationalen Verhaltens bezeichnet das eigentliche Wesen des *homo oeconomicus*; sie ist ein metaphysisches Postulat und somit unwiderlegbar. Nach diesem Dogma gehorcht der Mensch – jeder Mensch, ungeachtet seiner Rasse, seiner Religion, seines Geschlechts und seines Alters – dem Interessenkalkül. Wenn er altruistisch ist, dann nur weil seine Hingabe und seine Opferbereitschaft ihm Befriedigungen verschaffen, die er seinen eigenen vorzieht. Es gibt sogar ein Interesse, desinteressiert zu sein! Im Rahmen dieses Postulats gilt für die Afrikaner wie für die Asiaten und die australischen Ureinwohner, daß sie ebenso rational geboren werden, leben und sterben, wie sie frei und mit gleichen Rechten geboren werden, leben und sterben. Der Bann und die Herrschaft der Rationalität sind total. Keiner entgeht ihr. Der *homo oeconomicus* ist ein rationaler Idiot (ein *rational fool*, Kumar Amartya Sen *dixit*). Manche (wie etwa die Experten der Weltbank) halten sich für rationaler als andere, sind aber bloß »idiotischer«.

Jacques Austruy hat die Ökonomen beim Wort genommen und sein ganzes System auf dem Nachweis aufgebaut, daß die Unterentwicklung vollkommen rational ist. Er hat ohne weiteres zeigen können, daß die »Ablehnung« der Entwicklung im Sinn dieser Logik interpretiert werden konnte und einem auf seine Weise unangreifbaren Interessenkalkül entsprach. Daher der Titel seines Hauptwerks: *Le scandale du développement.*[35]

Die barmherzigen Samariter des Internationalen Währungsfonds finden, ebenso wie die Vertreter der Weltbank und ihre Parteigänger unter den Ökonomen, ein boshaftes Vergnügen daran, den Ethnozentrismus, ja den Rassismus der immer mehr oder weniger relativistischen Anthropologen zu denunzieren. In der Tat sehen sie außerhalb des Westens überall Verhaltensweisen, die angeblich irrational sind. Wenn man im Informellen oder in der Unterentwicklung ökonomische Irrationalität sieht, dann heißt das für diese Fundamentalisten der Ökonomie, daß man unseren schwarzen, gelben oder grünen Brüdern die ihnen zustehende gleiche Würde verweigert. Gleichzeitig hält man jedoch dieselben Brüder durchaus für würdig, sich bis über beide Ohren zu verschulden und Pläne zur Strukturanpassung hinzunehmen, die einer demütigender sind als der andere, ihr natürliches Erbe zu verschleudern und unter Bedingungen, die schlimmer sind als Sklaverei, als Zulieferer für multinationale Firmen zu arbeiten.

Natürlich finden sich auch unter den Afrikanern viele, die lautstark dieses Recht auf Rationalität beanspruchen. Wenn im Westen alle blind wären, würde es auch Leute geben, die auf ihrem unveräußerlichen und unantastbaren Recht bestehen würden, sich die Augen auszustechen. Diese universale Rationalität ist vollkommen logisch und vollkommen leer. Weil aber die Natur trotzdem die Leere verabscheut, findet sich diese – ebenso natürlich wie verstohlen – ausgefüllt durch den *gesunden Menschenverstand,* will sagen durch die Verhaltensweisen und Vorurteile des WASP, des *White Anglo-Saxon Protestant.* Der arrogante Triumph der Rationalität des weißen Mannes erzeugt Frustrationen, und so wird umgekehrt ein Anspruch geweckt auf eine afrikanische, eine Papua- oder eine Jivaro-Rationalität.

Das rationale Verhalten besitzt also auf ebenso unvermeidliche wie verfängliche Weise neben seiner rein formalen Bedeutung einen weiteren, substantielleren Sinn. Ökonomisch rational ist, was dem Interessenkalkül des angelsächsischen und protestantischen Weißen entspricht. Übrigens ist er der einzige, der praktisch alles auf ein Objekt des Kalküls reduziert hat, der einzige, der wirklich seine Interessen quantifizieren kann, der einzige, der von klein auf den Unterricht einer *business school* genossen hat, und mithin der einzige, der sich als ein authentischer *homo oeconomicus* präsentieren kann. Daher jenes Paradox im okzidentalen Mythos, das darin besteht, daß jeder Mensch zwar *per definitionem* rational ist, es manche jedoch unendlich viel mehr sind als die anderen. Derselbe Entwicklungsexperte, der sich auf die universale Rationalität beruft, findet nichts dabei, sich über die *irrationalen* Verhaltensweisen der von ihm anvisierten Bevölkerung lustig zu machen, weil sie Ersparnisse, die man besser für produktive Investitionen verwendet hätte, für Feste *verschwendet.* Er wird nicht zögern, immer und immer wieder die rationale Entscheidung, den rationalen Kalkül, d. h. die Nachahmung des westlichen Modells zu predigen.

Weil sie rational geworden ist, hat sich die Vernunft also jeder Substanz entledigt. Sie ist vollkommen abstrakt und unfaßbar geworden; aber der Geist der Geometrie, der den leeren Platz eingenommen hat, bringt sie immer mehr in Gegensatz zum Vernünftigen.

III. Das afrikanische Palaver und die schwarze *phronesis*

Das afrikanische Palaver ist ein folkloristisches Klischee und zugleich eine sehr wenig untersuchte Wirklichkeit. Bekanntlich lebt das Afrika südlich der Sahara auch heute noch – wenn auch in geringerem Maße als früher – in Dörfern, und die gemeinschaftlichen Probleme – die Politik – wurden und werden immer noch weitgehend unter dem Palaver-Baum oder in der Palaver-Hütte geregelt, oder auch im Männerhaus (dem *abâá* bei den Beti und den Fang, dem *banza* in der Welt der Bantu). Meistens handelt es sich bloß um eine Art Schutzdach. Reisende, Missionare, Kaufleute, Soldaten und Kolonisten haben vielleicht mehr noch als die Ethnologen von diesen nicht enden wollenden Beratungen ausführlich berichtet. Nicht ohne Grund hat man das neuere Phänomen der »nationalen Konferenzen«, auf denen die afrikanischen »Zivilgesellschaften« ihren Anspruch auf Demokratie und das Ende ihrer Geduld mit den korrupten Diktaturen bekunden, mit dem lokalen Palaver als Lösungsmodell für Machtkonflikte verglichen.[36] Das Palaver versammelt die Alten, die Weisen, die Edlen, die Krieger, ja die gesamte Bevölkerung mitsamt den Gefangenen, ohne die Tiere auszuschließen, die unter Umständen ihre Rolle zu spielen haben und die, indem sie als Sündenbock ein Ventil schaffen, oft für die Streitigkeiten aufkommen müssen. Wenn etwa bei den Bobo in Burkina Faso ein Verbrechen die Todesstrafe verlangte, begnügte man sich, wenn es ein freier Mann war, mit seinem Vieh. Wenn bei den Beti der Verlierer im Prozeß den Kläger mit einer Ziege entschädigen muß, muß dieser sie schlachten und der Familie des Unterlegenen einen Teil davon abgeben, um den Groll zu zerstreuen.[37] Die Ahnen und die Geister sind ebenfalls eingeladen und spielen bei bestimmten Völkern eine wichtige Rolle.

Es gibt zwei große Kategorien von Palaver, dasjenige, das die Angelegenheiten der Gruppe regelt, und dasjenige zwischen den Vertretern von zwei oder mehr Gruppen, um einen Krieg zu vermeiden oder zu beenden. Weil es sich um Gesellschaften außerhalb der nationalstaatlichen Ordnung handelt, ist der Unterschied manchmal fließend, denn jeder ist bewaffnet, und jede Familie kann ein neues Dorf gründen, etc. In jedem Fall schafft das Palaver zwischen den Gruppen oder innerhalb der Gruppe die Möglichkeit, aus dem Naturzustand, dem endemischen Bürgerkrieg oder dem Krieg mit der Außenwelt, herauszutreten. Philippe Laburthe-Tolra, der sich für die zwischen den Gruppen stattfindenden Palaver bei den Beti interessiert hat, verweist auf die Wichtigkeit des kriegerischen Elements. »Wer einen Prozeß gewinnt«, schreibt er, »triumphiert hemmungslos und beleidigt seinen unterlegenen Gegner genauso heftig wie der Sieger im Spiel oder im Kampf.«[38] Und er gibt davon eine homerische Kostprobe: »Ich habe das Gesicht meiner Feinde in den Dreck getunkt; sie sind über dem Gift der Beweise ins Taumeln geraten; sie haben einen Säbel mitsamt dem Griff verschlungen…«

Sicher haben die lokalen Mächte versucht, das Palaver zu *instrumentalisieren*. Die Staatschefs, die aus der Unabhängigkeitsbewegung hervorgegangen sind, haben nicht versäumt, sich darauf zu berufen, um das Mehrparteiensystem aufzulösen und die Einheitspartei zu rechtfertigen. So befürwortete Julius Nyerere eine »Demokratie auf afrikanische Art«, die nicht notwendig auf einem Mehrparteiensystem beruhen, sondern sich am Modell des Palavers inspirieren würde, »wo sich die Alten unter dem großen Baum zusammensetzen und solange diskutieren, bis sie sich einig sind«.[39] Auch die Kirche hat mit ihrer Inkulturationsstrategie (dem Bestreben, die Botschaft des Evangeliums in die afrikanische Tradition einzuschreiben) versucht, die Messe zu einem großen Palaver umzuformen; und die Bewegung der »nationalen Konferenzen« ist, wie erwähnt, gleichfalls als Versuch, an die »Liturgie des Worts« anzuknüpfen, verstanden worden. »Jedes afrikanische Land«, bemerkt Bidima, »wollte seine nationale Konferenz haben. Diese wurde als ein großes Palaver zur Einsetzung der Demokratie auf afrikanische Art interpretiert.«[40] Daß das Palaver als nachbarschaftliche Gerichtsbarkeit und als Modus der Konfliktbewältigung imstande ist, zahlreiche interne und externe Schwierigkeiten zu lösen, steht in der Tat außer Zweifel. *A contrario* gilt nach Bidima, daß »die Kriege und Genozide auf dem Kontinent durch das Fehlen von Palavern begünstigt wurden«.[41] Auch kann das Palaver Formen von unmittelbarer und übereilter Justiz wie das Lynchen oder die Bastonade, die sich heute angesichts fehlender polizeilicher und gerichtlicher Institutionen ausbreiten, vermeiden. In jedem Fall aber ist das Palaver, allen Referenzen zum Trotz, relativ wenig untersucht worden und wird in seiner *wahren* Natur nach wie vor gewollt oder ungewollt mißverstanden.

Was das interne Palaver, also die Form, die uns hier einzig interessiert, angeht, so hat man in ihm eine Form mehr oder weniger direkter Demokratie sehen können, insbesondere wenn es sich um »akephale« Gesellschaften oder Gesellschaften ohne Staat oder Herrschaftsbereich handelt. Jean Baechler sieht in diesem Typ von kollektiver, im strengen Sinn weder monarchischer noch oligarchischer Prozedur das Zeichen für die Verbreitung und das historische und geographische Vorherrschen der Demokratie (in diesem Fall einer mehr oder weniger wilden).[42] Cornelius Castoriadis dagegen verwirft eine solche Referenz, die für ihn fast ausschließlich dem Athen des fünften Jahrhunderts sowie, auf problematischere Weise (in dem Maß, wie die Demokratie nicht direkt, sondern repräsentativ ist), den Stadtstaaten der Renaissance und den modernen westlichen Gesellschaften vorbehalten bleibt; die Selbstbegründung der Gesellschaft und das Gegenüber von Gleichen, die sich in Freiheit ihr eigenes Gesetz geben, wäre für das demokratische Etikett unabdingbar. In den afrikanischen Gesellschaften aber findet sich nichts von alledem. Auch wenn sie akephal sind, subordinieren sich diese Gesellschaften einer Transzendenz oder einer als vollkommen geltenden Vergangenheit, die von den idealisierten Ahnen und dem durch sie überlieferten Brauch repräsentiert wird. Es handelt sich stets um holistische Gesellschaften, denen die *isonomia* (oder Gleichheit vor dem Gesetz) fremd und wo das Streben nach dem *Status* geradezu obsessiv ist. Ohne auf das damit gegebene Dilemma eine endgültige Antwort geben und (übrigens ganz im Geist des Palavers) einen Konsens zwischen diesen beiden Blöcken des politischen Denkens suchen zu wollen, scheint es mir nichtsdestoweniger legitim, im Hinblick auf die politische Natur des Palavers von einer »holistischen Form der Demokratie« zu sprechen, ohne dabei die Spannung, die im paradoxen Charakter des Ausdrucks liegt, zu verleugnen.[43]

So gesehen, könnte man tatsächlich wie Nyerere und viele andere von einer afrikanischen Form der Demokratie sprechen. Das heißt nicht, daß das konkrete Funktionieren der Palaver der Idee entspricht, die man sich von der Demokratie macht, so wenig wie das Funktionieren unserer Gesellschaften dem demokratischen Ideal entspricht. In aller Regel dient das Palaver dazu, eine mehr oder weniger mißbräuchliche Form von »Gerontokratie« am Leben zu halten, und gibt, wie unsere Institutionen auch, zu Fehlentwicklungen jeder Art Anlaß. »Die Organisation des *kaande,* des großen Palavers«, sagt Peter Geschiere, »festigt die Vorherrschaft der Alten«, und sei es nur, weil diese in der Kunst des Worts und in der Kenntnis der Bräuche überlegen sind. Sie sind die Träger des gesellschaftlichen Gedächtnisses. Die Instrumentalisierung durch die Greise, auch wenn sie im gegenwärtigen Kontext immer fragwürdiger wird, gründete sich historisch auf eine Form gemeinschaftlicher Notwendigkeit. »Mit dem Alter«, bemerkt Michael Singleton, »weiß man, wo das Wild und wo gutes Land zu finden ist; man weiß, wie man die Probleme der menschlichen Beziehungen bewältigt (Trauer, Scheidung, Spannungen); man weiß, wie man mit der Autorität der Ahnen (von denen der Regen und die Fruchtbarkeit abhängt) umzugehen hat.« Der buchstäbliche Respekt vor den Rechten des Einzelnen nach Art der westlichen Aufklärung stellte, so fügt er hinzu, einen »Luxus« dar, den sich die Gemeinschaft nicht erlauben konnte – »um zu einem Schluß zu kommen, mußten die Jungen die Autorität der Alten akzeptieren, mußten die Frauen sich ihren Männern unterwerfen, mußten die Fremden weniger fremd werden, denn das Dorf war gezwungen – und war es sich schuldig –, sich zu erhalten mit Hilfe eines operativen Konsensus (der nicht hätte entstehen können, wenn jeder strikt auf seinem Recht bestanden hätte).«[44]

Dennoch stimmt es, daß sich im afrikanischen Palaver die praktische Vernunft manifestiert und daß man in ihm ein Denken des wirksamen Handelns im Sozialen und im Hinblick aufs Soziale am Werk sehen kann. Es handelt sich nicht nur um eine juridische Institution, auch wenn man sie oft bloß als eine Art Tribunal verstanden hat, sondern um eine politische Institution im weitesten Sinn. So ist für Jean-Godefroy Bidima »das Palaver der Ort des Politischen *par excellence*«.[45] Diese Diskussion, die sich bis zur Einmütigkeit fortentwickelt, impliziert einerseits die Gleichheit und die völlige Freiheit der Rede unter den Mitgliedern einer

Gemeinschaft, schließt aber andererseits gewaltsame Konflikte nicht aus. Das Palaver »stärkt erneut den Platz des Symbolischen innerhalb einer Gemeinschaft; es definiert aufs neue ihre Identität, erinnert an ihre Ursprünge, nimmt die Gewalt auf sich und schafft Lösungen, um das Zusammenleben zu konsolidieren«.[46] Da es sich um Mikrogesellschaften handelt, stellen die Streitfälle unter Einzelpersonen leicht die soziale Ordnung und den Zusammenhalt der Gemeinschaft insgesamt in Frage, ungefähr so, wie die haßerfüllte Rivalität zwischen den Montagus und den Capulets den Fürsten von Verona zum Eingreifen zwingt. Symmetrisch dazu verwandeln sich in dieser »Demokratie« von Angesicht zu Angesicht die Fragen der *großen* Politik, wie Krieg und Frieden, Hungersnot und Vorratshaltung, leicht zu privaten Beziehungen zwischen Individuen und Sippen. Noch im Athen des Perikles sind Judikation und legislative Ordnung nicht wirklich getrennt; beide Typen von Fragen werden praktisch in und von denselben beratenden Versammlungen geregelt. Die Institution des Gerichts tendiert dahin, das Wesen des Politischen zu absorbieren. Die Alten spielen darin eine von Anfang an privilegierte Rolle. Die *boule*, der Rat der Fünfhundert, der in einer vorläufigen Beratung die Beschlüsse der Volksversammlung vorbereiten soll, bezeichnet noch bei Homer den Rat der Alten.[47] Die Beratung *(bouleusis)*, das zentrale Element der *phronesis*, hat hier ihre Quelle. Hannah Arendt hat daran keinen Zweifel: »Daß die Urteilskraft eine im spezifischen Sinn politische Fähigkeit ist, wie Kant sie bestimmt, nämlich die Fähigkeit, die Dinge nicht nur aus der eigenen, sondern aus der Perspektive aller anderen, die ebenfalls präsent sind, zu sehen, ja daß sie vielleicht die Grundfähigkeit ist, die den Menschen erst ermöglicht, sich im öffentlich-politischen Raum, in der gemeinsamen Welt zu orientieren – diese Einsicht ist nahezu so alt wie artikulierte politische Erfahrung. Die Griechen nannten diese Fähigkeit, die sie für die besondere Tugend des Staatsmanns hielten, *phronesis* oder Einsicht, im Unterschied zur Weisheit des Philosophen.«[48]

Bei meinen Afrika-Aufenthalten hatte ich Gelegenheit, hier und da mit der einen oder anderen Form von Palaver Bekanntschaft zu machen. In einem Dorf im Busch in der Gegend von Kaolak habe ich sogar, wenn auch widerwillig, ein vollständiges, ziemlich klassisches Palaver mit meiner Anwesenheit »beehrt«. Bei diesem Streitfall standen sich eine Gruppe von jungen Leuten, die ein Stück unbebautes Land kultiviert hatten, und die zumeist in der Stadt ansässigen Alten oder Verwandten eines älteren Klans gegenüber. Diese letzteren waren von ihnen Nahestehenden alarmiert worden und wollten ihre Rechte auf diesen Boden geltend machen. Die Diskussion, die gegen 10 Uhr begonnen hatte, zog sich hin und war um 15 Uhr noch nicht zu Ende; sie fand im spärlichen Schatten eines Baums statt, der keine Kühlung spendete. Keiner kam auf die Idee, eine Kalebasse mit Palmwein oder Bissap zu bringen. Ich gestehe, daß ich, von Hunger und Durst gequält, die auf Wolof geführten Debatten, die man für mich summarisch zusammenfaßte, immer weniger verfolgte und diese Erfahrung von angewandter afrikanischer *phronesis* nicht ihrem wahren Wert gemäß zu schätzen wußte. Als gut rationaler Westler habe ich diese »Zeitverschwendung« ziemlich verwünscht. Dennoch ist das Palaver dank der Geschicklichkeit des Versammlungsleiters, der sich die tausendmal wiederholten Argumente beider Seiten geduldig anhörte, wenn auch nicht mit einer präzis und förmlich festgelegten Übereinkunft nach Art der Weißen, so doch mit einem provisorischen Konsens zu Ende gegangen, der sämtliche anwesenden Parteien zufriedenstellte.

Das Palaver hat nur Sinn in einer Gesellschaft, in der Zeit nicht Geld ist und in der die Teilnehmer sogar Vergnügen an solchen Debatten finden. In Gegenden, wo die modernen Zerstreuungen selten sind, ist das Palaver ein saftiges Spektakel, in dem der Voyeurismus und ein gewisser Sadismus sich ohne Komplexe ausleben können.[49] Es ist also nicht meine persönliche Erfahrung, auf die ich mich stütze. Im übrigen muß der Zeitverlust, den die Weißen traditionell mit dem Palaver verbinden, erheblich relativiert werden. Ein Prozeß, bemerkt Bidima, kann mehrere Monate dauern (und das leider nicht nur in Afrika), »während die informelle Lösung von Konflikten nicht mehr als einen halben Tag in Anspruch nimmt. Eine Strafsache dauert im Senegal durchschnittlich zwischen vierundzwanzig und siebenundzwanzig Monate, ein Prozeß vor dem Handelsgericht fünfzehn Monate. Im Niger kann die Untersuchungshaft ein bis sieben Jahre dauern.«[50] Letztlich handelt es sich beim Palaver um eine »nachbarschaftliche Justiz«, die mit vereinfachtem Verfahren arbeitet.

Zwar gibt es, soviel ich weiß, über das afrikanische Denken keine Arbeit, die mit der, die François Jullien für China geleistet hat, vergleichbar wäre, doch verfügen wir immerhin über zahlreiche Berichte und genaue Analysen von Palavern, die dieses Manko teilweise ausgleichen können. Ich selbst stütze mich im wesentlichen auf Peter Geschiere, der im Maka-Land im südwestlichen Kamerun siebenundvierzig Palaver beobachtet hat.[51] Die Maka sind eine traditionell akephale Gesellschaft ohne Herrschaftsbereich, welcher erst durch die Siedler festgelegt und dann durch den unabhängigen Staat gestärkt wurde. Die zentrale politische Institution im Maka-Dorf ist das große Palaver oder der Rat *(kaande)*, der offiziell vom (behördlich ernannten) Chef, in Wirklichkeit aber von den alten Notabeln, die die Bräuche und die Tradition kennen, den *lesje kande,* wörtlich denen, »die im *kaande* sprechen«, geleitet wird. Dieses große Palaver, in dem die Dorfangelegenheiten geregelt werden, findet mehr oder weniger jeden Sonntag statt, nach den Gottesdiensten, die die diversen Kirchen für ihre lokale Klientel abhalten. Man erlaube uns, unseren Hauptinformanten ausführlich zu zitieren. Eigentlich müßte man die zehn oder fünfzehn Seiten, auf denen Peter Geschiere ebenso drastisch wie treffend seine Erfahrung zusammenfaßt, ungekürzt wiedergeben.

»Die formale Organisation des *kaandae* ist sehr einfach«, schreibt er. »Der Chef und seine Notabeln sitzen auf Stühlen vor dem *mpaanze* (dem Palaver-Haus). Um sie herum bildet das Publikum einen großen Kreis. Manche haben kleine Bänke mitgebracht, andere stehen. Im Prinzip kann jedermann, auch bloße Passanten, an einem Palaver teilnehmen. Auch die Frauen nehmen oft teil und machen sich durch ihre Kommentare und ihre Entrüstungs- oder Beifallsbekundungen bemerkbar. Sie können auch das Wort ergreifen. Normalerweise bleiben sie jedoch eher im Hintergrund, auf den Veranden der umgebenden Häuser.«[52]

Ob es sich unter einem Baum oder unter einem Schutzdach abspielt, immer findet das Palaver (auch das wie in Athen) auf einem offenen Platz statt. Meistens geht es darum, Streitigkeiten innerhalb des Dorfs zu regeln. Der Rat, sagen die Maka, tritt zusammen, um »eine Angelegenheit zu entscheiden«, d.h. um über die Klage eines Dorfbewohners zu beraten. »Ein Dorfbewohner, der glaubt, Unrecht erlitten zu haben, kann – auch wenn er jung oder eine Frau ist – beim Chef eine Klage einreichen, der daraufhin eine kleine Bezahlung verlangt (ein Huhn, etwas Palmwein oder etwa hundert CFA-Francs, die unter den Notabeln verteilt werden) und dann das *kaande* einberuft.«[53]

Theoretisch geht ein Palaver sehr einfach vonstatten. Nach Darlegung des Sachverhalts kann sich jedermann in die Diskussion einmischen. Wenn diese zu Ende geht und sich mehr oder weniger ein Konsens abzeichnet, faßt einer der Notabeln die Argumente zusammen und spricht das Urteil. In der Praxis sind die Dinge nicht so klar. Die *isokratia*, die gerechte Teilung der Macht, ist eine Fiktion, aber die *isegoria*, das Recht eines jeden, sich zu Wort zu melden, ist unangreifbar. Es herrscht ein fröhliches und dramatisches Tohuwabohu. Alle reden laut durcheinander, obwohl eigentlich einer nach dem anderen sprechen müßte. In zahlreichen traditionellen Gesellschaften gab es ein »Zepter des Worts«. Nur wer es innehatte, hatte das Recht zu sprechen, und zwar solange wie er wollte, bis er den Stab an einen anderen Redner weitergab. Bei den Maka ist das nicht (oder nicht mehr) der Fall. Die Fragen überstürzen sich, jeder will etwas beitragen, und was stattfindet, ist ein großes »Dampfablassen«. Dann entfaltet sich die »rhetorische Tapferkeit«. Die oratorischen Turniere werden auf eine oft theatralische Weise und in einem allgemeinen Tumult ausgefochten. Manchmal entwickelt sich der in Szene gesetzte Konflikt zum Faustkampf. Früher geschah es oft, daß eine Prügelei zur Spaltung des Dorfs führte und die Gründung einer neuen Gemeinschaft durch die unzufriedene Partei initiierte.

Ein junger Mann, der in der Stadt ausgebildet worden und mithin bereits stark von westlicher Rationalität vergiftet war, erhielt, als er ein wenig Ordnung in diese Debatten bringen wollte, von einem Notabeln, der damit (auch für den Anthropologen) die Dinge wieder zurechtrückte, die folgende bündige Antwort: »Du irrst dich. Beim Palaver muß es zugehen wie bei den Frauen, wenn sie im Flußbett fischen. Sie stampfen mit den Füßen und machen Lärm, um die Fische aufzuscheuchen. Es ist besser, wenn bei einem Palaver alle Arten von Anschuldigungen aufs Tapet kommen. Erst hinterher, wenn man sie ausdiskutiert hat, kann die Einheit wiederhergestellt werden.«[54] In diesem Verfahren sind sich die Meister des Palavers mit den Regeln der aristotelischen Rhetorik einig. »Die Rhetorik«, schreibt Daniel Labéy, »ist nicht wie die Dialektik eine Kunst des strengen Denkens, in der eine lineare Reihe von auseinander ableitbaren Sätzen verfolgt wird. Sie ist vielmehr eine Kunst des richtigen Argumentierens, d.h. eine Kunst, Sätze zu liefern, die eine den Umständen entsprechende Ordnung einhalten und alle auf denselben Schluß abzielen. Denn ein strenger, klug konstruierter Gedankengang, der von Deduktion zu Deduktion fortschreitet, ist nicht notwendig auch überzeugend. Jede oratorische Gattung und sogar jede Konjunktur verlangt ihre eigene Ordnung, ihre eigene Einteilung. Man muß verstehen, sich einer Idee zu nähern, muß sie in der Schwebe halten und dann wieder aufnehmen können. Man muß sich wiederholen können.«[55]

Gewisse erfahrene Notabeln zeigen eine besondere Geschicklichkeit, das Palaver zu führen und es zu einem guten Ende zu bringen. Vorausgesetzt ist dabei eine durch nichts zu ersetzende Kenntnis der alten Traditionen, die auch die »Kniffe« des Metiers vermitteln. Das ist der Fall bei Mpal (in früheren Texten auch Zanga genannt),[56] dem Helden Peter Geschieres, der erklärte: »Die Ältesten haben mich ›das *kaande* essen‹ lassen, und so bin ich in den Debatten unbesiegbar geworden.«[57] Diese Formulierung ist nicht nur symbolisch zu verstehen, wie er dem Anthropologen, dem er sein Leben erzählt, erklärt. »Später, als ich erwachsen geworden war, gaben sie mir die *midu ijuga* (Macht-Fetische). Sie gaben mir eine Mischung aus Kräutern und Rinden. Ich mußte sie kauen und ausspucken. Das waren die schlechten Worte. Danach gaben sie mir ein anderes Gemisch mit ihrem Speichel. Ich mußte es kauen und verschlucken. Das waren die guten Worte. Das ist der Grund, warum mich alle Welt anhören muß, wenn ich das Wort ergreife. Wenn mir jemand widersprechen will, füllt sein Mund sich mit Staub, und er kann kein Wort mehr herausbringen.«[58]

Wie sollte man dabei nicht an die Lehrzeit des Demosthenes denken, jenes anderen Meisters des Palavers, der sich den Mund mit Kieseln füllte? Der Meister des Palavers muß, wie der athenische Redner, die *doxa* besitzen, jene gemeinsame Meinung, die sich auf einen Vorrat ererbter Erfahrungen gründet. »Wer besitzt«, fragt Labéy, »in seinem Bewußtsein diesen Vorrat von Erfahrungen, die zur Erhaltung des Staats nützlich sind? Denn das ist es ja, worauf es letztlich ankommt. Ein wenig alle Welt, aber nicht im selben Maße. Manche haben mehr davon, etwa aufgrund natürlicher Anlagen oder weil sie ihren Geist besonders trainiert haben. Außerdem können sich nicht alle in gleicher Weise der Worte bedienen und können nicht mit derselben Klarheit sprechen. Aus diesem Grund muß die Debatte (wir wiederholen es) zwischen gebildeten und zweifelsfrei ehrenhaften Leuten stattfinden. Desgleichen ist es Sache dieser besonnenen und ehrenhaften Leute, der Natur entnommene Beispiele anzuführen, um die Hörer oder Leser an manche von diesen vergessenen Erfahrungen zu erinnern.«[59]

Zweifellos denkt Geschiere an Mpal, wenn er schreibt: »Wenn ein Notabler auf spektakuläre Weise eine Diskussion beenden will, dann erzählt er gern eine alte Parabel oder stimmt ein altüberliefertes Lied an, das anzeigen soll, wo die Lösung zu suchen wäre. Das ist besonders der Fall, wenn ein Palaver das Dorf zu spalten droht und beide Parteien zufriedengestellt werden müssen. Eine solche Demonstration altüberlieferter Weisheit beeindruckt die Leute immer und kann selbst die größten Hitzköpfe zum Schweigen bringen. Allerdings lassen solche Parabeln stets höchst unterschiedliche Deutungen zu, und manchmal ziehen die Beteiligten sogar entgegengesetzte Schlüsse.«[60] Die ausführliche Beschreibung des Palavers, die dieses Phänomen illustriert, ist bemerkenswert. »Oft versöhnt man sich auf der Basis eines Mißverständnisses, in dem keine der beiden versöhnungsbereiten Parteien Unrecht hat«, bemerkt wiederum Bidima.[61] Es kommt nicht darauf an, ein salomonisches Urteil zu fällen, sondern die Einheit der Gemeinschaft festzuhalten. Die abschließenden Urteile sind zwar sentenziös, aber wie die Orakelsprüche von Delphi; sie stellen vorübergehend alle Welt zufrieden, weil sie jeder zu seinen Gunsten interpretieren kann. Als Krösus sich darauf vorbereitet, die Perser anzugreifen, bestärkt ihn das Orakel in seinem Entschluß (»du wirst ein großes Reich zerstören«), bis ihn die Niederlage darüber belehrt, daß das betreffende Reich sein eigenes war. »Das Palaver der Weißen«, schreibt Atangana, »ist darauf aus, eine Gerechtigkeit durchzusetzen, das der Schwarzen, Harmonie und Einheit wiederherzustellen.«[62]

Die Prozeduren, die in der Kunst des Palavers angewandt werden, würden eine eingehende Untersuchung verdienen. Sie haben nichts Rationales und sind ganz und gar kontextgebunden. Sie können nicht einmal in einen universalen Weisheitscode eingehen wie die chinesischen Weisheiten, die uns viel näher stehen. So verhält es sich mit der »Familien«-Taktik, deren sich die Meister des Maka-Palavers bedienen und die sich in der lokalen Kultur als äußerst wirksam erweist. Sie besteht darin, sich auf die sehr weite Konzeption der »afrikanischen Familie« zu berufen, um einen Wust von verkannten Verwandtschaftsbeziehungen zutage zu fördern, die geeignet sind, die Protagonisten zu zügeln und zum Schweigen zu bringen. »Das Blut verdeckt die Wahrheit«, erklärt einer der von dieser Rhetorik getäuschten Kläger, dem man bewiesen hatte, daß die Gegenpartei »im Grunde« die

Tochter seines Onkels mütterlicherseits, die Frau seines Schwiegersohns und mithin in gewisser Weise »im Grunde« seine Tochter sei. Wie soll man sich einer solchen Entdeckung widersetzen, die eines Ödipus würdig wäre, diesmal allerdings in positivem Sinn? Es ist dieselbe Strategie der »Familiarisierung«, die den kommerziellen Tausch zähmt und den Antagonismus der Interessen besänftigt.

Die Panafrikanisten haben eine gemeinsame Verwandtschaft aller Afrikaner postuliert, um die Konflikte unmöglich zu machen. Diese Strategie ist nicht ohne Interesse, und es ist unbestreitbar, daß manche Krisen, die die Weißen für unlösbar halten, in Afrika trotz des unstillbaren Hasses manchmal unerwartete Lösungen finden. Dennoch wäre es ein gefährlicher Irrtum, die Existenz und die Schwere des Konflikts nicht wahrhaben zu wollen. Der Abschluß ist immer ein »konfliktueller Konsens«, um es mit Paul Ricoeur zu sagen.[63] Weit mehr als die Gerechtigkeit als solche sind Pazifizierung und Versöhnung das Ziel jedes Palavers. Es handelt sich, wie Singleton sagt, um die Suche nach einem »historischen Kompromiß«. »Oft gibt man überhaupt niemandem Unrecht, sondern schreibt den Konflikt einem bösen Geist zu. Jedermann weiß, daß es sich dabei um eine Formel handelt, damit die beschuldigte Partei sich nicht verletzt fühlt.«[64] Das Gewicht der Ahnen trägt sein Teil dazu bei, zu diesem Ergebnis zu gelangen. Philippe Laburthe-Tolra insistiert auf der Wichtigkeit des Konsens. »Was die Darlegung der Fakten betrifft«, schreibt er, »so ist die Zustimmung der Anwesenden immer unumgänglich, und zumindest formal gilt das gleiche auch für das Urteil.« Und er ergänzt: »Die Einmütigkeit gibt allen das Gefühl, in gleicher Weise mit den Geistern der Ahnen (für die man auch einen Platz reserviert hatte) Gemeinschaft zu haben; sie sind es, an die man denkt, wenn man sagt: ›die Ewondo‹ oder ›die Benë haben gesprochen‹. Um die juridische Entscheidung zu sanktionieren und zu garantieren, griff die Autorität der unsichtbaren Welt also auf dieselbe Weise ein, wie sie eingegriffen hatte, um den Ablauf des Prozesses einzuleiten oder zu unterstützen, oder wie sie eingreifen wird, um dem Recht Geltung zu verschaffen, falls der Schuldige sich ihm entziehen will.«[65] Das Palaver muß also mit der mindestens scheinbaren Versöhnung der Parteien enden. »Bei den Odjukru der Elfenbeinküste endet das Palaver *(emokr)* mit dem *pia pia ok*, einer Zeremonie, bei der jeder, indem er von einem Salz kostet, ›seinen Groll ausschüttet‹.«[66]

Was die Ausübung der praktischen Vernunft hier charakterisiert, ist gerade, daß sie sich in einem »unreinen« Kontext äußert. Das *kaande* der Maka scheint mir in dieser Hinsicht für die Zweideutigkeit der afrikanischen Palaver und mithin auch für ihre Wahrheit sehr bezeichnend zu sein. »Selbst die alten Notabeln«, bemerkt Geschiere, »können im *kaande* nicht befehlen; auch sie müssen zu überzeugen und zu überreden versuchen. Aber diese egalitären Züge«, ergänzt er, »gehen einher mit einem Ehrgeiz und einem prahlerischen Gehabe, die mit dem, was wir im Westen unter ›Egalitarismus‹ verstehen, unvereinbar sind.«[67] An dieser Stelle setzt die holistische Logik ein, die unserem demokratischen Imaginären fremd ist. »In dieser scheinbar egalitären Gesellschaft war man geradezu besessen von ehrenden Benennungen, war man regelrecht ›titelsüchtig‹«, notiert Peter Geschiere.[68] Dieses Phänomen, das jedem, der Afrika kennt, vertraut ist und den Europäer so irritiert, beruht auf der ständigen Suche nach einem Status und dem Kampf um seine Verbesserung. Wir lachen über solche Titel, wie über den des »beigeordneten Weineingießers«, den Geschiere bei einer mit dem Anbau von Kakao befaßten Arbeitsgruppe erwähnt. Ich selbst habe nicht weniger pittoreske Titel in kleinen universitären Arbeitsgruppen angetroffen. Die Afrikaner, obwohl sonst keineswegs humorlos, lachen jedoch nie über solche Dinge, die in ihren Augen für die Definition der persönlichen Identität essentiell sind. Dies ist eine Besonderheit von holistischen oder hierarchischen Gesellschaften. Nach Louis Dumont müssen diese Gesellschaften, um funktionieren zu können, eine gewisse *Reversibilität* der Positionen gestatten und die Identifikationssphären vervielfachen, damit alle eine soziale Anerkennung genießen.

Ein ganz kurzer Umweg über die indische »Weisheit« kann hier dem Verständnis nachhelfen. Bekanntlich arbeitet das indische Imaginäre mit einer Klassifikation innerhalb des Ganzen. Zwei Elemente befinden sich niemals auf einer selben Ebene, immer umfaßt das eine das andere, wobei es zugleich, vor allem auf der strukturierenden Achse von Rein und Unrein, in Opposition zu ihm steht. Eine von den bekanntesten Klassifikationen ist das doppelte System der *varna* (oder Ordnungen) und der *jati* (oder Kasten), die selbst wieder in Unterkasten, Klans etc. geteilt sind; aber dieses System ist nicht zu verstehen ohne die selbst wieder geordnete Unterscheidung zwischen den drei Zwecken oder Feldern des Handelns, dem *dharma* oder der Sphäre der Pflicht, dem *artha* oder der Sphäre der Macht und des Reichtums und dem *kama* oder der Sphäre des sinnlichen Genusses. Es handelt sich um ein komplexes Universum von ineinander verschachtelten Hierarchien. Der Brahmane (erstes *varna*) ist prinzipiell überlegen, weil er besonders das *dharma* kultiviert, aber seine Überlegenheit ist rein spirituell. In der zeitlichen Ordnung steht er unter dem Kshatrya (dem Fürsten/Krieger des zweiten *varna*), der vor allem das *artha* kultiviert. Obwohl die Reversibilität nur zwischen den ersten beiden Ordnungen wirklich funktioniert, finden die Vaishyas (die Kaufleute und früheren Viehzüchter oder Bauern), ja sogar die Shudras (die Diener), die in den Sphären des *dharma* und des *artha* tiefer stehen, in der des *kama* eine gewisse Entschädigung. Zwänge und Verbote lasten umso schwerer, je höher die Kaste ist, der man angehört. Außerdem sind die dominierenden Kasten nicht notwendig die »edelsten«, und dieselbe Kaste, die hier als niedrig gilt, kann anderswo als hoch gelten. Darüber hinaus erlaubt das *karma,* das Schicksalsrad, mit seinem Zyklus von sukzessiven Reinkarnationen alle möglichen imaginären Rechtfertigungen und Tröstungen. Jede vollendete Person muß je nach ihrem Rang einen Ausgleich finden und zwischen der Pflicht, der Macht und dem Genuß abwägen. Selbst der Brahmane ist dem Reich des *kama* unterworfen. Idealiter kommt jeder auf seine Kosten.[69]

In jedem Fall ist die genaue Kenntnis, die man von seiner Stellung in höchst komplexen Familienverhältnissen besitzt, essentiell. Bei den inegalitären Gesellschaften kommt noch die Erinnerung an wahre oder erfundene Genealogien hinzu. Man hebt die Verbindungen mit prestigeträchtigen Sippen und edlen Vorfahren hervor. Wenn sich die Yoruba-Mutter mit ihrem Baby beschäftigt, singt sie ihm seinen Stammbaum als eine Art episches Gedicht vor. In der akephalen Gesellschaft, die uns hier interessiert, ist das Wichtige jedoch der Eigenbeitrag des Subjekts. Tatsächlich »ist der soziale Status nicht durch die Verwandtschaft fixiert, sondern hängt auch von persönlichen Leistungen ab. Die Autoritätspositionen werden nicht automatisch zugeteilt oder vererbt. Sie müssen erobert und ständig durch die Demonstration persönlichen Talents bekräftigt werden [...] Man wird nicht automatisch durch sein Alter oder die Abstammung zum Ältesten. Ein wahrer Ältester verdankt seine Autorität seinen persönlichen Erfolgen, er wird stets darauf bestehen.« »Für die Maka«, ergänzt Geschiere, »sind alle Menschen im Prinzip gleich. Die angestammten Ungleichheiten bedeuten nicht viel. Aber eben diese grundsätzliche Gleichheit verlangt auch, daß man jede Form von Autorität persönlich erobern muß, und erklärt, daß die Neigung, seine Verdienste zur Schau zu stellen, so ausgeprägt ist.«[70] Ist dieses Denken wirklich verlogener als unser westlicher Diskurs von der Chancengleichheit, mit dem es anscheinend vereinbar ist, daß ein Michael Eisner, der Präsident von Disney, mehr als eine Million mal so viel verdient wie einer seiner burmesischen T-Shirt-Hersteller?[71] »Ob du Bill Gates bist, der reichste Mann Amerikas, oder ein Arbeitsloser, eure Stimme zählt gleich«, sagt Christopher Dodd, der frühere Präsident der Demokratischen Partei. Wer kann solchen Deklarationen noch Glauben schenken, wenn man sieht, wie das Spiel der Lobbies über Gesetze entscheidet?

Diese »von alters her überlieferte Liturgie des Worts«,[72] die das Palaver ist, scheint uns die Tiefe und das Funktionieren des Vernünftigen zu illustrieren, so wie wir es in der Erfahrung des Informellen entdeckt haben. Was uns noch genauer zu beschreiben bleibt, sind die gegensätzlichen Inhalte des Rationalen und des Vernünftigen, jener beiden komplementären Sprößlinge Minervas, die zu Feinden geworden sind.

Die Herausforderung Minervas: okzidentale Rationalität und mediterrane Vernunft[73]

»Wenn wir ganz und gar verrückt sind, träumen wir von einem Gleichgewicht, das wir hinter uns gelassen haben, von dem wir aber ganz unbefangen glauben, wir würden es nach all unseren Irrungen wiederfinden. Kindliche Anmaßung, die es rechtfertigt, daß kindliche Völker heute als Erben unserer Narrheiten unsere Geschichte leiten. [...] Darum ist heute zu behaupten, wir seien die Söhne Griechenlands, unanständig. Es sei denn, wir wären seine abtrünnigen Söhne.«
Albert Camus [74]

»Huntington will Befestigungen und Zugbrücken bauen lassen, aber man muß genau das Gegenteil tun, und zwar nicht gegen Amerika, sondern gegen seinen Fundamentalismus, der von seiner insularen Isolierung herrührt, von seiner Unfähigkeit, die Weisheit zu begreifen, die sich allmählich im uralten Herzen von weit in die Zeit zurückreichenden Geschichten angesammelt hat, von Geschichten, die sich auf Traditionen stützen.«
Franco Cassano [75]

Die Opposition zwischen dem Rationalen und dem Vernünftigen befindet sich, ebenso wie die »Liturgie des Worts«, auch im Zentrum der Nord-Süd-Fragen, die das heutige Italien bewegen. Und auch der Status der mediterranen Frau hat damit zu tun.

Wenn ein Franzose männlichen Geschlechts, selbst wenn er das Gegenteil von einem WASP ist, sich in ausgesprochen »inneritalienische« Debatten (selbst wenn sie in der Sphäre der Ideen stattfinden) und in Diskussionen, die die Frauen betreffen, einmischt, dann ist das doppelt fragwürdig und unvorsichtig (ja schamlos). Dennoch ist der Blick eines Freundes, der am Mittelmeer ein Fremder ist, vielleicht nicht nutzlos, wenn es darum geht, den blinden Fleck der italienischen »Idiosynkrasien« zu zeigen und zugleich das, was mir wie ein Dunst von Illusionen vorkommt, zu zerstreuen – ohne dabei auf eine gewisse Hoffnung zu verzichten, der ich lediglich größere Klarheit wünsche. Als Bretone bin ich zwar ein Mann der atlantischen Westküste, aber ich stamme aus einer Stadt, die an einer Bucht mit dreihundertfünfundsechzig Inseln liegt; diese Bucht heißt Morbihan, kleines Meer. Somit fühle ich mich dennoch Odysseus sehr nahe. Wie Nietzsche, nur mit mehr Berechtigung, könnte ich mich einen »Südländer, nicht der Abkunft, sondern dem *Glauben* nach« nennen.[76] Und die Kritik an den gegenwärtigen Ansprüchen des Südens, das Geheimnis der mediterranen Vernunft innezuhaben, ist lediglich eine Etappe auf dem Weg zu einer notwendigen Wiederentdeckung.

I. Das andere Italien und das andere Europa

»Europa kann kein schöpferisches kulturelles Subjekt werden, solange es nicht imstande ist, dem Fundamentalismus des Nordwestens, also dem Mythos der Technik um jeden Preis und des freien und ungezähmten Wettbewerbs, einer ozeanischen Insularität, seine Fähigkeit zur Vermittlung entgegenzusetzen«, schreibt Franco Cassano. Und er fügt hinzu: »Die gesamte Menschheit steht vor der Aufgabe, eine solche Vermittlung zu erarbeiten.«[77]

Seit meinen ersten intellektuellen Begegnungen mit Italien bin ich mit Fragen bestürmt worden, die die Opposition zwischen dem Norden und dem Mezzogiorno betrafen, und sah mich zugleich mit einer Solidarität konfrontiert, die zwischen dem Süden Italiens und der Dritten Welt, insbesondere der mediterranen, behauptet wurde. Wenn aus dem offenkundigen südlichen Minderwertigkeitskomplex eine messianische Berufung wird, dann könnte Süditalien zum Retter Europas und damit (warum nicht?) auch der Welt werden… Es käme darauf an, Europa die Gefahr des amerikanischen Irrwegs, des »totalen Markts«, zu ersparen, von der die fortgeschrittene »Macdonaldisierung« des Planeten bereits ein beunruhigendes Symptom ist. »So gesehen«, sagt Cassano, »ist die Einheit des Westens deckungsgleich mit der Teilung Europas und insbesondere mit dem Gegensatz zu den Ländern auf der Südseite des Mittelmeers. Schematisch könnte man sagen, daß die Einheit des Westens zusammenfällt mit der Unterordnung Europas unter die Vereinigten Staaten und mit der Unterordnung des katholischen Christentums unter das protestantische.« Als Autor von *Die Verwestlichung der Welt* sah ich mich somit herausgefordert von dem, was die »meridionale« *Ausnahme* wäre, und man erwartete von mir, daß ich für die manchmal delirанten Hoffnungen der »meridionalen« Ideologie bürgen würde. Diese entspricht in ihrer Gesamtheit dem, was ich das »meridionale Syndrom« nenne, ein Syndrom, das jedoch nicht notwendig ein Ganzes bildet, sondern aus einem Nebeneinander von Elementen besteht, die man demontieren kann.

Der in Italien existierende Nord-Süd-Gegensatz erscheint mir als Ausgangspunkt und zugleich als der feste Sockel der ganzen Konstruktion. Die wirtschaftliche Unterlegenheit des Mezzogiorno und also die relative Mißachtung, unter der seine Bewohner seit dem neunzehnten Jahrhundert zu leiden haben, ist für sie die Quelle von durchaus verständlicher Bitterkeit. Diese Bitterkeit enthält ein erhebliches Maß an Sentimentalität. Ob es die Zeitungen, ob es Gespräche sind, überall trifft man im Süden auf ein Leitmotiv: »Sie« (unsere Landsleute im Norden) mögen uns nicht! Durchgängig herrscht das Gefühl, man müsse auf einen Tadel antworten, müsse in jedem Fall, im Bösen wie im Guten, eine Verantwortung auf sich nehmen. Der Süden wäre *en bloc* an der Mafia schuld, seine Produktivität sei niedrig, es fehle an Bürgersinn, dagegen seien der Familiensinn, das Ehrgefühl, Solidarität und Gastfreundschaft zu stark entwickelt. Können wir, müssen wir, fragen sich die Leute im Süden, darauf verzichten, wir selbst zu sein? Haben wir keine andere Zukunft und keinen anderen Horizont als den Individualismus und den rationalen Kalkül, die den Norden fast ausschließlich beherrschen? Kurz, müssen wir uns unserer Identität schämen?[78]

Aus diesem Minderwertigkeitskomplex heraus entsteht das meridionale Bewußtsein. »Wir sind den Leuten des Maghreb unendlich viel näher als den Dänen«, sagte mir ein sizilianischer Kollege. Worauf eine seiner Assistentinnen meinte, sie würde trotzdem lieber in Dänemark leben als im Maghreb... Dieses in meinen Augen abwegige Gefühl einer afrikanischen Zugehörigkeit ist allerdings unter den Intellektuellen Apuliens, Kalabriens oder Sardiniens (mindestens den männlichen) ziemlich verbreitet.

Weil man eine gemeinsame Identität annimmt, glaubt man an ein mögliches gemeinsames Schicksal. Sicherlich gibt es evidente mediterrane Gemeinsamkeiten, aber die Verwurzelung im okzidentalen Kulturraum zu leugnen, scheint mir nicht gerechtfertigt. Nach den *Meridionalisten* würde Süditalien sich einem (bei dieser Gelegenheit ausschließlich angelsächsisch gewordenen) Okzident entziehen und sich statt dessen einer afrikanischen oder mittelöstlichen Dritten Welt annähern (deren moslemische Komponente man unterschätzt). Die Dritte-Welt-Ideologie, die in einem Teil der italienischen Intelligenz (im Norden übrigens nicht weniger als im Süden) so lebendig ist, hätte dann eine objektive Basis gefunden.

Mit einem Mal würde aus Süditalien der Brückenkopf eines *anderen* Italien, dann eines *anderen*, eines griechisch-lateinischen (sogar ein wenig arabisch-moslemischen) Europa auf der Nordseite des Mittelmeers. Dieses Europa, zu dem Spanien (mit Portugal als Zugabe), Griechenland, Albanien, die Länder Ex-Jugoslawiens und mehr oder weniger Frankreich gehörten, würde sich *ganz natürlich* dem Süden zuwenden. Ein *anderes* Europa gäbe es ungefähr so, wie ich von einem *anderen* Afrika habe sprechen können, um, im Gegensatz zum offiziellen Schein, die Wirklichkeit der »Zivilgesellschaft« in den Ländern südlich der Sahara zu bezeichnen.[79] Dieses Europa wäre nicht mehr das der globalisierten Börsen, der Frankfurter Zentralbank, des Euro, der hemmungslosen Amerikanisierung, des totalen Markts.[80] Es wäre das Europa einer konvivialeren, humaneren, sozialeren, toleranteren, kulturelleren Zivilisation, das sich auf die heute noch geächteten oder verdrängten mediterranen Werte stützen würde: Solidarität, Familiensinn, eine Lebenskunst, eine Konzeption von der Zeit und vom Tod, und natürlich die gute Küche, die man (bei Nicht-Muslimen) auch gern mit gutem Wein begießt. Der Schnitt zwischen Nord- und Süditialien tritt plötzlich zurück. In einem mediterranen Europa finden sich die italienischen Regionen in einem zusammenhängenden, allerdings weniger nationalen Raum wieder. Das letzte Buch von Franco Cassano, *Paeninsula. L'Italia da ritrovare,* ist für diese Entwicklung und die Umkehrung der Situation typisch.[81] Diese Wiederentdeckungen sind umso leichter, als die Geschichte, die nach dem Sturz des Weströmischen Reichs »die Italien« voneinander getrennt hat, gleichwohl bis in die moderne Zeit niemals eine *südliche* einer *nördlichen* Kultur entgegengestellt hat. Die Normannen (Nordmänner) haben wie die Sueben und danach die Goten Sizilien, Apulien und Kalabrien dauerhaft geprägt, während der Orient und Byzanz Venetien und den ganzen Norden durchdrungen haben. Eigentlich sind die Italien alle verschieden, aber sie haben gemeinsame Werte: die des Barock, der *commedia dell'arte* und der Oper ebenso wie die der *pasta* und der *mamma*... Der Minderwertigkeitskomplex wird zur Quelle der Überlegenheit, die Demütigung verwandelt sich in Stolz. Der Fluch, der auf einem Süden lastet, dessen »private Tugenden« zu »öffentlichen Lastern« werden, hätte ein Ende.[82]

Existiert nun dieses *andere* Italien, dieses *andere* Europa? Ist es denkbar? Ich gestehe, daß meine erste Reaktion, wenn die Frage so gestellt wird, negativ ist. Gewiß gibt es eine *meridionale* Sensibilität, aber an ein *anderes, meridionales* Europa glaube ich nicht.

In seinem Buch *Il pensiero meridiano* betont Franco Cassano, daß Europa griechisch und mediterran *par excellence* ist. Als solches ist es der See zugewandt und lokal, ist geöffnet aufs Andere, steht in Beziehung zum Orient, auch wenn dieser Orient die Südseite »unseres Meers« ist. Es ist mehr horizontal und interlokal als vertikal und planetarisch. In diesem Sinn ist der Okzident für ihn nicht mehr Europa. Er ist ozeanisch, kontinental und infolgedessen *deterritorialisiert (offshore)*. Weil atlantisch, transatlantisch und interkontinental, ist er eine universale Abstraktion. Das Internationale, das wir seit drei Jahrhunderten erleben, ist nur die äußerste Spitze der interlokalen europäischen Fehlentwicklung und der Wegbereiter der angeprangerten Globalisierung.[83]

Das heißt etwas zu schnell die Geschichte vergessen. Der griechische *logos*, die Vernunft, läßt, indem er sich ausschließlich mit dem *agon*, dem Trieb zur Rivalität, und der *metis*, der List verbindet, die rein instrumentale okzidentale Rationalität triumphieren. Diese entwertet die Weisheit des Vernünftigen (die *phronesis*), um das Reich des Rationalen zu errichten. Seitdem ist der Schnitt zwischen Nord und Süd stärker als die antike mediterrane Solidarität. In Wahrheit hat die Welt der *hybris*, der Maßlosigkeit, provisorisch in ganz Europa triumphiert und den Okzident als ein Ganzes begründet, wobei Afrika, selbst das mediterrane (wenn auch »Nordafrika« genannte, dessen arabischer Name, »al Maghrib«, »Westen« bedeutet), ausgeschlossen wurde.[84] Nur daß diese WASP-Welt, so muß man ergänzen, durchaus der (wenn auch illegitime oder, wie Camus sagt, *abtrünnige*) Sohn Griechenlands und des Mittelmeers ist. »Während die Griechen«, sagt ebenfalls Camus, »dem Willen durch die Vernunft Grenzen setzten, haben wir schließlich die Spannkraft des Willens ins Herz der Vernunft, die mörderisch geworden ist, verpflanzt.«[85]

Marx selbst und mehr noch Werner Sombart erinnern uns daran, daß der Kapitalismus und der rationale Kalkül, die am Anfang der gegenwärtigen Globalisierung stehen, in Genua, Venedig und vor allem in Florenz, aber auch seit dem elften Jahrhundert in Amalfi erfunden werden, bevor sie nach Nordeuropa auswandern und sich dem Atlantik zuwenden. Cassano bestreitet es nicht: »Aber gerade weil [das meridionale Denken] auf dem Meer geboren wurde, steht es der Moderne nicht fremd gegenüber und weiß, daß es dieselben Ursprünge hat wie sie.« Allerdings fügt er sofort hinzu: »Aber im Gegensatz zur Moderne hat das meridionale Denken nicht die Gabe des Maßes verloren; es versucht, die Moderne gegen eine gewisse Neigung zur Eindimensionalität zu verteidigen.«[86]

Gewiß, aber dieses mythische Europa, von dem Franco Cassano träumt, ist tot. Die Nachhutgefechte um das angebliche europäische soziale Modell oder die kulturelle Ausnahme werden es nicht wieder zum Leben erwecken. Seine Nostalgie lebendig zu halten, zu verteidigen, was noch zu verteidigen ist, geschmackliche Reminiszenzen und ganz besonders jene Öffnung aufs Mittelmeer zu kultivieren, kann uns dabei helfen, einen neuen *oikos,* ein neues gemeinsames Haus zu bauen, vorausgesetzt, man versteht die Gründe für die tragische Niederlage von Minervas vernünftiger Tochter.

II. Protestantische Rationaliät und mediterrane Vernunft

Bekanntlich kann der Gebrauch der Vernunft zwei verschiedene, ja antagonistische Formen annehmen: den Weg des Rationalen und den Weg des Vernünftigen. Der erste, der uns (sogar in Südeuropa...) vertraut ist, besteht darin, ausgehend von einer quantitativen Bewertung zu kalkulieren; es ist unsere ökonomische Vernunft. Der zweite Weg ist der traditionelle des Politischen und des Juridischen; er besteht darin, ausgehend von Argumenten pro und contra zu beratschlagen. Es gibt also, sagt Daniel Labéy, »zwei verschiedene Felder, auf denen sich die Vernunft betätigen kann: das des Beweisbaren und das des Zustimmungsfähigen.« Und er präzisiert: »Im ersten Bereich kann die Vernunft Beweise konstruieren und Wahrheiten im allerstrengsten Sinn ausdrücken; im zweiten kann jedoch dieselbe Vernunft nur Argumente anführen und Wahrscheinliches oder zu Vermutendes ausdrücken.«[87] Das Verschwinden der *metis,* der List, aus der okzidentalen Vernunft ist bezeichnend dafür, wie diese Gabelung dem Triumph der kalkulierenden Rationalität zugute kam. »Es kann paradox scheinen«, stellt Jean-Pierre Vernant fest, »daß eine so fundamentale Form von Intelligenz [wie die *metis*], die in einer Gesellschaft wie der des alten Griechenlands so breit repräsentiert war, hat gewissermaßen verkannt bleiben können.«[88]

Desgleichen zeigt Jean-Luc Boilleau, daß in der griechischen Welt der *logos* ständig vom *agon* herausgefordert wurde und in ihm sein Gegengewicht hatte. Der scheinbare Triumph des rationalen *logos* in der Moderne verdrängt, was Bataille die Verausgabung oder den verfemten Teil nannte.[89] Diese Liquidierung bezeichnet jedoch weniger den Triumph einer (vermutlich kastrierten) Virilität als die Unsichtbarmachung des weiblichen Teils der Menschheit, wenn nicht überhaupt die Ausschließung des Orts, den die Frauen einnehmen. Durch den Verzicht auf die Schönheit, sagt Camus, »haben wir unsere Virilität vergessen. Wir haben die Macht vorgezogen, die die Größe nachäfft.«[90] Kurz, es herrscht der Utilitarismus.

Das Vernünftige, die *phronesis,* schließt also einen gewissen Grad an List (an *metis)* mit ein und läßt notwendig auch Raum für die Rivalität (den *agon*), denn sie nährt sich von Debatte und Konflikt, während die Rationalität sich diskussionslos durchsetzen will.[91] Indessen ist das Vernünftige nicht das Streben nach Erfolg um jeden Preis. Es ist keine bloße Technik. Die Suche nach dem Guten ist immer gegenwärtig. Darum ist die Wiederentdeckung des Vernünftigen, der *phronesis,* so besonders geeignet, um aus der gegenwärtigen Krise herauszuführen. Die »Klugheit« ist, von Aristoteles bis Cicero, unzweifelhaft mediterran; sie setzt ein geschärftes Bewußtsein von der tragischen Verfassung des Menschen und zugleich einen stets wachen Sinn für die Grenzen der Situation voraus.

Wenn man den Irrweg des Okzidents verstehen und das *meridionale* Denken wiederfinden will, darf man sich allerdings über die *rationale Tendenz* innerhalb des Vernünftigen nicht täuschen. Es ist durchaus möglich, daß schon bei den Alten ein gewisses Gleiten stattfindet. Indem sie, wie François Jullien sagt, »die Allmacht des Messens anerkennen und sich, unter der doppelten Autorität des *metron* und des *logismos,* auf den Kalkül der Wahrscheinlichkeit verlassen, wollen Ärzte, Redner und Strategen, verführt von der von den *technai* in Aussicht gestellten grenzenlosen Macht, zu ›Ingenieuren der Gelegenheit‹ (Monique Trédé) werden. Noch bei Cicero ist ein Echo dieses Optimismus vernehmbar, wenn er glaubt, es gebe eine genaue Wissenschaft vom besten Ort und von der besten Zeit (eine Wissenschaft von ›den günstigen Momenten zum Handeln‹; eine solche ›Wissenschaft von der guten Gelegenheit zum Handeln‹ kennt schon Panaitios)«.[92] Auch wenn Aristoteles weiß, daß das von der Mathematik übernommene Modell, das auf dem Gebiet des Hervorbringens *(poiesis)* Quelle der Effizienz ist, im Hinblick aufs menschliche Handeln *(praxis)* inadäquat ist. »Anders als das Hervorbringen«, sagt Françoise Collin, »kennt das Handeln kein vorgängiges Modell, das auszuführen wäre. Handeln heißt immer auf den Appell des Unerwarteten zu antworten, heißt das Neue entstehen zu lassen, indem man im Schmelztiegel der Umstände wachsam bleibt.«[93] Die für die *Effizienz* und die okzidentale Rationalität charakteristische Zweck-Mittel-Beziehung würde, glaubt man François Jullien, in der *phronesis* nicht ganz fehlen, weil der Kluge auch als der definiert ist, der »es versteht, die Mittel, um ein bestimmten Ziel zu erreichen, zu *erwägen*«.[94] Dies liegt an der doppelten, der technischen und ethischen Natur der *phronesis*. Aber selbst wenn die rationale und technokratische Versuchung bei den Alten schon existierte, hatte sie doch immer die *euboulia* als Gegengewicht, die Erwägung des Guten, und eine gewisse Richtigkeit *(orthotes)* des Verstandes.[95]

Nichtsdestoweniger ist wahr, daß in der okzidentalen Tradition das Vernünftige selbst von der Gefahr einer Kontamination durchs Rationale bedroht wird. Man könnte dieses Risiko als die »technokratische Tendenz« bezeichnen, als die ständige Neigung, das Soziale zu instrumentalisieren und List *(metis)* und Rivalität (*agon*) auszuschließen. Hier liegt die eigentliche Herausforderung Minervas. Es geht nicht bloß darum, zur Klugheit Aristoteles' und Ciceros zurückzukehren, sondern auch darum, über sie hinauszugehen. Es geht darum, an die vorsokratische und homerische Rivalität wiederanzuknüpfen und aus den Sackgassen und Aporien selbst der vernünftigen Vernunft hinauszutreten, die, wenn sie sich auf den technokratischen Weg einläßt, zwangsläufig zum Rationalen führen muß. Man wird, um diese Rehabilitierung zu leisten, sich also auf andere Traditionen mit anderen Inhalten stützen müssen. Abgesehen von den Lehren, die die afrikanische Weisheit zu bieten hat, kann die neue Klugheit sich jedoch noch an einer anderen, einer tausendjährigen Kodifizierung des Vernünftigen inspirieren, der des chinesischen Denkens, die der okzidentalen Tradition, besonders nach der Eliminierung der List, fremd ist.[96] So hat zum Beispiel neuerdings der Sinologe François Jullien in einer historischen Studie die Konzeption der Wirksamkeit in China untersucht. Dieser Begriff, der in der okzidentalen Rationalität zentral ist, wird in China als das »angeborene Potential der Dinge« gedacht, derart also, daß die zweckgerichtete willentliche Handlung hinter einer geschickten Unterwerfung unter und einer überlegten Anpassung an die Kräfte der Welt verschwindet.[97] Dieses chinesische Denken vernachlässigt keineswegs den Gedanken einer Wirksamkeit des Handelns, ganz im Gegenteil, aber es tendiert in all seinen Schulen dazu, sie gestützt auf die Situation erreichen zu wollen und nicht über die Beherrschung der Dinge. Nach François Jullien ist »die Wirksamkeit umso größer, je *diskreter* sie ist. Der Weise transformiert die Welt mit dem, was er tagtäglich und aus nächster Nähe von seiner Person her emanieren läßt, ohne sich Geltung verschaffen oder sich als Vorbild hinstellen zu müssen.«[98] Von der Rationalität des Okzidents sind wir weit entfernt!

Allerdings hat die chinesische Vernunft auch ihre Grenzen. Sie erfüllt sich in einer Strategie des »hinterlistigen Umwegs«, die die Rhetorik und die demokratische Debatte ausschließt. Zweifellos widerstrebt ein solches Verfahren der Vernunft und unserem politischen Ideal zutiefst. Es geht keineswegs darum, unsere in diesem Punkt sehr mediterrane Tradition der Diskussion, ja selbst der »geschwätzigen« Demokratie zu verleugnen, es geht nur darum, sie zu korrigieren. Wenn es dem griechischen Vernünftigen (der *phronesis*), unterhöhlt von der technisch-kalkulierenden Effizienz, schwerfällt, seinen Ort zu finden, dann erfüllt sich das chinesische Denken der Wirksamkeit in vollständigster Amoralität und mündet in die prinzipienlose Geschicklichkeit des Schurken (des *panourgos*). Auch in China begegnet die Tendenz, die die okzidentale Tradition *korrumpiert* hat, diejenige, die Ethik von der Leitung der menschlichen Dinge zu trennen. Alle Legisten hat man »chinesische Machiavellis« nennen können. Aber während der orientalische Machiavellismus eine subtile und zynische Kunst des Regierens über Menschen geblieben ist, hat sich der unsere zu einer technischen Verwaltung der Dinge fortentwickelt. Man muß also die Ethik bewahren und sie ins Funktionieren der Ökonomie und des Politischen ebenso wiedereinführen wie in die moralischen und politischen Wissenschaften.[99] Ganz ohne Zweifel steht das demokratische Ideal im Zentrum dieser Ethik. Weit entfernt, die aristotelische Tradition der Weisheit zu verleugnen, hätte ein *meridionales* Denken vielleicht die Aufgabe, deren *rationale Tendenz* mit Hilfe der chinesischen Reflexion und zweifellos auch der Lehren, die aus der Tradition des afrikanischen Palavers zu ziehen wären, zu korrigieren.[100]

Die chinesische Subtilität wäre also durch die Ethik des allgemeinen Wohls zu ergänzen. Gefordert ist die Rückkehr zu einem demokratischen Ideal, das von der technokratischen Korruption und den Verwüstungen des Utilitarismus befreit wäre. Bekämpft werden muß, mit anderen Worten, das schleichende Gleiten der Demokratie hin zur *Demokratur*.[101]

Warum betrifft das alles die Frauen? Ganz einfach weil die Weisheit in vieler Hinsicht weiblich ist. In der Tat findet sich das Vernünftige in der Postmoderne in jenen in *L'autre Afrique* evozierten *haushaltlichen* Strategien wieder, an denen die Frauen so stark beteiligt sind. Die Psychoanalytiker, insbesondere Erich Fromm und Wilhelm Reich, haben recht gut gezeigt, daß der rationale Kapitalismus, jene Inkarnation der »protestantischen« Vernunft, patrizentrisch und phallokratisch ist. Die Philosophin

Françoise Collin sieht in der Denunziation der instrumentalen Herrschaft als »maskuline Position« und der damit einhergehenden des »okzidentalen phallogozentrischen Subjekts« sogar die Trumpfkarte der Feministinnen.[102] Eine erneuerte Weisheit könnte und müßte zur Entdeckung oder zur Erfindung einer stärker »vernakulären« Gesellschaft führen, in der sich die Frauen das Wort wieder aneignen und erneut im öffentlichen Raum auftreten. Aber auch wenn die Frauen, schreibt Françoise Collin weiter, »ein Denken und einen Bezug zur Welt stärken oder zu stärken helfen, die von der Position des kalkulierenden Subjekts Abstand nehmen und die Erzählung wieder zur Geltung bringen, kann das nicht in Stellvertretung geschehen. Zuerst müssen sie nicht nur auf der Welt, sondern vor allem auch von dieser Welt sein.«[103] Die mediterrane Weiblichkeit, die bisher zu sehr auf die Figur der Mutter begrenzt war, hat diese Öffnung nicht geschafft. Der Code der algerischen Familie, der in diesem Punkt sehr mediterran ist, ehrt die Frau als Mutter. Im Namen der Moderne anerkennt er die Frau sogar als »Werktätige«, niemals aber als Frau. Diese Verleugnung steht letztlich mit der formalen und aseptischen Anerkennung im Norden im Bunde.

Vielleicht ist die Exilierung der Schönheit, die den Okzident nach Camus zur Wüste hat werden lassen, nichts anderes als die Exilierung der Frau in ihrer Ganzheit. Die Erarbeitung und Verbreitung einer regenerierten Vernunft könnte sich dann auf die Tradition stützen, von der Camus spricht, und »die darin besteht, richtig zu denken, richtig zu sehen«. Und Tradition, so stellt er klar, »bedeutet hier nicht Restauration, nostalgischer und damit doppelt obszöner Traum von fraglosen Hierarchien, sondern Demokratie des Maßes, Freiheit, die Hand in Hand geht mit der Würde.« Diese übernommene und erneuerte Tradition schließt ein, sich von jener anderen Tradition der instrumentalen und machistischen Rationalität zu befreien. Dies scheint mir die Herausforderung zu sein, die an die *meridionale* Vernunft ergeht, von der Minerva, die Tochter Jupiters (und der Metis), das Symbol ist.

Das Rationale und das Vernünftige[104]

»Es ist etwas Bekümmerndes und Niederschlagendes, daß es überhaupt eine Antithetik der reinen Vernunft geben, und diese, die doch den obersten Gerichtshof über alle Streitigkeiten vorstellt, mit sich selbst in Streit geraten soll.«
Immanuel Kant [105]

»In gewissem Sinn [...] ist die gesamte Wirtschaftsgeschichte die Geschichte des heute zum Siege gelangten ökonomischen, auf Rechnung aufgebauten *Rationalismus.«*
Max Weber [106]

»Es wäre nicht vernünftig, die Kapazität von Roissy zu verdreifachen«, erklärte Michel Giraud, der Präsident des Regionalrats von Ile-de-France, nach dem Absturz der Boeing in Amsterdam und den Katastrophen, die die Überschwemmungen im Herbst 1992 im französischen Südwesten verursacht haben.[107] Dennoch ist die Vergrößerung des Flughafens von Roissy die kurzfristig kostengünstigste und mithin der ökonomischen Rationalität gemäße Möglichkeit, und sie ist inzwischen auch, auf höchst dubiose Weise und gegen den starken Protest der Anwohner, durchgesetzt worden. Wie dem auch sei, diese Berufung aufs Vernünftige ist in unserer Zeit, da unser ganzes Leben im Schatten der Bedrohungen steht, die von den praktischen Konsequenzen der entfesselten Rationalität der technischen Wissenschaften ausgehen (*overkilling,* Umweltkrise, Humantechnologie etc.), immer häufiger vernehmbar.

Dieser Durchbruch einer Rückkehr des Vernünftigen ist im Milieu der Wirtschaftsexperten der Weltbank ebenso zu beobachten wie in der akademischen Wirtschaftstheorie mit dem Erfolg der

Ökonomie der Konventionen oder der Organisationen. Eine bestimmte Expertokratie referiert darauf,[108] und expliziter noch die Rechtsprechung der Gerichte, die nie aufgehört hatte, sich aufs Vernünftige zu berufen.[109] Das Vorsichtsprinzip, auf das der französische Staatsrat im Hinblick auf die umwelt- oder technologiebedingten Risiken zurückgegriffen hat, gründet sich ganz und gar darauf.

Muß man vielleicht mit Jean-Pierre Dupuy, im Sinne der Ökonomie der Konventionen, anerkennen, daß sich »die Rationalität nicht selbst genügt, sondern nur in einem umfassenderen Gebiet, in dem die Institutionen ihren Platz haben, sinnvoll sein kann«? Der Autor sieht im Vernünftigen eben das Gebiet, das dem Irrationalen Raum läßt, und hält die ökonomische Theorie prinzipiell für unvollkommen.[110]

Wir sahen, daß der Gebrauch der Vernunft zwei Wege einschlagen kann: den des Vernünftigen und den des Rationalen. Die meisten Gesellschaften haben zur Lösung ihrer sozialen Probleme den ersteren benutzt. Nur der Okzident, so scheint es, hat den zweiten Weg in die Sphäre der sozialen Beziehungen transponiert. Das Vernünftige wurde abgewertet und auf einen ungerecht subalternen Platz verbannt oder gar ausgeschlossen. Die Klugheit (*prudence* ist die französische Übersetzung von *phronesis*) wurde zu einer einfältigen Tugend, die den Werten der Kühnheit und des Fortschritts, die der Kapitalismus und die Moderne in den Vordergrund gestellt haben, im Weg steht. »Der Fortschritt der Wissenschaften und der Fortschritt überhaupt«, sagt Jean-Jacques Salomon, »hat die humanistische Tradition, deren praktisches und zugleich theoretisches Ideal der Begriff der Klugheit war, archaisch werden lassen.«[111] »Giambattista Vico«, so ergänzt er, »hat der barocken Klugheit, die die Umstände und die gewundenen, zufälligen Wege des Lebens berücksichtigt – die lebendige, vielfältige und bunte Welt des Menschen –, den modernen Geist gegenübergestellt, der sich an der kalten und abstrakten Welt der Mathematik, der Logik und der Mechanik inspiriert.«[112] Die Rhetorik, die Kunst, das Vernünftige ins Werk zu setzen, hat das nämliche Schicksal erfahren und wurde als eine unehrliche Dienerin verabschiedet.[113] Der oftmals arrogante Triumph der Wissenschaft hat sie mit sophistischem Geschwätz gleichgesetzt. Daß diese Operation für den Westen zu spektakulären Ergebnissen, zu einer unerhörten Machtsteigerung geführt hat, ist nicht abzustreiten. Allerdings stößt diese wunderbare Effizienz im Norden wie im Süden an Grenzen. Eine davon ist die ökologische Bedrohung im Norden, eine andere das Scheitern der offiziellen Ökonomie in der Dritten Welt. Im Informellen ist man vernünftig statt rational, und es klappt, eben weil und eben in dem Maß, wie man vernünftig ist; wobei es sich natürlich hier wie auch sonst versteht, daß es einem immer freisteht, irrational und unvernünftig zugleich zu sein…

Nach unseren Erfahrungen mit dem Vernünftigen ist es an der Zeit, daß wir uns über die beiden antagonistischen Anwendungen der Vernunft klar werden. Das bedeutet zunächst, die Entwertung der vernünftigen Vernunft wirklich zu ermessen, den praktischen Inhalt der Rationalität einzukreisen und besonders über ihre Bindungen an den ökonomischen Kalkül Klarheit zu schaffen. Vor allem muß man versuchen, die Unvernunft der ökonomischen Vernunft zu verstehen und einzudringen in das, was im Vernünftigen bleibend rätselhaft ist. Wenn die Terme dieser Opposition präzisiert und die Grenzen der »rationalen« Vernunft deutlich geworden sind, kann man mit Hilfe dieser Vertiefung versuchen, die vernünftige Vernunft durch eine Wiederherstellung ihrer Konsistenz zu rehabilitieren.

I. Die Entwertung der vernünftigen Vernunft

In gewisser Hinsicht ist das Thema der Opposition zwischen dem Vernünftigen und dem Rationalen höchst banal. Es durchzieht das gesamte ökonomische und philosophische Denken der westlichen Moderne. Aber obwohl sie auf vielerlei Weise ausgedrückt worden ist, hat diese Opposition nicht die Begriffe gefunden, die für eine anerkannte Dichotomie angemessen gewesen wären.

Zur Erklärung dieser Situation gibt es sehr plausible Hypothesen. Das Vernünftige ist, insbesondere mit der Machtübernahme des Ökonomischen, dem Rationalen zum Opfer gefallen, und am Ende wurde es phagozytisch von ihm absorbiert. Egal ob es sich um triviale Formen des Konstatierens handelt oder um verfeinerte Analysen, die Opposition zwischen Vernünftigem und Rationalem ist konstant. Betonen Montesquieu und der volkstümliche *bon sens*, wenn sie proklamieren, das Beste sei der Feind des Guten, nicht schon das Gewicht des Vernünftigen gegenüber dem Rationalen? Findet in der kantischen Dualität von reiner und praktischer Vernunft, in der ebenfalls Kant entnommenen hegelschen Opposition von Vernunft und Verstand, in Paretos Kluft zwischen logischem Handeln und *Residuen*, in Max Webers Unterscheidung zwischen Wertrationalität und Zweckrationalität, nicht dieselbe Unterscheidung statt? Erst recht würde das für Pascal mit der berühmten Opposition zwischen dem *esprit de géométrie* und dem *esprit de finesse* gelten. Man fände sie auch bei bestimmten Ökonomen wie Herbert Simon, die eine individuelle Rationalität einer kollektiven, eine generalisierte Rationalität einer begrenzten gegenüberstellen.[114] Selbst bei Karl Popper findet man sie, wenn er seinem Rationalitätsprinzip eine vernünftigere Rationalität entgegenstellt. Man findet sie beim späten Rawls (dem der zweiten Auflage), wenn er sich genötigt sieht, den Ökonomismus seiner ersten Gerechtigkeitskonzeption abzumildern. Von Anfang an durchdringt sie die Geschichte des westlichen Denkens mit der Opposition von *phronesis* und *logos epistemonikos*, von *prudentia* und *ratio*, von aufgeklärtem Urteil und kalkulierender Vernunft. Nirgends aber findet man sie in dem speziellen Sinn, den wir ihr geben, so genau dargestellt wie in jenem Werk von Marshall Sahlins, das im Französischen den programmatischen Titel trägt: *Raison utilitaire et raison culturelle.*[115] Allerdings hat Sahlins, auch wenn er die Wichtigkeit und die Tragweite des Themas anerkennt und das Vernünftige wiederherzustellen versucht, den Akzent mehr auf die Unzulänglichkeit einer aufs Utilitäre beschränkten Vernunft gelegt als auf die tiefe Antinomie, die im menschlichen Denken zwischen dem Vernünftigen und dem Rationalen besteht.

Es ist bemerkenswert, daß das okzidentale Denken trotz seiner Vorliebe für konzeptuelle Dichotomien an dieser Stelle kein passendes Begriffspaar hervorgebracht hat. Die kantische und hegelsche Opposition von Vernunft und Verstand deckt, wovon wir sprechen, nur teilweise ab und ist im übrigen auf die germanischen Sprachen beschränkt. Die Rationalität steht zweifellos auf seiten des Verstandes, aber die hegelsche Vernunft geht über das Vernünftige hinaus. Die Oppositionen bei Kant, Max Weber oder Herbert Simon betreffen nicht zwei Begriffe, sondern zwei Modalitäten desselben Begriffs. Was das System Paretos angeht, so ist es in gewisser Weise exemplarisch für eine Delegitimierung des Vernünftigen und seine Resorption im Rationalen. Das *Residuum* gehört der Ordnung des Abfalls an.

Man könnte die Opposition *ration/raison* vorschlagen, in der die »Ration« zum Rationalen erhoben und die Vernunft aufs Vernünftige reduziert wäre; aber weil »Ration« unweigerlich pejorativ konnotiert ist, bestünde zwischen den beiden Waagschalen, zwischen den beiden Sprößlingen Minervas, keine Ausgewogenheit und wir liefen Gefahr, es mit den Parteigängern des Rationalen zu verderben. Dennoch ist, worum es geht, sehr wohl eine *Rationierung* der Vernunft oder eine *Überprüfung* – ein *arraisonnement* – der Rationalität.

Die Majestät der Vernunft durchdringt das Rationale nicht weniger als das Vernünftige bis ins Innerste. Die von K. A. Sen so genannten »rationalen Idioten«, die Sektierer des ins Extrem getriebenen ökonomischen Kalküls, können sich legitim auf sie berufen, aber wenn die Nicht-Westler, die von den Entwicklungsexperten für irrational erklärt werden, symmetrisch dazu eine Rationalität, die ihnen eigen wäre, beanspruchen, dann ist das ebenfalls zulässig. Daher die erwähnte Zweideutigkeit ihres Plädoyers für eine *andere* Rationalität – das einhergeht mit dem für eine *andere* Entwicklung, ja eine *andere* Technik, eine *andere* Moderne etc. Diese Hoffnung ist genauso trügerisch wie die anderen.

Die Ohnmacht des Vernünftigen, sich der Invasion des Rationalen entgegenzustellen, rührt hier ans Tragische. Bei den nichtwestlichen Völkern geht es um nichts weniger als die Emanzipation des Imaginären; im Okzident geht es um die Befreiung von der Herrschaft und dem Zugriff, den Ökonomismus und Utilitarismus ausüben.

Indem sie ausschließlich die Form des Rationalen angenommen hat, ist die Vernunft imperialistisch und ethnozentrisch geworden. Alles hat sich vor dem Tribunal dieser Vernunft verantworten müssen. Die Entwertung des Vernünftigen und sein Quasi-Verschwinden geschahen, als die Vernunft sich über das Ökonomische einen rationalen Inhalt aneignete und sich aller anderen Substanz entledigte. Das Ökonomische erscheint im Herzen des Rationalitätsproblems. Pareto hat das Verdienst, das Nicht-Ökonomische klar als irrational zu behandeln. Der Kompromiß, den er, um an einer Soziologie festhalten zu können, anstrebte, war jedoch unhaltbar. Man weiß, daß er das Nicht-Ökonomische, also alles, was der reinen Ökonomie entgeht, ein *Residuum* nennt. Diese *Residuen* begründen die *Derivationen* oder Ideologien, die von demagogischen sozialen Unternehmern, die Frustrationen und Leidenschaften ausbeuten, ins Werk gesetzt werden. All dies liefert der Soziologie Stoff, deren Gebiet das Nicht-Rationale ist, wo das Vernünftige und das Unvernünftige Hand in Hand gehen, ohne daß beide voneinander zu trennen möglich wäre. Infolgedessen findet sich das Vernünftige von vornherein disqualifiziert. Allerdings wird das Feld des Rationalen markiert von leeren Begriffen, die außerstande sind, irgendeine Leidenschaft aus ihrem Bereich auszuschließen. Mit Gary Becker und seinem »Panökonomismus« bricht die Teilung Vernunft/Leidenschaft zusammen.

Diese Begriffe – der Bedarf, der Nutzen (die Paretosche *Ophelimität*), das Interesse, die Präferenzen – begründen eine Arithmetik der Annehmlichkeiten, die imstande ist, die Totalität des Sozialen zu absorbieren. Auch Liebe, Haß, Ehrgeiz und Zorn sind mit Interessen verbunden, begründen gleichfalls Präferenzen, geben zu subtilen, noblen oder schmutzigen Berechnungen Anlaß, die gleichfalls in die Marktsphäre einmünden. Die eiskalten Wasser des rationalen Kalküls dringen bis in die intimsten Bereiche vor – in den lebendigen oder zerstückelten Körper, in die sofort oder erst *post mortem* verfügbaren Organe, ins Blut, ins Sperma, in den vermietbaren Uterus, in die Sequenzen des Humangenoms, in das genetische Erbe eines Volks, in die Gefühle, das Talent, die Hingabe. Alles ist käuflich und verkäuflich. Der Imperialismus des Rationalen läßt nichts aus seinen Netzen entkommen. Der Ökonom rennt offene Türen ein, die ins Nichts oder in Sackgassen führen.

II. Die Quantifizierung als Kern des Problems: Der Inhalt des Rationalitätspostulats

In seinem berühmten Artikel »Die Rationalität und der Status des Rationalitätsprinzips« definiert Karl Popper das rationale Verhalten folgendermaßen: »Die beteiligten Personen oder Akteure handeln auf adäquate oder angemessene Weise, d. h. in Übereinstimmung mit der betreffenden Situation.«[116] Um dieser leeren, tautologischen oder zirkulären Formulierung ein wenig Konsistenz zu geben (wer entscheidet darüber, ob ein Verhalten den Erfordernissen der Situation entspricht?), haben mehrere Autoren im Sinne der neoklassischen Theorie das Beispiel eines Konsumenten auf dem Markt gewählt.[117] Sicherlich erschöpft sich die Rationalität nicht ganz im Ökonomischen, aber sie findet dort ihre Erfüllung, es ist ihr Lieblingsmodell, ihr eigentliches Gebiet; und weil das Ökonomische das Ganze des sozialen Raums einzunehmen tendiert, erlaubt es der Rationalität, ihre ursprünglichen Prätentionen zu verwirklichen.

Die Rationalität baut auf der Vernunft des siebzehnten Jahrhunderts auf, also auf der Übertragung der mathematischen Denkweise auf die Welt der Sitten. Descartes hoffte, eine wahrhaft rationale, d. h. wie ein mathematisches Theorem beweisbare Philosophie zu entwickeln. »Diese langen Ketten von ganz einfachen und leicht einzusehenden Vernunftgründen«, schreibt er, »deren sich die Geometer zu bedienen pflegen, um zu ihren schwierigen Beweisen zu gelangen, hatten mich darauf geführt, mir vorzustellen, daß alle Dinge, die unter die Erkenntnis der Menschen fallen können, untereinander in derselben Beziehung stehen, und daß, wenn man nur darauf achtet, kein Ding für wahr zu halten, das es nicht ist, und stets die Ordnung beibehält, die erforderlich ist, um die einen von den anderen abzuleiten, es keine so entfernten Erkenntnisse geben kann, zu denen man nicht gelangte, noch auch so verborgene, die man nicht entdeckte.«[118] Auf moralischer Ebene bietet er allerdings lediglich provisorische Maximen, die, wie Perelman bemerkt, »mehr dem Vernünftigen als dem Rationalen angehören.«[119] Dennoch meint er, worüber man diskutieren könne, sei notwendig falsch. »Das cartesische Projekt einer Philosophie *more geometrico*, das von Spinoza durchgeführt wurde, bestand darin, ein System zu errichten, das von Beweis zu Beweis fortschreitet und für strittige Meinungen keinen Raum läßt.«[120] In der Tat versteht sich die Ethik Spinozas als rationale Moral, die die provisorische Moral Descartes' ersetzt. Leibniz wiederum will das Urteil durch den Kalkül ersetzen und lanciert das Projekt einer universalen Mathematik *(mathesis universalis)*, an das die gesamte analytische Philosophie anknüpfen wird.

Die Trennung der Leidenschaften von der Vernunft ist in der rationalistischen Tradition zentral. Sie zielt darauf ab, alles Nichtkalkulierbare auszuschließen. Das Projekt der Moderne, eine Gesellschaft auf der Basis der Vernunft unter Zurückweisung der Tradition und der Transzendenz zu errichten, schließt ein, daß der Mensch vernunftgeleitet ist, obwohl diese Vernunft in den Augen vieler nichts Vernünftiges hat. Für die Schüler des Augustinus ist der von der Sünde verdorbene Mensch der Spielball seiner Leidenschaften. Allerdings sind auch die Leidenschaften berechenbar, und der Kalkül der Leidenschaften führt zur

Axiomatik des Interesses. Sie ist es, die durch eine List der Vernunft den paradoxen Triumph des Rationalen sichern wird. Das heißt konkret, daß der moderne Mensch sich auf die Wissenschaft stützen muß, d. h. auf ein Wissen, das aus einem Kalkül von Sätzen und Zahlen resultiert. Die Vernunft der unsichtbaren Hand setzt sich gegen die Vernunft des traditionellen *bon sens* der Akteure durch. Das moralische Ziel der Moderne kann nur das größtmögliche Glück für die größtmögliche Zahl sein, die *geometrische* Form des Allgemeinwohls für eine individualistische Gesellschaft. Dieses Ziel ist allerdings, wie man oft bemerkt hat, irrational, denn man kann unmöglich zwei Variablen (das Glück und die Zahl) in einer selben Funktion maximieren. Man muß also wählen: entweder die Zahl steigern, wie es spontan die vermehrungsfreudigen afrikanischen Familien machen, oder die Armut reduzieren, indem man, wie die Weltbank empfiehlt, durch Empfängnisverhütung die Zahl der Armen vermindert.

Allerdings ist das Glück nicht unmittelbar kalkulierbar oder quantifizierbar. Außerdem wird nicht einfach das Glück gefordert, sondern das *größtmögliche* Glück. Immer das Beste, nicht das Gute. Wenn es das größte ist, muß sich das Glück auch messen lassen. Erreicht wird dieses Ziel durch eine ganze Reihe von Gleichsetzungen: Glück = Lust = Bedürfnisbefriedigung = Masse der Güter = Wohlstand = Lebensniveau = Bruttosozialprodukt pro Kopf. Das Nützliche wird so jedes objektiven und ethischen Inhalts beraubt. Die Hypersubjektivität gestattet es, jedweden Zweck des Kalküls zu eliminieren. Diese Idee des Glücks ist, als sie Saint-Just am Beginn der industriellen Revolution verkündet, tatsächlich neu in Europa. Die Glückseligkeit, die man den Massen hinieden und vor allem im Jenseits bis dahin empfohlen hatte, war (wenigstens vor dem Beginn des Ablaßhandels) nicht kalkulierbar. Die Wissenschaft der Wissenschaften, diejenige, die jedermann zu kalkulieren erlaubt, wie man mit Hilfe der anderen Wissenschaften zu mehr Wohlstand kommt, ist die Ökonomie. Das Prinzip, das wir das des *Maximine* genannt haben, repräsentiert das Wesen der Vernunft: alle möglichen Energien einzusetzen, um die für ein bestimmtes Resultat erforderlichen Anstrengungen zu minimieren, und alle denkbaren Anstrengungen zu unternehmen, um das Maximum an Ergebnissen zu erzielen.[121] Besteht das ganze Problem der Menschen und der Menschheit nicht darin, um den Preis der geringsten Nutzlosigkeit und unter sorgfältiger Umgehung der impertinenten Frage Hegels (nützlich, aber wofür?) und Lessings (was ist der Nutzen der Nützlichkeit?) möglichst viele individuelle und soziale Nützlichkeiten hervorzubringen?

Das Rationale setzt voraus, daß all das, worum es bei diesem grandiosen Unternehmen geht, quantifizierbar und homogen ist. Allerdings hat diese Vorbedingung für die Ausübung der Vernunft an ihrer Arbeit selbst Anteil. Indem sie sich der Schlacken der Tradition, der Vorurteile und Dogmen entledigt, befreit die Vernunft das Individuum als Subjekt des Kalküls und bietet ihm die Welt als Gegenstand seines Kalküls ebenso wie seiner Genüsse an, aber zugleich liefert sie es dem Zugriff seiner Leidenschaften und ganz besonders dem Interesse aus. Diese Welt ist zugleich die menschlichste, denn sie ist humanisiert, weil eine Gesellschaft von rationalen Menschen von ihr Besitz ergriffen hat, und die unmenschlichste, denn sie ist gefangen in einem Spiel von Kräften statt von Willensäußerungen. Ihrer Mythen entblößt, stellt sich die Welt als ein Vorrat von »Rohstoffen« dar, die in Reichtümer zu verwandeln sind. Der technische Kalkül findet sich ganz natürlich dem Nützlichkeitskalkül untergeordnet. Weil durch die subjektiven Nützlichkeiten plebiszitär bestätigt, bietet das Geld der Vernunft das soziale Maß der Werte, dessen sie bedarf. Die »subjektive« Version der auf dem Nützlichkeitskalkül gründenden Rationalität ist leer oder tautologisch. Aus diesem Grund ist sie selbstzerstörerisch. Wenn der Mensch als *animal rationale* immer rational ist und sein Verhalten in jedem Fall intelligibel, dann ist er es nie. Dieses Paradox erkennt schon Hume: »Es ist durchaus nicht wider die Vernunft, wenn ich lieber die ganze Welt untergehen sehe, als daß mir ein Haar gekrümmt werde.«[122] Aber wenn's ums Geld geht und unser Narr es aus dem Fenster wirft, kann man ihn unvernünftig nennen; man wird ihn einsperren oder entmündigen.[123] Alles ist erlaubt außer der Abweichung vom Typ des *homo occidentalis.* Das Jüngste Gericht der Vernunft ist das Geld.

Die Rationalität stellt also eine sehr starke Hypothese dar, in der die Vernunft sich nicht mehr wirklich wiedererkennt, der sie aber, weil sie historisch so »fruchtbar« ist, nur schwer entkommt. Sicherlich liegen zwischen dem anfänglichen Inhalt der rationalen Handlung als »angemessenes Verhalten« und dem Endpunkt, der darin besteht, daß die grenzenlose Akkumulation von Geld das einzige Ziel des menschlichen Lebens ist, einige Sprünge. Diese Sprünge, die es rechtfertigen, wenn wir die ökonomische Vernunft Unvernunft nennen, sind jedoch durchaus rational, denn ohne sie hätte die Vernunft gar keinen Inhalt. Sie erlauben die Begründung des Ökonomischen. Der Glaube, daß der Mensch ein *oeconomicus,* will sagen interessiert und berechnend ist, ist ein metaphysisches Postulat, selbst wenn die Ökonomen den doppelten Vorbehalt geltend machen, es handle sich um eine begrenzte Verhaltenshypothese und um eine Evidenz des gesunden Menschenverstandes.

John Stuart Mill äußert sich sehr klar über diese Grundentscheidung. Es gibt, so sagt er, »eine umfangreiche Klasse sozialer Phänomene, in der die unmittelbar determinierenden Ursachen im Vordergrund stehen: diejenigen, die durch das Begehren nach Reichtum wirksam sind und deren allgemein bekanntes psychologisches Hauptgesetz darin besteht, daß man größeren Reichtum einem geringeren vorzieht. Ich verstehe darunter diejenigen gesellschaftlichen Phänomene, die sich aus den industriellen oder produktiven Tätigkeiten der Menschen ergeben sowie aus den Handlungen, durch welche die Verteilung der Produkte aus dieser industriellen Tätigkeit geschieht, insofern sie nicht durch Gewalt gelenkt oder durch freiwillige Gabe modifiziert ist. Wenn wir ausschließlich dieses Gesetz der menschlichen Natur und die hauptsächlichen (universalen oder auf bestimmte gesellschaftliche Zustände begrenzten) äußeren Umstände, die durch sie auf den menschlichen Geist einwirken, in unserem Denken berücksichtigen, dann können wir diesen Teil der sozialen Phänomene erklären und voraussehen… So ist eine Wissenschaft möglich, die den Namen politische Ökonomie erhalten hat.«[124]

Aber schon die Physiokraten (besonders Dupont de Nemours), die darin die *libertarians* vorwegnehmen, sowie später Jean-Baptiste Say, Gustave de Molinari und Lionel Robbins, weiten dieses Gebiet auf jedes menschliche Handeln aus, denn es steht für sie außer Frage, daß an einer desinteressierten Handlung ein Interesse beteiligt ist, daß, wer Leiden sucht, noch dem Lustprinzip gehorcht, daß nicht zu rechnen Ergebnis einer Berechnung ist, und daß man seine irdischen Interessen bloß im Namen der himmlischen opfert… Weil man alles kauft oder zumindest alles gekauft werden kann, die Stimme eines Abgeordneten, die Ermordung eines Feindes, die Liebe einer Frau (oder eines Mannes…), ja sogar der Platz im Himmel, drängt sich das Geld auf, um die subjektive Größe des Nutzens zu quantifizieren und ihm innerhalb eines generalisierten Marktes, der als rationaler Begründer des sozialen Bandes auftritt, eine soziale Tragweite zu geben. Indem sie sich von der Moral emanzipiert, um »wissenschaftlich«, also rational zu werden, verwirft die Ökonomie das Vernünftige. Jean-Baptiste Say, Thomas Robert Malthus und dann Léon Walras entleeren das Nützliche ausdrücklich jeder ethischen Konnotation. Damit weist der *homo oeconomicus* das Tribunal der uns »moralisch« leitenden Vernunft zurück. Alle Ökonomen haben sich in der Folge auf diesen Standpunkt gestellt. Implizit wird am »Bedarf« dieselbe Operation vollzogen. Er wird funktional, er ist der Bedarf des Systems. So wird das Handy zum Bedarf, wenn die betreffenden Firmen beschlossen haben, daß wir es benutzen sollen. Der rationale *homo oeconomicus* ist also alles andere als vernünftig.

Das ständige, unvermeidliche und notwendige Gleiten der schwachen Hypothese (die Akteure handeln in angemessener Weise) hin zur starken des *Maximine* durch die versteckte Einführung eines Inhalts von klingender Münze in leere Kategorien

(Nützlichkeit, Interesse, Präferenzen, Bedarf) wird durch die Behauptung der natürlichen Harmonie der Interessen erleichtert. Die unsichtbare Hand, das gründende metaphysische Postulat, wird dargestellt als das Ergebnis eben der ökonomischen Gesetze, zu deren Begründung es dient. Wenn ich durch die Verfolgung meines Interesses (im starken Sinn: indem ich möglichst viel Geld verdiene) nicht nur die anderen nicht hindere, desgleichen zu tun, sondern ihnen sogar noch dabei helfe, welches Interesse gäbe es, desinteressiert zu sein? Das wäre nicht nur ökonomisch dumm, also irrational, sondern auch moralisch verwerflich, also unvernünftig. Allerdings zeigt das Dilemma des Gefangenen auch hier die Antinomie des Rationalen. Für die Gefangenen ist es vernünftig, wenn sie, um der Höchststrafe zu entgehen, zusammenarbeiten, also sich altruistisch und mithin irrational verhalten. Mithin bleibt der Verrat bei egoistischen Individuen die einzig rationale Entscheidung.[125] Das Postulat der natürlichen Harmonie der Interessen, das für die Kohärenz des rationalen Deliriums notwendig ist, gerät durcheinander.

Die Rationalität ist nicht bloß eine leere subjektive, sie ist eine objektive Norm, die sich allen und jedem aufdrängt und vorschreibt, Geschäfte zu machen, denn alles andere sind Chimären. Sicherlich muß man, um bei einem solchen Schluß anzukommen, ein paar Sprünge machen, muß das *no-bridge* oder die Nichtkommunizierbarkeit der subjektiven Welten überwinden, muß den Sophismus der Komposition zugeben etc., aber es gibt mehrere Strategien, um diese Einwände beiseite zu schieben oder ihre destruktiven Wirkungen zu neutralisieren.

III. Rationalität und ökonomischer Kalkül: Probleme in der Schwebe

Die Gleichsetzung der Rationalität mit dem ökonomischen Kalkül hat, ebenso wie das Ergebnis dieser Gleichsetzung im sozialen Bereich, eine Anzahl von Problemen zur Folge. Sie können Anlaß zu Einwänden geben, die nacheinander untersucht werden müssen.

Der doppelte Prozeß der Formalisierung und Quantifizierung des Sozialen, der zunächst das Ökonomische und dann in einem Umkehreffekt das Soziale insgesamt ergreift, ist historisch bewerkstelligt worden durch die Konstruktion der politischen Ökonomie als soziale Physik nach dem Modell der rationalen Mechanik Newtons und durch die damit einhergehende Reduzierung des Glücks auf den Reichtum, des Reichtums auf den Nutzen und des Nutzens auf das Geld. Der Schematismus Ricardos wird in der Walrasschen Mechanik noch weiter getrieben und bleibt im wesentlichen ein zentraler Bestandteil der Disziplin.

Was die Quantifizierung angeht, so ist schon bei Bentham alles entschieden. »Das einzige gemeinsame Maß für die Natur der Dinge«, schreibt er, »ist das Geld. Wieviel Geld würden Sie zahlen, um dieses Vergnügen zu kaufen?«[126] Noch peremptorischer heißt es dann: »Das Geld ist das Instrument, das als Maß für die Quantität von Unbill und Vergnügen dient. Diejenigen, denen dieses Werkzeug zu ungenau ist, müssen ein genaueres finden, oder sie müssen der Politik und der Moral Lebewohl sagen.«[127]

Seit dem Zusammenbruch des Ostens ist sich praktisch alle Welt in diesem Punkt einig. In der Theorie verhält es sich wenn nicht explizit, so doch implizit oft genauso. Um den »verbalen Begriff« des Nutzens loszuwerden, entscheiden sich Morgenstern und von Neumann methodologisch dafür anzunehmen, das Ziel aller Teilnehmer am ökonomischen »Spiel« sei das Geld. »Das Individuum, das diese jeweiligen Maxima zu erreichen versucht, wird auch als ›rational‹ handelnd angesehen.«[128] Der Imperialismus, den das Ökonomische gegenüber den Sozialwissenschaften insgesamt an den Tag legt, strebt danach, diese Buchhalter-Rationalität auf die anderen Felder des Sozialen auszuweiten.

Man könnte, um diesen Imperialismus zu rechtfertigen und unser kritisches Unternehmen zu entwerten, vielleicht einwenden, daß die Präferenzen die spezifischen Werte einer Kultur (z. B.

der afrikanischen) in all ihren Modalitäten und in dem, was den *»bon sens«* der diversen Gesellschaften ausmacht, letztlich perfekt erfassen und auf diese Weise das Vernünftige aufs Rationale reduzieren können. *Formal* ist das richtig, aber es ist – im doppelten Wortsinn – impertinent. Vielleicht ist alles, was aus der Welt des Handels kommt, geeignet, ins Feld des Ökonomischen einzugehen, aber nur auf einem Umweg. Wenn alles einen Preis hat, ist nur der Kalkül wirklich rational, bei dem das Geld nicht nur Mittel, sondern auch und vor allem der Zweck ist. Das hat zur Folge, daß die Einführung des Nicht-Käuflichen (des Gefühls, kultureller Werte etc.) ins Ökonomische stets »hinterher«, in Form einer Rückholung stattfindet, was sich darin äußert, daß dieses Nicht-Käufliche sogar von den Ökonomen selbst als außerhalb des ökonomischen Felds liegend angesehen wurde. Es ist bezeichnend, welches Verfahren ein Gary Becker anwendet (oder ein Douglas North, wenn er Karl Polanyi vereinnahmen will), um alles in den ökonomischen Orbit aufnehmen zu können. Gegen jede Evidenz wird das Ökonomische als universal und transhistorisch angenommen.

Aber hat nicht auch die gegenwärtige Entwicklung der Physik den Referenten der ökonomischen Rationalität umgestoßen, so daß es nicht oder nicht mehr relevant ist, wenn man sich auf die Konstruktionen von Descartes oder Newton stützt? Wir wollen uns hier nicht auf endlose Debatten einlassen, für die wir nicht gerüstet sind, aber es scheint uns, daß das Verschwinden ihres Modells, also der newtonschen Physik, die ökonomische Wissenschaft ziemlich unbeeindruckt gelassen hat und daß im übrigen der Bruch in der modernen Wissenschaft, von dem hier interessierenden Standpunkt aus gesehen, weit geringer ist, als es scheint. Dominique Janicaud weist darauf hin, daß die Autoren der *»nouvelle alliance«*, wenn sie die newtonsche Wissenschaft der modernen gegenüberstellen, jene zu Unrecht als experimentell bezeichnen, daß es sich aber bereits um eine Mathematisierung der Natur handelte. »Ohne die vorausgesetzte Möglichkeit einer

Mathematisierung der Natur auf der Grundlage einer Projektion des euklidischen Raums auf sie«, schreibt Janicaud, »ist nicht zu erkennen, wie die moderne Physik sich hätte konstituieren können.«[129] Was die Rationalität betrifft, so herrscht zwischen dem newtonschen Imaginären und dem der heutigen Wissenschaft, insbesondere der ökonomischen, kein Bruch, sondern es besteht Kontinuität.

Kann man, wenn die *ökonomische Rationalität* die *Übertragung* der logisch-mathematischen Rationalität auf das Gebiet des Moralischen durch die von uns analysierten und denunzierten Verfahren ist, *die Rationalität auf den logisch-mathematischen Kalkül zurückführen?* Um auf diesen Einwand angemessen zu antworten, müßte man auf die Erfindung der modernen Physik, die auf der Mathematisierung der Natur beruht, zurückkommen. Die Mathematik ist es, schreibt ebenfalls Janicaud, »von der die maximale Potentialisierung ausgeht.«[130] Und weiter: »Es ist die Apodiktik der griechischen Mathematik, auf die sich die Pioniere der Moderne im wesentlichen stützen: methodologisch vor allem Bacon und Descartes, in der effektiven Transformation der Physik Galilei und Newton.«[131] Das Rationale konstituiert sich, anders gesagt, in der von den Griechen überkommenen Sphäre des Logisch-Mathematischen, des *logos epistemonikos.* Erst wird die physikalische Wirklichkeit, dann die moralische gemäß diesem Schema interpretiert und gedacht – einem wahren Prokrustesbett.

Von der Mathematisierung der physikalischen Beobachtung ist man zu der der ökonomischen übergegangen. Die Entwicklung betrifft die wesentliche Ausweitung dieses Gebiets der Rationalität, d. h. die erweiterte Anwendung der Mathematik. So kann man wohl mit Dominique Dubarle schließen: »Während man zuvor sagen konnte, daß der Gegenstand der Mathematik letztlich nur ein Gegenstand neben anderen war, der der Rationalität vorgelegt wurde, so ist heute offenkundig, daß die Sprache der Mathematik für den Menschen das letztlich unabdingbare Instrument für jede Rationalität ist, auf die er Anspruch erheben kann.«[132]

IV. Die Unvernunft der ökonomischen Vernunft

Die Unvernunft der ökonomischen Vernunft ist, zumindest in der einen oder anderen ihrer Formen, schon oft benannt worden. Die wichtigsten Argumente seien hier noch einmal zusammengestellt, nicht um ihrer selbst willen, sondern damit wir den Inhalt des Begriffs des Vernünftigen besser wiederherstellen und unser Verfahren besser begründen können.

Aus mindestens fünf Gründen kann die ökonomische Vernunft »unvernünftig« genannt werden:

– Sie beruht auf einer Verwechslung von Zweck und Mittel, oder vielmehr unterdrückt sie jeden Zweck.

– Die Ziele, die sie sich setzt, sind gleichfalls ohne Zweck und mithin leer.

– Sie fordert eine Homogenisierung der Welt, die nicht möglich ist.

– Als Träger der Vernunft postuliert sie ein Subjekt, dessen Existenz durch und durch problematisch ist.

– Schließlich setzt sie eine Leidenschaft für sich voraus, die durch sie selbst nicht begründbar ist.

1. Die Verwechslung von Zweck und Mittel

Nach der Definition der Ökonomie besteht das rationale Verhalten darin, knappe Mittel zu wechselnder Verwendung bereitzustellen, um das angestrebte Ziel bestmöglich zu erreichen. Dieses Ziel kann kein anderes sein als das Glück des Akteurs und das der Menschheit.

Allerdings reduziert das Ökonomische, wenn es das Glück quantifiziert, dieses auf den Wohlstand, der wiederum als Haben definiert ist, auf die Masse von Nutzwerten oder von Geld als deren Doppel. Zwar ist der Nutzen ein leerer Begriff, aber die Maximierung von Nutzwerten kann letzten Endes als ein vernünftiges Ziel erscheinen. Weil das Geld wiederum »gemünzte Freiheit« oder, nach Paul Valéry, »Mögliches in wahrnehmbarem Zustand« ist, kann seine Akkumulierung gleichfalls sinnvoll scheinen. Indessen ist dieses maximierte Potential nur dann vernünftig, wenn man ein Projekt hat, um es anzuwenden. Das Glück bleibt das Ziel, nicht die Maximierung der Mittel, die geeignet sind, es sich zu verschaffen.

Die Rationalität verschlingt jedoch ihren Gegenstand im Verfahren. Wenn sie sie auf eine homogene Größe reduziert, dann nimmt diese Optimierungsprozedur den Einsätzen all ihre Qualitäten, die dem Leben Würze geben. Der Nutzen ist nur nützlich, um weitere Nutzwerte anzuhäufen. So sind die Kosten für die Reklame, wie man uns erklärt, nicht unnütz, sondern sie nützen dem Verkauf; aber ist dieser anfänglich nicht gewünschte Konsum nützlich? Er ist nützlich für die Produktion, die für den Konsum nützlich ist. Die Logik des Rationalen ist dann nicht mehr die, zu produzieren, um zu konsumieren, oder zu konsumieren, um zu produzieren. Sie besteht darin, *mehr* zu produzieren, zu konsumieren. Zwar stimmt die gesamte philosophische Tradition darin überein, daß dieses Verschwinden der Grenzen der gesunden Vernunft zuwider läuft, aber die Parteigänger des Systems erwidern, daß diese Flucht nach vorn, dieser irre Wettlauf, so absurd er sein mag, erst einmal dazu geführt hat, daß sich die größtmögliche Zahl mit dem Maximum an Befriedigungen ausgestattet sieht – mit Kühlschränken, Waschmaschinen, Handys etc., die geschätzt werden, einschließlich der Werbespots im Fernsehen. Tatsächlich ist der massive und wachsende Konsum eine Bedingung für das Funktionieren des rationalen *Wahns,* aber die produzierten »Befriedigungen« sollen nur unter der Bedingung befriedigen, daß sie neue und wachsende Bedürfnisse erzeugen, die zu befriedigen sind.[133] Das Unvernünftige der rationalen Vernunft beruht hier darauf, daß die Rationalität sich in ihrem Prinzip eben durch diese Anpassung und Angleichung des Verhaltens an die Erfordernisse der Situation definiert. Ohne Normen gibt es keine Vernunft mehr. Das Rationale setzt sich selbst keine Grenze, aber es kann sich nur innerhalb einer Welt von Grenzen betätigen, oder es verfällt dem Wahn. Wie MacIntyre bemerkt: »Die Vernunft [und der Verfasser zielt hier aufs Rationale] ist kalkulierend. Sie kann faktische Wahrheiten und mathematische Beziehungen beweisen, weiter nichts. Im Bereich der Praxis kann sie nur von den Mitteln sprechen. Von den Zwecken muß sie schweigen.«[134]

2. Die Leere der Ziele

Konkret sind die Ziele, welche die ökonomische Vernunft anstrebt, völlig sinnleer und also unsinnig. Das Prinzip des *Maximine* begünstigt die Produktion der *effizientesten* Güter. Worin besteht diese Effizienz, wenn es sich um Waren handelt, die die mehr oder weniger kodierten Bedürfnisse der Bürger befriedigen sollen? Was ist der effizienteste Wagen, was ist das effizienteste Haus? Ein optimaler Anzug, eine optimale Frisur? Die beste Ferienpauschalreise? Ist es das schnellste Auto? Das mit dem geringsten Verbrauch? Das solideste? Das sicherste? Das billigste? Das schönste? Das, was am wenigsten Schadstoffe verursacht? Ist es das Haus, das am extravagantesten ist? Das in der schönsten Lage? Ist es aus Beton? Aus Stein? Aus Ziegeln? Aus Lehm? Aus Holz? Und so weiter. Man lacht über die Prätention von Levi's, *the ultimate jeans*, die definitiven Jeans erfunden zu haben. Wenn dieses Kleidungsstück zur weltweiten Uniform des Normalmenschen geworden ist, beweist das, daß es das beste ist?

Die Antworten auf diese Fragen variieren gemäß dem Geschmack eines jeden, aber die Rationalität zielt darauf ab, auch die Geschmäcker zu uniformieren, damit der subjektive Kalkül im objektiven aufgeht. Die Effizienz wäre leer und Levi's Jeans wären nicht definitiv, wenn jedermann selbst darüber befände und es nur einen Kunden pro Modell gäbe. Der Markt ist die normale Prozedur für die rationale Entscheidung. Die gewählte Ware ist effizient, weil sie gewählt wurde. Diese gewählte Ware kann nur ephemer sein, denn nichts garantiert jemals, daß die Effizienz erreicht ist. Umgekehrt sind die haltbaren Produkte nicht die besten, sondern bloß *gute*. Der Ford T war ein *gutes* Auto. Er ist über Jahrzehnte hinweg in sechzehn Millionen Exemplaren verkauft worden. Ford wollte kein Hochleistungsauto, sondern ein zuverlässiges und billiges Auto für den Durchschnittsamerikaner bauen. Wenn es möglich wäre, würden sich sicherlich auch viele Leute mit einem *guten* Haus begnügen; sie wären übrigens auch in großer Verlegenheit, wenn sie das beste Haus definieren sollten; viele begnügen sich damit, ein Haus zu kaufen, das sie, in Ermanglung der nötigen Information, nicht wirklich gewählt haben, so wie sie Dioxin-Hühnchen, Hormon-Rindfleisch, transgenen Mais oder, ohne ihr Wissen und ohne anders zu können, Jeans kaufen, die in Pakistan von versklavten Kindern hergestellt worden sind.

Das Vernünftige definiert sich in diesem Fall durch konkrete Erwartungen, es ist das Effektive *(effectiveness)*, nicht das Effiziente *(efficiency)*. Das Beste ist hier der Feind des Guten. Anders als der Nutzwert ist der Gebrauchswert prinzipiell weder quantifizierbar noch homogen.

3. Die unmögliche Homogenität

Die rationale Vernunft ist kalkulierend. Sie mißt und quantifiziert. Die Diversität der Welt, wie die Empfindungen des Individuums sie erfassen, wird einzig auf den Nutzwert reduziert, auf eine homogene und quantifizierbare Größe, die in Analogie zum Geld konstruiert ist. Der mathematische Kalkül kann unmittelbar dazu verwendet werden, von den subjektiven Spekulationen Rechenschaft zu geben. Diese erste Alchimie der in Lustatome zerlegten Sensation bereitet die zweite vor, deren Aufgabe es ist, das *no-bridge* zu umgehen, die fehlende Kommunikabilität zwischen den subjektiven Welten. Dies ist wirklich das Große Werk der Alchimisten, denn alles wird hier in Geld verwandelt. Auf einem halb realen, halb fiktiven generalisierten Markt haben alle Sensationen Gelegenheit, sich zu messen und zu tauschen und sich so im universalen Standard zu spiegeln.

Die Rationalität wird objektiv und beherrscht den sozialen Kalkül. Zwar zielen die Kritiker der ökonomischen Vernunft vor allem auf die zweite Alchimie, den Sprung vom Objektiven zum Subjektiven, aber die erste, die Reduzierung der Sensationen auf den bloße Nutzwert, ist nicht weniger problematisch. Welches gemeinsame Maß gibt es, trotz Bentham, zwischen den Lüsten des Fleischs und der Sinne, den Freuden des Herzens und den Befriedigungen des Geistes? Tragen diese großen Kategorien überhaupt ein Maß in sich? In welcher Einheit wären die Freuden der Tafel mit denen der Wollust zu vergleichen? Stimmt es, daß sich in der Wahl eines weißen oder eines roten Weins Unterschiede des Nutzens ausdrücken, und welcher Gourmet würde die Behauptung wagen, diese Entscheidungen seien transitiv?[135] Was die Freuden der Wollust angeht, so verzeichnet Don Juan, dessen Rücksicht auf das schöne Geschlecht begrenzt ist, in seinem berühmten Katalog wohl die Zahl und die Charakteristika seiner tausendunddrei Eroberungen, aber eine Wahl unter ihnen zu treffen hütet er sich. Alle haben Zauber, und jede hat den ihren. Ob Blonde, Braune oder Rote, Große oder Kleine, Dicke oder Dünne, ja sogar Junge oder Alte, alle haben je nach der Stunde und der Jahreszeit ihren eigenen Geschmack und verdienen es, gekostet und ertastet zu werden. Daß man die Freuden der Freundschaft der Liebeslust opfert, ist üblich. Proust, wenn er den Umgang mit dem Maler Elstir, der bereichernd ist, zugunsten der vulgären Banalität Albertines vernachlässigt, stellt sich über diese Wahl seine Fragen. Es ist klar, daß solche Präferenzen, zu denen das Leben uns verdammt, nichts von einer definitiven Werthierarchie haben – wir stimmen ihnen nur provisorisch, unsicher und oft mit schlechtem Gewissen zu. Eigentlich spalten uns diese Entscheidungen regelrecht, und manchmal haben wir den Eindruck, sie nur widerwillig, ja sogar gegen ein bestimmtes Ich zu treffen.

4. Die vorausgesetzte Einheit des Subjekts

Das ganze Gebäude des rationalen Kalküls beruht auf dem metaphysischen Postulat, daß das rationale Subjekt existiert, der *homo oeconomicus*, also eine einfache und einzige Rechenmaschine, welche die als Nutzen in ihre individuelle oder als Geld in ihre soziale »Münze« konvertierten Sensationen quantifiziert. Nichts aber ist problematischer als die Existenz der Einheit/Einzigkeit des denkenden und souveränen Subjekts. Bekanntlich ist bereits das cartesische *cogito* verdoppelt: hier das Subjekt der Aussage und da das des Aussagens, das »Ich«, welches die Formel ausspricht, und das, von dem im Denkakt die Rede ist. Das freudsche Subjekt ist dreigeteilt: Ich, Über-Ich und Es. Die alten Weisen der Samo, eines Volks in Burkina Faso, finden bis zu neun Bestandteile in der Person, und es sind Wilde! »Jedes menschliche Wesen«, schreibt Françoise Héritier, »besteht (nach den Samo) aus einer Verbindung, bestehend aus dem Körper *(me)*, dem Blut *(miya)*, dem Schlagschatten *(mysile)*, der Wärme und dem Schweiß *(tatare)*, dem Atem *(sisé)*, dem Leben *(nyinyi)*, dem Denken *(yiri)*, dem Doppel *(Mutter)* und schließlich dem individuellen Schicksal *(Vater)*.«[136]

In gewisser Weise spürt man sehr wohl, daß die Verschiedenheit der Sensationen nicht von einem einzigen Subjekt aufgefaßt wird. Jede Dimension der Welt wendet sich und richtet ihre Forderung an eine andere Instanz der Person. Das Ich des Intellekts ist nicht das des Herzens. Seit Pascal wissen wir, daß das Herz seine Gründe hat, die der Vernunft unbekannt sind. Ist das rationale Subjekt der spekulative kalkulierende Geist oder das sinnliche oder sensitive Ich, das die Atome der Lust wahrnimmt? Muß man bei jedem Subjekt einen inneren Markt annehmen, auf dem die Divergenzen zwischen den Instanzen geregelt werden? Manche neoklassischen Fundamentalisten, die sich des Problems mehr oder weniger bewußt sind, neigen in diese Richtung. Auf dieser Ebene wird dann die Wahl entweder von einer bewußten Überlegung oder von einer List des Unbewußten bestimmt, das seine eigenen Entscheidungen durchsetzt, aber nicht von einem Kalkül, bei dem man nicht sagen könnte, in welcher Einheit er sich vollzöge.

Überdies ist dieses Ich nicht wirklich unabhängig und von den anderen abgeschnitten. »Ein Bric-à-brac von Identifikationen«, in Lacans Worten, bleibt es stets die Beute jener »internen Exteriorität«, die es konstituiert. »René Girards Theorie des mimetischen Begehrens«, bemerkt Georges-Hubert de Radkowski unzweideutig, »versetzt der Vision eines *rationalen Subjekts,* das sich dem Kalkül des Kosten-Nutzen-Verhältnisses widmet, das den vergleichsweisen Nutzen der verschiedenen Güter mißt und über ihren Grenznutzen Rechenschaft gibt, ja sogar *Indifferenzkurven* zeichnet, endgültig den Todesstoß. Kurz, dem Subjekt, so wie es die neoklassische Ökonomie sich vorgestellt hat.«[137] Nach Girard konstruiert sich das Begehren immer nur spiegelbildlich zu dem des anderen. Fürs Begehren werden wir, in anderen Worten, nur geboren, indem wir es auf das, was wir den anderen begehren sehen, übertragen.

5. Ist die Leidenschaft fürs Interesse vernünftig?

Schließlich unterstellt die Rationalität eine Passion für den interessierten Kalkül, die nicht zwangsläufig rational ist. Die rationale Vernunft konstituiert sich, wie wir sahen, indem sie jede Leidenschaft verwirft. Sie ist kalt, neutral und kalkulierend. Sie kann also fürs Nützliche weder Interesse noch Leidenschaft aufbringen. Die rationale Vernunft zieht den Kalkül der vorsichtigen Überlegung der vernünftigen Vernunft nur deshalb vor, weil er jede Diskussion vermeidet und es erlaubt, eine Debatte ungestört von den Spitzfindigkeiten zu entscheiden, hinter denen sich Interessen, Leidenschaften und Vorurteile nur schlecht verbergen. In bestimmten Kontexten ist diese Präferenz für den Kalkül völlig vernünftig. Abzustimmen, um herauszufinden, ob zwei mal zwei vier ist, wäre sehr unvernünftig. Wenn man aber das Gebiet des Kalküls auf Gegenstände, die ihm ganz fremd sind, ausdehnt, muß eine echte Leidenschaft dabei sein. Diese Leidenschaft für den Kalkül hält sich für vernünftig, denn sie zielt aufs universale Glück. Sie wäre es tatsächlich, wenn man über die alles andere als evidente Verbindung zwischen dem universalen Glück und dem Kalkül leidenschaftslos streiten könnte. Aber nicht nur, daß dieser Kalkül von vornherein durch einen leidenschaftlichen Gewaltakt durchgesetzt wird, sondern die Argumentation, auf welcher der Übergang vom Kalkül zum universalen Glück beruht, setzt auch selbst wieder voraus, daß die rationalen Menschen von der Leidenschaft ihres persönlichen Interesses besessen sind. Trotz aller Debatten um die Übersetzung von Adam Smiths *self-love,* die eher die Sorge um sich sein soll als Egoismus, gilt, daß das kalkulierende Subjekt von der ausschließlichen Leidenschaft dieser »Sorge um sich« besessen sein muß.[138] Selbst die Sympathie mit anderen geht in sein wohlverstandenes Interesse ein. Dies ist der Preis, um den es, und zwar ohne Anstrengung, rational sein kann, und die Gesellschaft wird es gleichfalls sein, ohne darüber beratschlagt zu haben. Die Rationalität ist nur noch eine Mechanik, die Kräfte, nicht Entscheidungen ins Spiel bringt.

Aus all diesen Gründen ist das Rationale, wenn es sich zur ökonomischen und sozialen Norm aufwerfen will, unvernünftig.

Zwar ist es unter bestimmten Umständen empfehlenswert, rational zu sein, aber selbst begrenzt ist der Gebrauch des Rationalen nicht so fruchtbar, wie man meinen könnte, denn er ist eine Quelle der Blindheit. Man hört häufig, der rationale Kalkül sei im Feld des Sozialen als erste simplifizierende Annäherung, wenn man von Umständen, die seine Tragweite begrenzen, absieht, von Nutzen. Die Erfahrung mit den Entwicklungsprojekten in der Dritten Welt zeigt das Gegenteil. Alle Experten wissen, daß formalisierte Annäherungen simplifizierend sind. Allerdings fahren sie, unter etwas vorschneller Berufung auf einen schönen Aphorismus Paul Valérys (»Alles Einfache ist falsch, aber was nicht einfach ist, ist unbrauchbar«), nichtsdestoweniger fort, sich auf diese Modelle zu beziehen, wenn sie Entscheidungen rational rechtfertigen wollen, Entscheidungen, die oftmals schon im voraus von anderen Instanzen in Abhängigkeit von politischen Erwägungen, die nicht immer vernünftig sind, getroffen wurden... Das hat dazu geführt, daß die Literatur über das Scheitern von Projekten enorm ist. Obwohl man die Grenzen der Prozeduren der Rationalität kennt, bleibt man in ihnen gefangen.

In diesem Zusammenhang dienen die Methoden des ökonomischen Kalküls eher der Verblendung als der Klärung. Nur ihr

Scheitern ist pädagogisch. Wenn man untersucht, warum man enttäuscht wurde, entdeckt man, wie komplex die Situationen sind. So ignorieren zahlreiche landwirtschaftliche Projekte in Afrika die Rolle der Frauen. Man setzt rationale Subjekte nach Art des WASP voraus. Darum scheitern sie. Die Perfektionierung des Kosten-Nutzen-Kalküls erlaubt die Integration von bestimmten Aspekten der konkreten Situation, aber sie trägt nicht dazu bei, die Projekte zu planen oder durchzuführen. Die Prozedur des Kalküls ist beim Sozialen in Wahrheit keine provisorische Vereinfachung, sondern schlichtweg widersinnig.

Rational zu sein kann vernünftig sein, wenn das Gebiet von Natur aus quantifizierbar ist. »Es ist nämlich genauso ungereimt, vom Mathematiker Wahrscheinlichkeiten entgegenzunehmen, wie vom Rhetor denknotwendige Beweise zu fordern«,[139] sagte schon Aristoteles. Rational zu sein ist vernünftig, wenn man Mathematik treibt – oder auch, wenn man ein Börsen-Portfolio ohne Seele verwaltet. Anders, wenn man auf den Markt geht oder eine Investition tätigt. Warum? Weil der Markt eine Begegnung mit menschlichen Subjekten voraussetzt. Dann ist es vernünftig, andere, nicht quantifizierbare Elemente in die Überlegung einzuführen, denn diese Überlegung ist nicht auf einen rein mathematischen Kalkül reduzierbar. Es ist kein Zeichen mangelnden Unterscheidungsvermögens (aus staatsbürgerlicher oder ethischer Sicht ist es sogar notwendig), wenn man akzeptiert, für die Produkte des fairen und solidarischen Handels oder für umweltgerechte Produkte mehr zu bezahlen. Genauso wenig ist es unvernünftig, wenn man statt der großen Ladenketten den Kleinhandel, der das Leben im Viertel aufrecht hält, bevorzugt. Die Entscheidung zur Investition bringt zudem die Beziehungen zu den Beschäftigten, den Konkurrenten, den lokalen Behörden, etc. ins Spiel, und sie hat auch mit Macht, Prestige und dem Sozialen zu tun (Schaffung von Arbeitsplätzen), nicht bloß mit der zählbaren Bereicherung. Es ist dann vernünftig, nicht allzu rational zu sein.

Der Chef eines Unternehmens, der die Entscheidung einem Beraterbüro anvertraut, verstümmelt sich selbst, er verleugnet seine Menschlichkeit und seine Rolle als Bürger. Der Fall ist allerdings eher selten; die Entscheidungsträger sind nicht immer besonders human, aber wenn sie entscheiden, vertrauen sie nur auf sich selbst und sind sich zumindest der politischen Dimension ihres Handelns bewußt. Sie beziehen sie in ihre Überlegung ein. Das hindert nicht, daß sich durch die fortschreitende Arbeitsteilung die Sphären, wo der Kalkül möglich ist, vermehren, denn die nicht-quantifizierten und nicht-quantifizierbaren Elemente gehören nicht zum Wissensgebiet der Spezialisten und können vernachlässigbar erscheinen. So sieht sich die Ethik, will sagen das Gebiet der Werte (das Gerechte und Ungerechte, Gut und Böse, das sozial, menschlich und ökologisch Richtige etc.), unversehens eliminiert. Die Expertise ist deshalb die Lieblingsdomäne des Rationalen. Es handelt sich um einen *coup de force,* den die Leidenschaft des Rationalen geführt hat. Auch wenn die Entscheidungen sich der strikten ökonomischen Rationalität entziehen, dominiert diese die Überlegung; sie verfälscht sie, wie sie das gesamte Sozialverhalten des modernen Menschen fälscht und irreführt.

Nur die Berücksichtigung der für das Soziale und das Menschliche konstitutiven Elemente in ihrer Totalität geht mit dem Geist von Minervas älterer Tochter konform. Sich mehr oder weniger der unsichtbaren Hand des Marktes zu überlassen und allein die blinden Mechanismen der Konkurrenz über des Schicksal der Gesellschaft entscheiden zu lassen, ist ganz und gar unvernünftig.

Die Tyrannei des Geistes der Geometrie[140]

»Wenn die Argumente der Techniker zu einer Lösung führen, die dem, was der *bon sens* empfiehlt, widerspricht, darf man sie keinesfalls berücksichtigen«
Edgar Faure [141]

Wir werden hier auf die Geschichte der Herrschaft des Rationalen und ihre Bedeutung nicht weiter eingehen, und auch nicht auf die zahlreichen Gründe, warum (insbesondere die ökonomische) Rationalität als unvernünftig angesehen werden kann.[142] Daß die Operation der Rationalität im Okzident spektakuläre Resultate erzielt hat, ist nicht zu leugnen, denn sie hat zu einer unerhörten Machtsteigerung geführt. Allerdings stößt diese wunderbare *Effizienz* heute an Grenzen aller Art. In diesem Kapitel soll es nur um zwei wichtige Probleme gehen: um das der Einheit oder der Pluralität des Rationalen und das der Konsistenz des Vernünftigen.

I. Einzigkeit oder Pluralität des Rationalen

Man hat die Rationalität, die immer kalkulierend ist, oft der Ökonomie angenähert oder sogar ganz einfach mit ihr gleichgesetzt, und in jedem Fall im Sinn der ökonomischen Metapher gedacht. So greifen die Analytiker, wenn sie zeigen wollen, wie sich diese Rationalität auswirkt, mit Vorliebe auf die traditionelle Theorie des Konsumentenverhaltens zurück. Der Konsument ist rational, schreibt Jean-Paul Piriou, insofern er maximiert, sich kohärent verhält und zugleich souverän ist: »Er maximiert: Er sucht, unter Berücksichtigung der verfügbaren Ressourcen, stets ein Maximum an Befriedigung (er ist Hedonist). Er handelt kohärent: Seine Entscheidungen sind transitiv, d. h. wenn er das A dem B und das B dem C vorzieht, wird er auch das A dem C vorziehen. Er ist souverän: Seine Präferenzen hängen ausschließlich von ihm ab (von seiner menschlichen Natur). Sie werden von der Gesellschaft und der Geschichte nicht beeinflußt.«[143] Auch die Definition des Ökonomen Pierre Cahuc unterscheidet sich im Grunde nicht von der berühmten, im vorigen Kapitel zitierten Definition Karl Poppers: »Das Rationalitätsprinzip bedeutet, daß die Individuen, vorbehaltlich der Einschränkungen, denen sie unterliegen, unter größtmöglicher Ausnutzung der ihnen zur Verfügung stehenden Ressourcen handeln.«[144] Letztlich sind rational und kalkulierend zwei Ausdrücke für ein und dasselbe, und zwar schon bei Hobbes: »Die Vernunft [...] definiert sich als die Ordnung der Addition, der Berechnung der Folgen, und schließt so das Gebiet der Wissenschaft auf.«[145] Max Weber kommentierend, bemerkt Cathérine Colliot-Thélène, daß der »eigentliche Charakter dieser okzidentalen Rationalität die Berechenbarkeit, oder allgemeiner die Vorhersehbarkeit ist«.[146] Die Referenzen ließen sich vermehren. Besonders frappierend äußert sich Schumpeter. »Die rationale Haltung«, so vermutet er, »hat sich dem menschlichen Geist vornehmlich aus wirtschaftlicher Notwendigkeit aufgedrängt; es ist das wirtschaftliche Tagewerk, dem wir als Rasse die elementare Schulung im rationalen Denken und Verhalten verdanken, – ich zögere nicht zu behaupten, daß die gesamte Logik vom Muster der wirtschaftlichen Entscheidung abgeleitet ist oder, um einen Lieblingsausdruck von mir zu verwenden, daß das wirtschaftliche Modell der Nährboden der Logik ist.«[147]

Gibt es unter diesen Bedingungen eine Pluralität von sozialen (technischen und juridisch-politischen) Rationalitäten neben der ökonomischen Rationalität? Wenn ja, gibt es nicht möglicherweise eine Antinomie des Rationalen? Daneben geht es auch darum, ob eine ausschließlich okzidentale Rationalität existiert, eine Frage, die schon im ersten Kapitel angeschnitten wurde und auf die wir nicht mehr zurückkommen werden.

1. Ökonomische, politische und technisch-wissenschaftliche Rationalität

Schon immer hat das Unternehmen der Rationalisierung durch die technische oder ökonomische Ordnung letzten Endes auf die Organisation des Gemeinwesens abgezielt. Das rationale Gemeinwesen, das mit einer rationalen Verfassung, einer rationalen Justiz, einem rationalen Recht, einem rationalen System von Strafen und sogar einer rationalen Moral begabt ist, um insgesamt einen rationalen Staat zu bilden, ist ein Phantasma gewesen, das von Platon über Francis Bacon, Hobbes, Rousseau, Hegel, Max Weber, Alexis de Tocqueville und John Rawls bis hin zu Francis Fukuyama – um nur die markantesten Stationen zu benennen – die gesamte Geschichte des Okzidents durchzieht. Die genannten Autoren haben zwar nicht alle genau dieselbe Konzeption des Rationalen, aber die meisten von ihnen beziehen sich auf das Bestreben, zu optimieren, zu kalkulieren, rentabel zu sein. »Die *mathesis universalis*«, bemerkt Myriam Revault d'Allonnes, »schafft die Möglichkeit einer galileischen Politik oder eines politischen Galileismus, d. h. einer politischen Rationalität, die auf der kalkulierenden Vernunft fußt.«[148] Rawls spricht von einer rationalen Gerechtigkeit im Sinne der ökonomischen Theorie. In der ersten Fassung seiner *Theorie der Gerechtigkeit* läßt er die Gerechtigkeitsnormen von der Rationalität der hinter einem Schleier von Unwissenheit befindlichen Subjekte abhängen; der Begriff der Vernünftigkeit, erklärt er, »muß im engstmöglichen Sinne verstanden werden, wie es in der Wohlstandstheorie üblich ist [...] man sollte in ihn nach Möglichkeit keine strittigen ethischen Eigenschaften hineinlegen«.[149] Darin trifft er sich ganz genau mit Max Webers Bemerkungen übers rationale Recht. In seiner Analyse der Entstehung des okzidentalen Kapitalismus weist Max Weber der Geburt des rationalen Rechts eine Schlüsselrolle zu. Dieses rationale Recht muß nach Weber ein »formalistisches« und als solches *»berechenbares«* Recht sein (Hervorhebung von ihm). Der Kapitalismus braucht »ein Recht, das sich ähnlich berechnen läßt wie eine Maschine; rituell-religiöse und magische Gesichtspunkte dürfen keine Rolle spielen«, wobei er das okzidentale Recht dem chinesischen, das einem früheren Besitzer im Falle schlechter Geschäfte nach dem Verkauf seines Hauses die Rückkehr gestattet, gegenüberstellt.[150] Jeremy Bentham wiederum führt überall den Kalkül ein, insbesondere auf dem Gebiet der Delikte und Strafen. Der Ökonom Adolphe Landry verfaßt sogar *Principes de la morale rationnelle.*[151]

Die Erfindung der Ökonomie partizipiert selbst an diesem Willen zur Rationalisierung des Sozialen in der Moderne. Auf diesem ganzen weiten Feld der bürgerlichen Gesellschaft könnten, so glaubt man in der Nachfolge von Adam Smith, die Produktion, der Konsum und die Verteilung durch den Kalkül geregelt werden, und zwar auf automatische Weise, ohne daß die Werte und die endlosen Debatten ins Spiel kämen, welche die Versuche, das allgemeine Wohl zu definieren und zu verwirklichen, nach sich ziehen. Die Technik des egoistischen Interessenkalküls wäre ganz allein imstande, die maximale *Effizienz* (im Sinn von Nutzen oder Befriedigung) zu erreichen. Verlockend ist auch, das Verfahren auf die Totalität des Sozialen auszuweiten, um die Markt-*Gesellschaft* zu erreichen. Das ist die liberale Utopie, deren Programm vor unseren Augen abläuft.

Es ist jedoch unübersehbar, daß ein solches Projekt auch bloß zu formulieren ein Phantasma zu denunzieren heißt. Selbst wenn die unsichtbare Hand tatsächlich die Ordnung des Reichtums lenkte, würde die Produktion in technischer Hinsicht schon einen Zugriff auf die Natur voraussetzen, der nichts Spontanes hat. Die natürliche ökonomische Ordnung setzt zumindest einen technisch und politisch aufgeklärten Despoten voraus, von dem fürs neoklassische ökonomische Gleichgewicht unentbehrlichen »Marktkommissar« gar nicht zu reden.[152] Und er kann sein Amt nicht in der Weise Euklids ausüben, um die Formel des Physiokraten Le Mercier de la Rivière aufzugreifen. Auf diesem Gebiet sind die Mittel zwangsläufig von den Zwecken untrennbar, und diese wiederum lassen sich nicht eliminieren.

Wenn es tatsächlich unbestreitbare Logiken gibt, die im Politischen am Werk sind, wie zum Beispiel jene Tendenz zur Gleichheit der Verhältnisse, die Alexis de Tocqueville so einen heiligen Schrecken einjagt, dann sind diese Logiken historisch und sozial; ihr Determinismus ist sehr relativ und ihre strikte Rationalität im oben präzisierten Sinn sehr begrenzt, ja problematisch.

Das Gleichgewicht zwischen pluralistischer Demokratie, Markt und Menschenrechten, wie es Francis Fukuyama als Ziel der Geschichte propagiert, ist vielleicht vernünftig, hat aber nichts Rationales. Bekanntlich bildet die Aufklärung für diesen Autor eine Art Abschluß. Nachdem sich die Versuche, sie zu überholen – rechts durch den Faschismus und links durch den Kommunismus – als Fehlschläge erwiesen haben, muß man auf die amerikanische Demokratie von 1776 zurückkommen, die den von Hegel gesuchten unüberholbaren Staat darstellt. Möglich ist das, aber nicht beweisbar. Dieses Gleichgewicht ist mithin als Projekt ebenso fragwürdig wie als Perspektive aleatorisch (wenn nicht unwahrscheinlich).

Andererseits besteht im Projekt der Moderne, dem Projekt des Aufbaus der großen Gesellschaft, zwischen ökonomischer und technischer Logik oft ein symbiotisches Verhältnis. So besteht für Jacques Ellul das moderne technische Phänomen darin, sich dem irrationalen Wuchern von nichtstandardisierten Verfahren oder dem Streben nach individueller Geschicklichkeit ohne Rücksicht auf Leistung entgegenzustellen und statt dessen »in allen Dingen nach der effizientesten Methode zu suchen«. Diese Obsession für die *Effizienz* (dem *one best way*) im Gegensatz zur *Effektivität (efficiency versus effectiveness)* teilt die Ordnung der Technik voll und ganz mit der Ökonomie.[153] »Mit dem Wort *efficace*, effizient, benennt die Ökonomie das zu Bevorzugende, ja das vor allem anderen zu Bevorzugende, was das ›Beste‹ ist. Daran ist ohne weiteres die ganze Theorie des ökonomischen Kalküls und des Optimums zu erkennen«, bemerkt Bernard Maris treffend, und er fügt hinzu: »Rationalität und Effizienz sind Synonyme. Wenn man sagt, daß das Individuum rational ist, sagt man, daß es effizient ist. Effizienz bedeutet ›Ökonomizität‹.«[154] Beiden Ordnungen (der ökonomischen und der technischen) ist auch die Absicht gemeinsam, die Natur ohne Skrupel und Grenzen zu unterwerfen.

Einen Gedanken von Simmel aufgreifend, bemerkt Carlo Mongardini, daß das Geld auch die moderne Wissenschaft in ihrer Gesamtheit repräsentiert, insofern es »die qualitative Bestimmung auf die quantitative zurückführt«. »Infolgedessen sind es die Ökonomie und die ökonomistische Mentalität, wo die Begegnung von Lebensbereichen stattfindet, die wie die Wissenschaft und die Politik an die Welt der Werte gebunden sind. Der Ökonomismus liefert der Politik ein Instrument und zeigt der Wissenschaft einen Weg; diese entfernt sich mithin von der Erkenntnis als Wert und übernimmt das instrumentale Ziel der Kontrolle und Manipulation der Wirklichkeit.«[155] Eine pseudo-quantifizierbare Pseudo-Manipulation, ist im Hinblick auf die Technowissenschaft zu ergänzen, so wie Cornelius Castoriadis im Hinblick auf die Ökonomie von pseudo-rationaler Pseudo-Beherrschung sprach.[156] Das Phantasma, man könne das Soziale *more geometrico* ergreifen, trifft in dem Maß, wie man in Gebiete eintritt, aus denen der Mensch schwer zu eliminieren ist, auf den wachsenden Widerstand des Wirklichen. Immer dasselbe Phantasma einer unendlichen *Potenzierung*, der Macht um der Macht willen. Dann liegt es auch nahe, an eine echte Verschmelzung der beiden Logiken zu denken. Dominique Janicaud scheint dieser Versuchung erlegen zu sein. Die ökonomische Wissenschaft würde in seinen Augen gestatten, die techno-ökonomische Megamaschine zu vereinheitlichen: »Nicht nur ist die Wissenschaft immer mehr technisiert, sondern sie sieht auch ihr Verfahren großenteils durch eine Technowissenschaft konditioniert und kontrolliert, die kein anderes *Ziel* kennt als das optimale Funktionieren der Institutionen und Programme.« Diese Technowissenschaft ist die Verwaltung *(gestion)*. »Indem sie die Technowissenschaft *par excellence* wird, absorbiert die Verwaltung den gesamten technisch-wissenschaftlichen Bereich.«[157] Wie steht es wirklich damit?

2. Die Antinomien der Rationalität[158]

Die ökonomischen, die technisch-szientifischen und die politischen Weisen der Logik gehen weitgehend Hand in Hand und sind komplementär, aber sie können auch miteinander in Konflikt geraten. Der ökonomische schließt den technischen Kalkül ein und umfaßt ihn. Dieser besteht darin, die technische Leistung so weit wie möglich zu steigern (z. B. bei einer Zuckermühle bei derselben Menge Zuckerrohr mehr Saft zu gewinnen). Die Erhöhung der technischen Effizienz ist ein integraler Bestandteil des Strebens nach Rentabilität, denn die technische Innovation spielt auch bei den Bestrebungen, die Märkte zu erweitern, eine Rolle. Allerdings kann die technische Leistungsfähigkeit niemals zum Selbstzweck werden. Seine Kosten und das damit verbundene finanzielle Risiko setzen der Durchsetzung des technischen Perfektionismus und sogar der Risikobereitschaft in der wissenschaftlichen Forschung eine Grenze. Der schleppende Fortgang der Forschungen zum Impfstoff gegen Aids in den privaten Laboratorien ist nur ein Beispiel unter vielen; ein jüngeres sind die verweigerten Forschungsbeihilfen für Heilmittel gegen Malaria.[159]

In gewisser Hinsicht kann dieser Konflikt als ein innerhalb der technischen Rationalität selbst ausgetragener angesehen werden, denn in der technischen Gesellschaft ist alles technisch, und Politik und Ökonomie sind selbst zu Techniken transformiert worden. Das Vergessen der Zwecke in einer *entzauberten* Gesellschaft (Max Weber) läßt die Rationalität leer laufen. Sie wird *unvernünftig*. Die technische Vernunft sieht sich in jenem *circulus vitiosus* gefangen, den Nicholas Georgescu-Roegen anhand des elektrischen Rasierapparats demonstriert.[160] Man erfindet einen Elektrorasierer, damit man Zeit gewinnt, um an einem noch leistungsfähigeren Elektrorasierer arbeiten zu können, damit man noch mehr Zeit gewinnt, um einen noch schnelleren Apparat entwickeln zu können, usw. Man kann auch das noch explizitere Beispiel eines hydroelektrischen Staudamms nehmen. Der letzte Sinn eines solchen Staudamms ist nicht der Bau selbst, das wäre absurd, sondern die Gewinnung von Strom. Der letzte Sinn der

Stromgewinnung ist seinerseits nicht die Elektrizität, sondern liegt darin, daß sie dazu dient, eine Fabrik zur Verarbeitung von Aluminium anzutreiben, das zu Flugzeugen verarbeitet wird, die dazu dienen, Material zum Bau von Staudämmen oder auch Bomben zur Zerstörung dieser Staudämme zu transportieren. Im Grenzfall ist der Mensch als Produzent, als Konsument, als Benutzer und selbst als Bürger in dieser technischen Dynamik nur noch ein Rädchen.

Genauso gut läßt sich der Konflikt als der ökonomischen Rationalität inhärent auffassen, denn in der Marktgesellschaft ist alles ökonomisch. Die Entscheidung für den Hochgeschwindigkeitszug TGV statt für die letztlich vielversprechendere Einschienenbahn ist als zeitweiliger Rentabilitätskonflikt analysierbar. Weil der Hochgeschwindigkeitszug mit der bestehenden Infrastruktur vereinbar ist, sinken die Kosten zunächst erheblich. Weit schwieriger wäre es dagegen, diese Konflikte als der politischen Rationalität angehörig zu denken, denn in der modernen Gesellschaft, insbesondere in der gegenwärtigen »späten« Moderne, löst sich das Politische auf und verschwindet mit dem Triumph der Expertokratie im Technisch-Ökonomischen. Die totalitäre Devise, daß »alles politisch« sei, hat sich in der Praxis als die unerbittlichste Liquidierung des Politischen erwiesen.

Wie dem auch sei, die instrumentale Vernunft führt somit zwangsläufig zu Antinomien. Die Rationalität kann sich immer nur auf die Mittel beziehen, denn sie ist wesentlich kalkulierend. Die Werte und Zwecke entziehen sich der Quantifizierung und der Instrumentalisierung. Wenn man die Mittel als einzigen Zweck setzt, gewährt man unweigerlich Irrationalem und oft sogar Unvernünftigem Einlaß, denn man widerspricht dem einfachen *bon sens,* wofür die moderne Technokratie und Ökonomie so viele Beispiele liefert. Kühe mit Tierkadavern zu füttern, die mit einer Krankheit kontaminiert sind, die das Hirn spongiös werden läßt, ist in der Tat mit dem elementarsten *bon sens* unvereinbar, auch wenn manche bei dem, was nachher von allen teuer bezahlt werden muß, gut verdienen.

Zu den offenkundigsten Konflikten gehört der zwischen technischer Effizienz und Rentabilität. Auch hier sind die Beispiele von leistungsfähigen technischen Erfindungen, die, weil aus der Sicht des Kapitals auf mikroökonomischer Ebene nicht rentabel, nicht auf den Markt kamen, Legion; ich erinnere nur an den Renault mit einem Verbrauch von unter zwei Litern auf hundert Kilometer, der nicht in den Handel kam.[161] Ein anderer berühmter Konflikt, der als der ökonomischen Vernunft, sei sie plan- oder marktorientiert, inhärent dargestellt wird und der die Moderne nach wie vor schmerzhaft beschäftigt, besteht darin, daß alle Ingenieure des Sozialen die rationale Programmierung abstrakt für die leistungsfähigste Prozedur halten, das dezentralisierte Optimum des Markts jedoch für die Ökonomen durchweg *effizienter* ist. Auch nach dreihundertjährigem Kampf ist die Frage, dem scheinbaren Triumph des »totalen Marktes« zum Trotz, keineswegs endgültig entschieden, denn die riesigen transnationalen Firmen funktionieren nach Plan. Die Versuche der fundamentalistischen Ökonomen, von diesem Paradox, daß es für den Zugriff des Marktes eine Grenze gibt, durch die Theorie der Transaktionskosten Rechenschaft zu geben, sind geschickte Hypothesen *ad hoc,* aber mit der historischen Wirklichkeit des Kapitalismus sind sie unvereinbar. Die moderne Ökonomie beruht auf Unternehmen, nicht auf Individuen; die Unternehmen aber können sich der Logik der Organisationen nicht entziehen. Zwar versieht sich die zentralisierte Programmierung mit den zum Erreichen ihrer Zwecke erforderlichen Mitteln, aber die effiziente Anwendung dieser Mittel wird durch die Schwerfälligkeit des technisch-bürokratischen Apparats ausgebremst. Vertraut man dagegen auf die unsichtbare Hand und verzichtet auf jedes bewußte Ziel außer auf das Profitstreben, dann hemmt dieses den Fortschritt der Technik und blockiert manchmal die ökonomische Maschinerie selbst; es löst wirtschaftliche Krisen und finanzielle Kräche aus und erzeugt Arbeitslosigkeit, Elend, Exklusion und Unterentwicklung. Im einen wie im anderen Fall kann nichts garantieren, daß das Ergebnis ganz einfach vernünftig ist.[162]

So verhält es sich am Ende auch mit der Antinomie zwischen der makroökonomischen Logik, auf der die keynesianische Theorie aufbaut, und der mikroökonomischen neoklassischen Typs (Walras-Pareto). Beide sind *wahr.* Welche ist am wahrsten? *Rational* ist die Frage unentscheidbar. Unvermeidlich sieht sich die ökonomische Wissenschaft von innen her mit einem Versagen der Rationalität konfrontiert, das Raum läßt für die Rhetorik und fürs Vernünftige. Alle Versuche, mit dem unerträglichen Riß, den Samuelson und die neoklassische Synthese und noch terroristischer das Einheitsdenken *(pensée unique)* und der »Konsens von Washington« verursacht haben, fertig zu werden, sind erfolglos geblieben.[163]

Um Profit zu erzielen, ist es *genauso rational,* die Löhne anzuheben, wie sie zu senken. Mehr noch, indem er zeigte, daß die Hausse der Löhne, also der globalen Nachfrage, die Expansion und also die Profite begünstigte, hat John Maynard Keynes den Mythos von der Harmonie der Interessen noch gestärkt. Seitdem ist klar, daß die *wohlverstandenen* Interessen der Lohnabhängigen und der Arbeitgeber nicht immer antagonistisch sind (wie die »Glorreichen Dreißig« gezeigt haben). Leider ist es genauso wahr, daß nichts einen Unternehmer veranlaßt, auf eigene Faust die Gehälter seines Personals anzuheben, denn es gilt nach wie vor, daß das die Kosten steigert und ein Wettbewerbshindernis bildet. Das *downsizing* oder die Verschlankung von »Gewinner«-Unternehmen ist eine tragische und alltägliche Illustration dessen. Um den allgemeinen Wohlstand zu sichern, bedarf die unsichtbare Hand jener ernstlichen Nachhilfe, wie sie der Staat und die Gewerkschaften zwischen 1945 und 1975 geleistet haben.[164] Es stimmt, daß das globale Denken gegenüber der mikroökonomischen Rationalität durchaus vernünftig ist, genauso wie das Argument des Unternehmers gegenüber der makroökonomischen Rationalität vernünftig ist. In jedem konkreten Fall kann die zu verfolgende Politik nur aus einer *umsichtigen Beratung* resultieren, welche die jeweiligen Gründe in Form von rhetorischen Argumenten im Hinblick auf die Besonderheiten der Situation abwägt. Auf diese Weise setzt der Kompositions-Sophismus (daß, was für den Teil gilt, nicht notwendig fürs Ganze gilt und umgekehrt) die Rationalität in ihrem eigensten Vorgehen matt. Der Kalkül eliminiert nicht den Streit, denn es gibt *mehrere* Weisen zu kalkulieren. Das virtuelle Vergessen der Zwecke in den rationalen Prozeduren kann sich nicht völlig verwirklichen und die Pluralität der Rahmen, in denen der Kalkül möglich ist, eliminieren. Die Notwendigkeit, das Rationale zu kontextualisieren, untergräbt es von innen.

Ein analoges Problem besteht eben aufgrund des Kompositions-Sophismus auch in der rein technischen Sphäre. Die Fortschritte des Automobils sind auf globaler Ebene ganz und gar kontraproduktiv, sei es Sinn im von Geschwindigkeit (wegen der heillosen Verstopfung der Verkehrswege), sei es im Sinn von Kosten (die von Jean-Pierre Dupuy und Ivan Illich vorgenommene Analyse weist die *Kontraproduktivität* des Automobils nach).[165] »Wenn bestimmte kritische Schwellen der Entwicklung überschritten sind, wird die Produktion zum Hindernis für das Erreichen der Ziele, denen sie angeblich dient: die Medizin zerstört die Gesundheit, die Schule verdummt, der Transport immobilisiert, und die Kommunikation macht taub und stumm.«[166] Wenn man die gesamte Zeit, die man ins automobile System investiert (Fahren, Herstellung, Reparaturen, Versicherungen und Unfälle), zusammenrechnet, stellt sich heraus, daß das Verhältnis von zurückgelegter Distanz zur aufgewendeten Zeit sechs Kilometer pro Stunde beträgt, also die Geschwindigkeit eines Fußgängers!

In all diesen Fällen kann die Technik die Zwecke, die ihr wesensmäßig fremd sind, nicht entbehren. Wer entscheidet, daß A statt B hergestellt wird? Der Konsument? Gewiß, aber wer entscheidet, den Konsumenten davon zu überzeugen, lieber A als B zu konsumieren? So kann man *ad infinitum* fortfahren, denn auch der Manipulator entgeht in gewisser Weise nicht der Manipulation. Die partiell antinomischen Ziele des Reichtums und der Macht liegen je nach den Kräfteverhältnissen im Widerstreit, und sie lassen wenig Raum für das Streben nach Gerechtigkeit, die das Herz des sozialen Lebens einnehmen sollte, und für die Suche nach der Billigkeit, die der *phronesis* angehört.

Die politische Rationalität (Konstruktion eines rationalen Rechts, einer rationalen Justiz, eines rationalen Staats etc., im Sinne eines berechenbaren Systems wie in der Ökonomie) stößt sich an jenem Konflikt zwischen dem Universalen und dem Globalen, den der Soziologe Jean Baudrillard konstatiert.[167] Das rationale Politische kann die Werte nicht ausschließen, es kann sie nur universalisieren: Menschenrechte, Demokratie, etc. Das Universale repräsentiert mithin die Seite der Aufklärung, die für die Emanzipation des Menschen steht. Gleichzeitig wird dieser Universalismus durch die Entfesselung der ökonomischen und technischen Vernunft zerstört: durch den Triumph des Einheitsdenkens, der *pensée unique,* über die Universalität der Werte. »Die Globalisierung der Tauschvorgänge setzt der Universalität der Werte ein Ende«, sagt Baudrillard. »Es handelt sich um den Triumph der *pensée unique* über das universale Denken.« Die Globalisierung ist also die Kehrseite der Medaille; sie ist die Ausbeutung und Knechtung der Natur und letztlich des Menschen selbst. Gewiß ist dieses Globale in gewisser Weise die Wahrheit des Universalen, insofern dieses sich nämlich auf die Vision des Westens reduziert. Der Triumph des Globalen vertreibt das Politische als solches und bedeutet den Triumph der technisch-ökonomischen Rationalität. Nicht nur ist, wie Saint-Simon es wollte, die Regierung von Menschen durch die Verwaltung von Sachen ersetzt, sondern jene ist in diese inkorporiert. So wird offenbar, daß die politische Rationalität immer nur eine Pseudorationalität ist; der Ausdruck selbst ist antinomisch. Das Politische zu rationalisieren heißt, die Beratung, die sein Wesen ist, zu unterdrücken. Big Brother treibt nicht Politik, sondern rationale Verwaltung.

In jedem Fall stößt man also auf die fundamentale Antinomie der Rationalität, die darin besteht, daß rational zu sein nicht wirklich rational ist (und also irrational zu sein nicht wirklich irrational). Aus all diesen Gründen ist das Rationale unvernünftig, wenn es sich im ökonomischen und sozialen Verkehr zur Norm aufwerfen will.

II. Das Vernünftige, der Gemeinsinn und der *bon sens*

Das Vernünftige steht zur »geometrischen Disposition«, zu jenem quantitativen Denken, das im Westen seit Jahrhunderten dominiert, im Gegensatz. Es handelt sich dabei sehr genau um die *phronesis* im Sinn des Aristoteles; er gebraucht sie manchmal als Synonym für *sophia*, die Weisheit, manchmal aber auch im Gegensatz zu ihr, wenn er als Weisheit den anderen Sproß Minervas, den *logos epistemonikos*, bezeichnet.[168] Die *phronesis*, die Cicero nur unzureichend lateinisch mit *prudentia* übersetzt und die manche lieber als Umsicht, Scharfsinn oder Unterscheidungsvermögen wiedergeben, ist die Grundqualität des großen Staatsmanns, des *phronimos*.[169] Die vernünftige Handlung muß gerechtfertigt werden können. Die Beweggründe des Handelns, sagt Laurent Thévenot, »müssen für andere verständlich, annehmbar und objektivierbar sein.« Und er bemerkt: »Um einer rationalistischen Lektüre vorzubeugen, [...] muß man im Auge behalten, daß die genannten ›guten Gründe‹ sich in so verschiedenen Registern ausdrücken wie der Inspiration, der Tradition, der Meinung, der Solidarität, dem Markt, der Zukunft [...]. Im gängigen Sinn der Begriffe Vernunft und Rationalität wären also viele von ihnen als irrational zu verwerfen.«[170] Wie man sieht, ist der Markt, die fast ausschließliche Domäne des Rationalen, nur eine von vielen Szenen auf der Bühne des menschlichen Handelns. Gewiß ist es legitim, die Kosten-Nutzen-Rechnung zu berücksichtigen, aber sie muß dem Tribunal des Vernünftigen unterstellt werden, denn vor diesem Gerichtshof können immer auch andere »Kosten« und andere »Gewinne«, die sich dem Triumph der kalkulierenden Vernunft widersetzen, geltend gemacht werden. Die *phronesis* bezieht sich auf das Gebiet der Handlungen, die für die Erhaltung der Gesellschaft von Nutzen sind.

Wenn man bestimmen will, was richtig ist, spielt der *Präzedenzfall* eine entscheidende Rolle. Der *phronimos*, der Besonnene, trägt der Komplexität der Situationen Rechnung, der Pluralität der Welten, mit den Konventionalisten zu reden, und also den Werten und vor allem den Wertkonflikten. Dabei hilft ihm die klassische Rhetorik, die eine Methode der Vervollkommnung ist, »eine Kunst, die Beratung und das aufgeklärte Urteil vorzubereiten«.[171]

Das Vernünftige verlangt also, daß die Totalität der Elemente, die für das Soziale und das Menschliche konstitutiv sind, in Rechnung gestellt wird. Wenn man im Hinblick auf die Beratung von einem gesellschaftsbezogenen »Kalkül« spricht, dann ist das ein evokatorisches aber gefährliches Bild, denn diese dem Feld des Rationalen entlehnte Metapher führt leicht zu Mißverständnissen. Niemals zum Beispiel läßt sich das Vernünftige auf eine ökonomische Vernunft zurückführen, die sich an die *substantielle* Ökonomie Karl Polanyis anschlösse, denn das Rationale verweist einzig auf die *formale* Ökonomie; und zwar deshalb, weil die substantielle Ökonomie nicht das Ganze des Sozialen ist, in dem sie eingebettet ist, und weil sie, wenn aus diesem Ganzen herausgelöst, zum Formalismus tendiert. Die vernünftige Vernunft ist plural und hat viele Kriterien. Sie ist der *»bon sens«*, wenn er auf reiflicher Überlegung und nicht auf bloßen Vorurteilen gründet, sie ist die Kritik des *bon sens,* wenn er nicht vernünftig ist. Es geht darum, wie Castoriadis treffend formuliert, die Dinge *avec des sens sobres,* also »mit nüchternen Sinnen« zu sehen.[172]

Gewiß schließt die Rationalität einen zusätzlichen Rekurs aufs Vernünftige und den kantischen *sensus communis* nicht aus. Der *bon sens* ist auch eine mögliche Übersetzung des Begriffs *phronesis.*[173] Die Gutachten der Experten enthalten oft Appelle von der Art, es sei »vernünftig, rational zu sein«.[174] So ist es angeblich *vernünftiger,* in die Verkehrssicherheit zu investieren statt in die Erhaltung der Umwelt, weil der (rationale) Kalkül zeigt, daß sich so die Lebenserwartung auf eine Weise erhöhen läßt, die den Steuerzahler weniger kostet. Die Leute, die sich um ökologische Probleme kümmern, legen nämlich, so sagt ein Experte, »diesen Problemen ein unverhältnismäßiges Gewicht bei und widmen ihnen unvernünftig viele Ressourcen.«[175] Wenn sich hier der Experte rhetorisch auf den *Gemeinsinn* beruft, dann um die Debatte abzuschneiden und die demokratische Prozedur zugunsten seines eigenen Vorurteils, das als über allen Verdacht erhaben gilt, zu delegitimieren. Die aufs Soziale übertragene geometrische Disposition kann in keinem Fall mehr als eine *Meinung* begründen. Die Wahl zwischen Sicherheit im Straßenverkehr und Umwelt ist nicht auf eine makabre, übrigens sehr problematische, Buchhaltung reduzierbar. Zum Beispiel ist, wie ebenfalls Daniel Labéy sagt, der ökonomische Lehrsatz, daß es gut ist, wenn eine Gesellschaft über ein Maximum an Gütern zu niedrigem Preis verfügt, »lediglich eine Meinung, die in bestimmten Fällen vernünftig sein kann und weit weniger vernünftig in anderen.«[176]

Es könnte von Interesse sein, versuchsweise zwei verschiedene Anwendungen des *sensus communis* der Sprache und dem Kontext entsprechend gegeneinander zu stellen: den *common sense* und den *bon sens*. Die erste Anwendung, auf die sich die Experten gern berufen, verweist zumeist nur auf die Gesamtheit der Vorurteile einer Epoche oder eines Milieus. Der *bon sens* dagegen wäre das reifliche Urteil, das sich aus kontroversen Debatten herausgebildet hat, kurz dasjenige, das sich auf die aristotelische *doxa* stützt. Daniel Labéy folgend, wäre diese zu definieren als die »allgemeine Meinung von Leuten, die angemessen ausgebildet und informiert sind, von Leuten, die ehrlich, leidenschaftslos und fähig sind, jenseits von jeder Spezialisierung die prosaischen und bleibenden Realitäten der menschlichen Welt zu erkennen«.[177] Der *bon sens* gründet sich also auf das, was man die menschliche Erfahrung nennen könnte, auf das, was die Alten im afrikanischen Palaver auszeichnet. Es ist auch der westlichen Jurisprudenz, die sich darauf beruft, nicht unbekannt. Klar unvernünftig ist nach Perelman, »was die gemeinsame Meinung nicht akzeptieren kann, was sie als der Situation klar unangemessen und der Billigkeit widersprechend empfindet«.[178] Allerdings hat diese Distinktion bis heute kein wirkliches Fundament in der Praxis. Sie ist wesentlich rhetorisch. Der Gemeinsinn kann auch als die von der Bevölkerung geteilte Meinung verstanden werden, die von den Medien als repräsentativ gewertet und weitgehend auch von ihnen bestimmt und entstellt wird. Er ist mit Vorliebe ethno- oder soziozentrisch und dient als Sammelbecken von rassistischen oder fremdenfeindlichen Vorurteilen. Das *Rhinozeros,* das der Dramatiker Eugène Ionesco geschaffen hat, würde, als Prototyp jeder totalitären Pest (Nazismus, islamischer oder auch liberaler Fundamentalismus), recht gut den so verstandenen *common sense* illustrieren.

Der *bon sens* wäre demnach das Ideal des erfahrungsgesättigten volkstümlichen Urteils, das sich nichts vormachen läßt. Es ist mehr in der Region und im konkreten Leben verwurzelt als von den Meinungsmachern geformt, und zugleich auf authentische Weise universaler, weil auf »eine gemeinsam geteilte Welt« sich beziehend. Im Grenzfall würde seine *bonté* daher rühren, daß es ein Gefühl von der radikalen Willkür selbst noch der eigenen Kultur hat. Die »braven Leute« aus Apulien und Kalabrien, die spontan die albanischen, bosnischen, kurdischen oder kosovarischen *boat people* aufgenommen, untergebracht, gepflegt und ernährt haben, oder die sufistischen Gemeinschaften in Mauretanien (die sich dem offiziell vom Regime propagierten Haß gegen ihre schwarzen Glaubensbrüder widersetzt haben) haben diese Art von *bon sens* bewiesen.[179] Nur ein solcher *bon sens* würde der aristotelischen *phronesis* entsprechen. Der Gemeinsinn unserer modernen westlichen Gesellschaft in der Stunde der Globalisierung dagegen hat die seltsame Tendenz, ziemlich genau mit den Resultaten des ökonomischen Kalküls und des ultraliberalen Denkens übereinzustimmen, kurz, am Einheitsdenken, der *pensée unique,* zu kleben. Das ist kein Wunder. Für die Ökonomen verweist der Gemeinsinn mit Vorliebe auf die Hypothese des rationalen Verhaltens der Akteure und also auf die Axiomatik des Interesses. Wenn nötig, kann sich eine schlechte Wahlkampfrhetorik auf ihn beziehen, um Entscheidungen durchzusetzen, die mit dem, was der naive oder (anders) aufgeklärte Bürger mit dem elementarsten *bon sens* verbindet, unvereinbar sind.

So verhält es sich bei der Debatte um die Renten. Die schamlose Propaganda für die Abschaffung des Umlagesystems, das sowohl dem *bon sens* als auch der Gerechtigkeit entspricht, zugunsten eines Kapitalisierungssystems, das der Rationalität des Kapitals und den Interessen der Pensionsfonds entspricht, liefert geradezu eine Karikatur für diese perverse Rhetorik.[180] Edmond Malinvaud selbst muß anerkennen, daß der rationale Kalkül oft nichts als eine prätentiöse, langweilige und blinde rhetorische Perversion ist, die ihre Grenzen nicht kennt und die Suche nach dem Wahren, dem Gerechten oder dem Guten aus den Augen verloren hat. So bekennt der Papst der französischen technokratischen Ökonomie, daß, »von den Gewohnheiten [des Fachs] begünstigt, regelmäßig ungerechtfertigte Ansprüche auf volkswirtschaftliche Entdeckungen erhoben werden, deren Echo in den Medien geeignet ist, den Uneingeweihten zu täuschen«.[181]

Die Opposition zwischen *bon sens* und *common sense* ist neu (und problematisch), aber sie findet sich bereits mehr oder weniger angelegt bei gewissen Autoren wie Hannah Arendt. »Der Unterschied zwischen dieser urteilenden Einsicht [der *phronesis*] und dem spekulativen Denken besteht darin, daß jener in dem wurzelt, was man gewöhnlich den *common sense* nennt, der dieses ständig transzendiert. Dieser *common sense*, den die Franzosen suggestiv den ›guten Sinn‹ nennen – zeigt uns die Natur der Welt, insofern sie eine gemeinsame ist. Ihm verdanken wir es, daß unsere strikt privaten und ›subjektiven‹ fünf Sinne sich auf eine nichtsubjektive und ›objektive‹ Welt, die wir gemeinsam haben und mit anderen teilen, einstellen können. Urteilen ist eine wichtige Tätigkeit, wenn nicht die wichtigste, in der das Die-Welt-mit-anderen-Teilen sich vollzieht.«[182]

»Allerdings ist der Begriff ›gemeinsam‹«, sagt dazu Françoise Collin, »so wie er in den von Hannah Arendt oft gebrauchten Ausdrücken ›Gemeinsinn‹ oder ›gemeinsame Welt‹ auftritt, nicht ganz frei von Zweideutigkeit. Das Gemeinsame gehört zugleich der Ordnung des (unveränderlichen) Faktums und der der Entscheidung an. Es gehört zur Wahrnehmung und zum Urteil. Das ist es jedenfalls, was sich aus den beiden aufeinanderfolgenden und widersprüchlichen Erläuterungen ergibt, die in *Vom Leben des Geistes* davon gegeben werden, die erste über die Lektüre Merleau-Pontys, die zweite über die Kants. [...] In ersterer definiert sie den Gemeinsinn in der Ordnung der Wahrnehmungsstruktur. Er liegt dann in jenem ›Wirklichkeitsempfinden‹, das die Diversität der fünf Sinne in der Erfassung eines selben Objekts versammelt und zugleich das Wiedererkennen dieses Objekts durch diversifizierte menschliche Perspektiven erlaubt. [...] In der zweiten ist der Gemeinsinn mehr das Ergebnis einer Vorstellung als einer Wahrnehmung, aber ›ohne die Vermittlung eines Begriffs‹. Er ist durch das Urteil, das dem ›geistig offenen‹ Menschen eigentümlich ist, nicht gegeben, nicht ›gefordert‹. Das ist der *sensus communis.* Den Gemeinsinn teilt der Mensch mit dem Tier, aber nur der *sensus communis* ist ihm eigentümlich.«[183] Dieser *sensus communis* wäre eher unser *bon sens,* der andere vielleicht eher der »schlechte«...

Wie dem auch sei, in jedem konkreten Fall kann die zu verfolgende Politik nur aus einer *umsichtigen Beratung* resultieren, die die zu rhetorischen Argumenten gewordenen Gründe angesichts der Eigenart der Situation abwägt. Der Kalkül eliminiert nicht den *Streit,* denn nicht alles kann kalkuliert werden, und überdies gibt es *mehrere* Weisen zu kalkulieren. Das virtuelle Vergessen der Zwecke in den rationalen Prozeduren kann sich nicht ganz durchsetzen, und die Pluralität der Rahmen, innerhalb deren das Kalkül möglich ist, bleibt erhalten.

Gewiß, wenn das Vernünftige nicht zu berechnen ist und der Utilitarismus mit seinem radikalen und simplifizierenden Schematismus ausscheidet, dann steht am Ende der vernünftigen Überlegung keine Konklusion oder ein entscheidender und endgültiger Inhalt, wie es bei einem spekulativen Verfahren der Fall wäre. Aus der Rhetorik, die die Gründe ordnet, um das Wahre, das Gerechte oder das Gute zu ermitteln, kann eine umsichtige Überlegung immer nur eine vorläufige Folgerung ziehen.

Läßt sich das Vernünftige kodifizieren, kann man zum Beispiel in den Schatz exotischer Weisheit greifen und ein Corpus oder eine Gesamtheit von Regeln daraus gewinnen? Daß die nichtwestlichen Gesellschaften unendlich viele Arten *kultureller Vernunft* besitzen, ist sicher. Die ethnographische Literatur bietet diese Art von Vernunft, die sich dem Rationalen entzieht, in Fülle. Wie wir sahen, gibt es in Afrika das Palaver, und auch China hat, mit den Augen François Julliens gesehen, durchaus einiges über die *phronesis* zu sagen. Dasselbe gilt für die fremde indische Weisheit oder, mehr in unserer Nähe, für die arabische Welt.[184]

Allerdings ist unser Problem weniger das, eine Gesamtheit von Beispielen zusammenzusuchen, als das Oppositionsprinzip in der Nachkommenschaft Minervas herauszuarbeiten, das zwischen dem, was sich als ein starker, formalisierter und imperialistischer Pol konstituiert hat, und dem nicht eliminierbaren Rest besteht, der als armer Verwandter gilt. Diese Richtigstellung ist keineswegs eine Umkehrung. Das Vernünftige kann und darf die Erbschaft des Rationalen nicht beanspruchen und sich formalisieren, um dem Tatendurst des Experten (jenem kaum verhüllten Willen zur Macht) neue Werkzeuge in der Ordnung des Wissens, die die vorigen korrigieren und neue Fortschritte in der Ordnung der Leistung erlauben würden, in die Hand legen zu können. Ist es utopisch, fragt sich Janicaud, »nach *einer* Rationalität zu verlangen, die nicht dem Reich des Willens zur Macht unterstünde?«[185] Nein, aber eine solche Rationalität würde exakt unserer Konzeption des Vernünftigen entsprechen. Es gibt nur eine Weise, rational, aber mehrere Weisen, vernünftig zu sein. Dieser Pluralismus des Vernünftigen begünstigt die Toleranz, aber er kann auch Verwirrung stiften. Die Suche nach dem Vernünftigen führt auf dem Gebiet der moralischen und politischen Wissenschaften genau das wieder ein, was die ökonomische Rationalität aus ihm verbannt hatte, nämlich die Moral und die Politik.

Überdies verdammt uns diese Suche nach dem Vernünftigen zur Rhetorik. Eine rationale Methode fürs Vernünftige existiert nicht. Jede geistige Aktivität, sagt Chaim Perelman, »die sich zwischen dem Notwendigen und dem Willkürlichen situiert, ist nur in dem Maß vernünftig, wie sie von Argumenten gestützt ist und möglicherweise Kontroversen durchläuft, die gewöhnlich nicht zur Einmütigkeit führen.« Und weiter: »Das Gebiet der Argumentation *par excellence*, das der Dialektik und der Rhetorik, ist das, in dem die Werte intervenieren. In seinem Dialog über die Frömmigkeit hat Platon gezeigt, daß das bevorzugte Gebiet der Dialektik das ist, das sich der Berechnung, dem Wägen und Messen entzieht, das, wo man vom Gerechten und Ungerechten handelt, vom Schönen und Häßlichen, vom Guten und Schlechten und ganz allgemein von dem, was zu wollen ist.«[186] Leider ist es ein rationaler Philosoph, der Platons Staat regiert, und die gesamte westliche Expertokratie hat diese von ihm geöffnete Bresche ausgenützt.

Das Vernünftige sperrt uns in unserer – vielleicht allzu menschlichen – *condition humaine* ein und macht all unser Wissen zu einem politischen Wissen im vornehmen Sinn des Wortes. Das Vernünftige ist nicht beweisbar, es ist nur über Beispiele zugänglich. Wie beim Guten und beim Schönen muß man, wie Kant so schön sagt, »um jedes anderen Beistimmung werben«. In dieser Hinsicht ist die Opposition zwischen dem Vernünftigen und dem Rationalen von der zerbrechlichen Grenze, die die Demokratie vom Totalitarismus trennt, nicht weit entfernt. Selbst die Juristen sind sich einig über diese Notwendigkeit »einer Zustimmung der Gemeinschaft«, ein wenig wie beim afrikanischen Palaver. »Die zentrale Idee der Vernunft«, bemerkt Lalande, »scheint nach wie vor in einer idealen Übereinstimmung zu liegen: einerseits zwischen den Dingen und dem Geist, und anderseits zwischen den diversen Geistern.«[187] Olivier Corten, der zweifellos an Habermas denkt, fügt hinzu: »Dieser konventionelle Charakter [des Vernünftigen] verweist auf gewisse zeitgenössische Philosophien, die, auch wenn sie den ideologischen Charakter der Vernunft einräumen, im Kontext einer kommunikativen, auf den Konsens der Protagonisten ausgerichteten Ethik am Begriff als treibendem Ideal festhalten wollen.«[188] Daraus folgt, daß man sich in diesem Fall »weder im Rahmen einer objektiven noch einer subjektiven, sondern in dem einer intersubjektiven, sich auf die jeweilige Regel beziehenden Definition des ›Vernünftigen‹ befindet.«[189] Weil sie die Illusion erzeugt, wir könnten der unbequemen Situation der Ungewißheit entkommen, beschwört die Rationalität ungeheure Gefahren über die Menschheit herauf, Gefahren, die eben erst beginnen, uns zum Bewußtsein zu kommen.

»Zwei Jahre vor der Katastrophe von Tschernobyl hatte die von der Akademie der Wissenschaften der UdSSR herausgegebene Zeitschrift *Energia* die folgende, durch den Namen von drei renommierten Fachleuten gedeckte, hanebüchene Behauptung aufgestellt: ›Es ist unmöglich, in einem Kernkraftwerk eine echte nukleare Explosion auszulösen; nur ein ganz unwahrscheinliches Zusammentreffen von Umständen kann zu dieser Art Explosion führen, die im übrigen auch nicht schlimmer wäre als bei einer Artilleriegranate.«[190] Wir haben diesem ganz unwahrscheinlichen Zusammentreffen von Umständen, das die größte technologische Katastrophe des an Katastrophen nicht armen Jahrhunderts ausgelöst hat, beigewohnt. Hoffen wir, daß die Völker den biotechnologischen Experten, die heute auf die Unschädlichkeit der genetisch modifizierten Organismen schwören, nur unter Vorbehalt vertrauen.

Wie sähe nun das umsichtige Verhalten, das wir brauchen, aus? Muß man, um sich der ökologischen Krise stellen zu können, sich dem berühmten Vorsichtsprinzip anvertrauen? Dieses Prinzip ist mehr oder weniger aus der von dem Philosophen Hans Jonas vertretenen Verantwortungsethik hervorgegangen und entspricht einer Anpassung und Ausweitung der kantischen Moral angesichts des Umweltproblems: »Handle so, daß die Wirkungen deiner Handlungen verträglich sind mit der Permanenz echten menschlichen Lebens auf Erden.«[191] Das Vorsichtsprinzip ist weise und entspricht dem Geist der *phronesis.* »In der Vorsicht«, bemerkt Olivier Godard, »kann man auch und vor allem die Emergenz einer neuen Reflexivität der Vernunft sehen.«[192] Jean-Jacques Salomon hält »die Vorsicht für die zeitgenössische Situation der Klugheit, insofern sie sich mit einer *wissenschaftlichen* Situation der Unsicherheit auseinandersetzt: Sie fordert nicht mehr bloß dazu auf, den günstigen Moment zum Handeln, den antiken *kairos,* zu ergreifen oder nicht zu ergreifen, sondern auch, dem neuen Verhältnis, das die Grenzen des rationalen Wissens ins Handeln selbst einführen, Rechnung zu tragen.«[193]

Indessen ist zuzugeben, daß dieses Prinzip keine direkt brauchbaren Werkzeuge für eine rationale Technokratie liefert. Es kann lediglich eine aufgeklärte Jurisprudenz anleiten und ihr als Leitlinie dienen. »Weil es sich zwangsläufig um ein Gebiet handelt, wo Werturteile gegenüber wissenschaftlichen Elementen von Bedeutung sind, können die Experten nicht *a priori* von der Anerkennung ihres Standpunkts ausgehen«, gibt eine Spezialistin zu.[194] In der Tat ist das noch das Mindeste, was man sagen kann. Desgleichen kann man nur zustimmen, wenn amerikanische Gerichte für den District of Columbia die »Polyvinylchlorid-Entscheidung« bestätigt haben, die besagt, daß »Risiken eingegangen werden müssen, aber nur in vernünftigen Grenzen«. Sicherheit, fährt das Gericht fort, »ist nicht gleichbedeutend mit völligem Fehlen von Risiken.«[195] »Gegen den Fortschritt gibt es kein Heilmittel«, bemerkt John von Neumann, der sich auskennt. »Jeder Versuch, angesichts der explosiven Vielfalt des heutigen Fortschritts automatisch gefahrlose Lösungen zu finden, ist zum Scheitern verurteilt. Die einzige wirkliche Sicherheit ist relativ, sie besteht in der alltäglichen intelligenten Ausübung des Urteilsvermögens.«[196]

Allerdings ist der Rückgriff auf einen »Rat der Weisen«, der sich auf den »Gemeinsinn« bezieht, nicht notwendig die angemessenste Lösung, um die wichtigsten technologischen Risiken abzuwenden, vor allem wenn es sich dabei um den *common sense* und nicht um den *bon sens* handelt. Denn diese Weisen laufen Gefahr, sich für den Philosophen Platons zu halten, d.h. als Technokraten zu reagieren. Die Technologie aber, bemerkt Philippe Engelhard, »hat an einer öffentlichen Debatte keinerlei Interesse, weil sie die Demokratie für Zeitverschwendung hält und meint, daß die seriösen Experten immer Recht haben.«[197] Wobei es, wie der Philosoph Paul Ricoeur, auf den sich Engelhard beruft, bekräftigt, nicht geleugnet werden soll, »daß es Gebiete gibt, wo hochspezialisierte juristische, finanzielle oder sozioökonomische Kompetenzen zum Verständnis notwendig sind. Vielmehr geht es darum, auch und nachdrücklich daran zu erinnern, daß bei Fragen von globaler Bedeutung die Experten auch nicht mehr wissen als jeder von uns.«[198]

Wenn es darum geht, in welchem Maße Risiken tragbar sind (von der ungeheuren Menge an Risiken, die wir eingehen, ohne daß man uns vorher gefragt hätte, einmal abgesehen), so scheint die einzig *korrekte* Lösung die demokratische zu sein, diejenige, die dem Geist der Demokratie am nächsten steht. »Angesichts eines potentiellen Risikos«, bemerkt Jean-Jacques Salomon, »das wie gering auch immer auf die Möglichkeit einer ernsthaften Bedrohung hindeutet, ist die Vorsicht eine mehr moralische als wissenschaftliche Haltung, und wenn sie zu einer Entscheidung führen muß, kann diese sich eben gegen die Wissenschaftsreligion richten. Insgesamt besteht zwischen dem Rationalen und dem Vernünftigen derselbe Abstand wie zwischen dem *esprit de géométrie* und dem *esprit de finesse*.«[199]

Sicherlich ist das Leben untrennbar von jeder Art Risiko. Nichts garantiert auf diesem Gebiet wie auch sonst, daß die demokratische Entscheidung notwendig die richtige ist. Der *demos* ist, scheint es, nicht mehr und nicht weniger durch Lobbies, Interessen und Demagogen etc. korrumpierbar, beeinflußbar und manipulierbar als Politiker und Experten. Aber vielleicht mehr noch als sonst ist hier die Demokratie das am wenigsten schlechte, das am meisten der *phronesis* gemäße System, weil die Bürger mit ihrer Verantwortlichkeit konfrontiert sind. Sie müssen sich ihre Irrtümer selbst zuschreiben. Daher sind sie als einzige befugt, die

Verantwortung für risikoreiche Entscheidungen auf sich zu nehmen.

Der tragische Tod des Sokrates weckt Zweifel an der Triftigkeit des vom Volk gefällten Urteils. Aber das Schicksal der Gesellschaft einem Hitler, einem Stalin oder irgendeinem (mit einem ökonomischen Modell und einem Computer bewaffneten) Big Brother zu übertragen, ist bestimmt kein Heilmittel.

Die Effizienz und das Effektive[200]

»Es gibt drei Weisen, sich zu ruinieren: das Spiel, die Frauen und die Ingenieure. Die ersten beiden Arten sind angenehmer, aber die dritte ist am sichersten.«
Auguste Detoeuf[201]

Die Opposition zwischen dem Rationalen und dem Vernünftigen, die Kritik der technisch-ökonomischen Effizienz zugunsten einer Suche nach sozialer *Effektivität*, hat konkrete Auswirkungen auf alle Aspekte des sozialen Lebens. Insbesondere ist es nicht mehr möglich, auf dieselbe Weise wie bisher den Reichtum zu produzieren, zu verteilen und zu konsumieren. Man muß andere Organisationen, andere Weisen der Geschäftsführung ins Auge fassen, ohne Verschwendung zwar, aber auch ohne die Obsession des Kalkulierens. Die *phronesis* stellt die Frage nach dem *Alternativen.*

»Alternative« Unternehmen gibt es nicht erst seit heute. Ihre Blüte setzt ein in der Mitte des neunzehnten Jahrhunderts, mit der Spinnerei von New Lanark (bei Glasgow), den frommen Pionieren von Rochdale und anderen Experimenten Robert Owens in England und Schottland, mit dem (von Fourier inspirierten) Familistère von Gaudin in Guise (im lothringischen Departement Aisne) und dem Ikarien Etienne Cabets in Frankreich (das jedoch in Illinois realisiert wurde).[202] Es wäre interessant, bis zu den mittelalterlichen Korporationen zurückzugehen, zu den Kaufmannsgilden, den alten bäuerlichen Gemeinschaften (Mir, Zadruga oder dörfliche Gruppierungen in Afrika), aber das würde zu weit führen. Gewiß waren diese alten oder exotischen Organisationen Formen vorkapitalistischer Produzierens, die der ökonomischen Rationalität nicht (oder nicht ausschließlich) gehorchten, aber selbst wenn noch Überbleibsel davon bestehen, verhalten sie sich zu den kapitalistischen Betrieben mehr wie historische oder diachronische *Alternativen* als wie zeitgenössische oder synchronische Optionen. Die Chronik der letzten beiden Jahrhunderte allein ist schon bewegt genug, als daß es nötig wäre, die großen Ahnen zu beschwören. Trotz einer außerordentlichen Diskontinuität kann man versuchen, eine erste Bilanz dieses Abenteuers zu ziehen.

Die Geschichte dieser aus dem utopischen Sozialismus, ja der kirchlichen Soziallehre entstandenen alternativen Formen (Produktions- oder Konsumtionskooperativen, Versicherungs- oder Kreditkassen auf Gegenseitigkeit etc.) erzählt wieder und wieder von Schwierigkeiten, von Krisen und Schiffbruch. Was sich aufdrängt, ist die Feststellung, daß diese Formen zwar der Zeit besser widerstehen als der reale Sozialismus nach dem Fall der Berliner Mauer, aber trotz periodisch wiederkehrender Renaissancen weit davon entfernt sind, durch eine Art ölfleckartige Ausbreitung die konkurrierende kapitalistische Form bedrohen zu können.

Diese Schwäche wird im allgemeinen in zwei Richtungen analysiert: man sucht ihre Ursache entweder im Verschwinden der sozialen Basis dieser Experimente (Verlust des Kampfgeists, Motivationskrise, mangelnde Opferbereitschaft, Verschwinden eines charismatischen Führers), oder im Mangel an Rationalität in einer vom Markt geprägten Welt und Umwelt (nachlässige Geschäftsführung, mangelnde Professionalität der Verantwortlichen, ungenügende technische Kompetenz). Die Debatte ist immer noch aktuell; man findet sie innerhalb der alternativen Unternehmen, der Kreditanstalten auf Gegenseitigkeit, der Produktions- und Konsumgenossenschaften und auf dem weiten Feld der wirtschaftlichen Assoziationen.* Der »informelle Sektor« im Süden und die assoziierten Nicht-Regierungsorganisationen (NGO) besitzen ein großes Spektrum vergleichbarer Erfahrun-

* Eine *association* ist im französischen Recht jeder Zusammenschluß von Personen ohne Gewinnabsicht; der Gegenbegriff ist *société* [A.d.Ü.]

gen, denn auch für sie stellt sich dieses Problem einer »anderen Geschäftsführung« in einem Ozean kapitalistischer Rationalität, aber mit einer *andersartigen* sozialen Umwelt.

In einem ersten Schritt wollen wir, ausgehend von dem uns vertrauteren Terrain Afrikas, auf eine *andere* Logik hinweisen, die in einem zweiten Schritt als »vernünftige Effektivität« gegenüber der dominierenden rationalen Effizienz explizit gemacht werden soll. Das wird uns erlauben, die Grundlagen für eine »andere Betriebsführung« zu legen.

I. Effizienz, Wirksamkeit, Effektivität

An dieser Stelle sind einige Klarstellungen das Vokabular betreffend erforderlich. Die Opposition zwischen dem Rationalen und dem Vernünftigen ist klassisch, aber die zwischen dem *Effizienten* und dem *Effektiven* ist problematischer. Das französische *efficience* ist eine neuerer Anglizismus (1947) und eine Doublette von *efficace.* Der »Larousse« versteht unter *efficient* das, »was wirklich seinen *Effekt* hervorbringt«, und unter *efficace,* »was den gewünschten Effekt hervorbringt«, während *effectif* das ist, »was tatsächlich existiert«. Für den »Robert« heißt *efficience* soviel wie »*efficacité,* Leistungsfähigkeit«, und *efficacité* die »Fähigkeit, mit einem Minimum an Anstrengung und Aufwand ein Maximum an Ergebnissen zu erzielen«. Das Adjektiv »ökonomisch«, das heute fast systematisch mit *efficience* verbunden wird, war lange Zeit der *efficacité* zugeordnet. Heute hat *efficacité* mehr technischen und *efficience* mehr ökonomischen Charakter, aber sie sind leicht austauschbar. Um die von Ivan Illich und seinen Schülern eingeführte Opposition zwischen *efficiency* und *effectiveness* wiederzugeben, mußten wir also *efficient* oder *efficace* dem *effectif* gegenüberstellen, wobei wir uns en passant des fragwürdigen Neologismus *effectivité* bedienten, obwohl der Begriff *effectivité* und das Adjektiv *effectif* im Französischen etwas zu weit vom ökonomischen Gebiet abliegen.[203]

Wir haben gesehen, daß Afrika für das Scheitern des Rationalen und mithin für den Bankrott der effizienten Geschäftsführung ein unerschöpfliches Feld ist, während das Informelle für das Gebiet des Vernünftigen stand und vielleicht, im Sinne der im Palaver ins Werk gesetzten Konzeption der *klugen* sozialen Handlung, einem »effektiven« Verhaltensmuster gehorchte. Die Übertragung der afrikanischen Diagnose auf den Norden ist allerdings problematisch, denn selbst wenn die Probleme, denen sich die afrikanischen »informellen« und die europäischen alternativen Betriebe gegenüber sehen, relativ vergleichbar sind, ist die Umwelt sehr verschieden; sie ist im Norden weniger *irrational* oder alternativ, wenn man so sagen kann, und infolgedessen abweisender. Die Versuchung ist dort größer, um des Überlebens willen die bewährten Rezepte der dominierenden Betriebsführung anzuwenden, auf die Gefahr hin, dabei seine Seele und oft genug auch sein Hemd zu verlieren. Wenn sie »normalisiert« worden ist, hat die soziale Ökonomie nichts Spezifisches mehr. Wenig oder nichts unterscheidet noch die Banken und Versicherungen auf Gegenseitigkeit oder die genossenschaftlichen Gruppierungen von gewöhnlichen Unternehmen. Die Professionalisierung schwächt das Engagement und verdirbt die Freiwilligkeit. Wenn sie normalisiert sind, werden die festen Kräfte allzu leicht zu »Bénévoleurs« und die Aktivisten zu »Bénévolés«.[*][204] Die Verwaltung der studentischen Krankenkasse MNEF, die Affäre um die Krebsforschungsgesellschaft ARC und um die Sammlung der Blutspenden sind als Beispiele für gefährliche Fehlentwicklungen durch die Medien gegangen. Schlimmstenfalls wird unter diesen Umständen das »Bénévolat« zum »Malévolat«.[205]

Weil sie von einer umfassenderen Marktökonomie umgeben sind, glauben viele alternative Unternehmen im Norden, davon leben oder überleben zu können, daß sie eine »Lücke« gefunden haben. Sobald diese Lücke von einem effizienteren Konkurrenten eingenommen wird, verschwinden sie. So verhält es sich mit

---

* Wortspiel: *bénévolé* = ehrenamtlich; *voleur* = Dieb; *volé* = Bestohlener [A.d.Ü.]

vielen kleinen Assoziationen, die sich auf biologische Produkte oder bodenständiges Handwerk verlegt haben und sich durch die Einrichtung von Spezialabteilungen in den großen Ladenketten gefährdet sehen. Dasselbe gilt allgemeiner für Kleinbauern und halbtraditionelle, halbmarginale Kleinhandwerker. Der Verbraucher findet diese Produkte auf den Regalen seines bevorzugten Supermarkts, aber die NGO verliert damit ihren Kundenstamm und ihre Basis im Handel, ihren »fonds de commerce«.

Es bleibt der verzweifelte Kampf mittels einer problematischen Flucht nach vorn. Tonino Perna erinnert an die Enttäuschungen, die manche Kooperativen für fairen und solidarischen Handel erlebten, als sie, um die Produkte des indigenen Handwerks dem Geschmack ihrer Kundschaft anzupassen, ihre indianischen Lieferanten zwingen mußten, mit ihren Traditionen zu brechen.[206] Die Debatte über »Markenzeichen« oder »Bewußtmachung«, die die Welt des fairen und solidarischen Handels bewegt hat und immer noch bewegt, nämlich ob der Anteil an der üblichen kommerziellen Sphäre durch Garantiezeichen (»fair« und/oder »solidarisch«) ausgeweitet werden soll oder ob es auf die politische und militante Vertiefung des alternativen Universums ankommt, ist hochwichtig. »Transfair« oder »Max Havelaar« (so heißen die beiden wichtigsten Marken) sind zu einer breiteren, über die kleine »Nische« der Sympathisanten hinausgehenden Streuung imstande, was an sich nicht schlecht ist. Vorausgesetzt allerdings, es schadet nicht der tieferen *Bewußtmachung* und der Konsolidierung des tragenden sozialen Milieus, das gegen den Supermarkt oft allergisch ist. Das Eindringen privater Investoren in den solidarischen Handel ist gefährlich, selbst wenn sie sich verpflichten, die »Plattform für einen fairen Handel« zu respektieren. »Wenn wir in der Gewinnzone sind, heißt das nicht, daß wir unser soziales Ziel aufgeben«, sagt einer von ihnen. Mag sein, aber die Vereinbarkeit der Marktlogik mit der Ethik das fairen Handels bleibt aleatorisch und zerbrechlich.[207]

Die in Nordamerika bei den karitativen NGOs gebräuchliche Praxis, ihre Geschäftsführung teilweise (vor allem beim Fundraising) professionellen Firmen zu übertragen, die nach Aufträgen bezahlt werden, illustriert die Grenzen des paradoxen Einsatzes von Marketing, um das Versagen des Marktes, das *market failure*, zu korrigieren.[208] »Nachdem sie lange geglaubt hatten«, berichtet Hagendorf, »daß die Kollekte von Mitteln ohne Fachleute möglich sei, sind mehr und mehr Verbände dazu übergegangen, die Sammlungstätigkeit Werbeagenturen zu übertragen. [...] Bezahlt wird auftragsweise nach Gebühren, oder in Prozenten auf die technischen Kosten.«[209] Dann wird es nötig, die gute Sache auf dem »Markt der Barmherzigkeit« zu *vermarkten*. Das ist es, was der Präsident des philanthropischen Forums von Quebec unumwunden sagt: »Jedes einzelne Anliegen muß, wenn es Fonds sammeln will, auf den Markt gehen. Daß man eine gute Sache vertritt, garantiert noch nicht, daß man sich verkauft.«[210] Dann muß das »Elend der Welt« in den Medien lanciert werden.

Das hat auch der französische »Secours catholique« verstanden, wenn er mit dem Slogan wirbt: »*Déchaîne ton coeur* – Entfeßle dein Herz«.[211] Es ist allerdings nicht unbedenklich, wenn eine NGO die gute Sache auf dem Markt für Philanthropie vermarktet und das »Elend der Welt« in Mode bringt. Die Effizienz, die kurzfristig zweifellos erzielt wird, unterminiert mit Sicherheit die Effektivität des Verbands auf lange Sicht. Es findet eine Kontaminierung des Zwecks (der Barmherzigkeit) durch das Mittel (das *business*) statt, die die Verwechslung beider befördert. Die »Lücke« der Barmherzigkeit existiert nur, weil die aufs Interesse gegründete merkantile Welt – von den Ökonomen schamhaft als *market failures* abgehakte – Bereiche des Elends übrig läßt. Die Verwaltung dieser Ränder im Sinn der ökonomischen Logik ist paradox. »Wenn man zu viel gewinnen will«, sagt Godbout, »verliert man am Ende. Läuft [der Marktmechanismus] nicht am Ende Gefahr, die Zahl der Geber zu verringern statt sie zu vergrößern? Wenn der Geist der Gabe nur noch in Form von Reklame existiert, wenn immer mehr Vermittler immer größere Anteile der gesammelten Beträge einbehalten, wenn diese Einführung des merkantilen Geistes schließlich immer mehr Individuen anzieht, die von der Situation profitieren wollen, um Gelder abzuzweigen, wie soll sich dann das Vertrauen der Geber ins System entwickeln?«[212] »Das Modell der Gabe«, schließt er, »verhindert, daß der andere zum Mittel wird. Das ist es, was zu integrieren dem Paradigma der instrumentalen Rationalität nie gelingen wird.«[213] Wenn man den Geist der Gabe, der das Herz des alternativen Unternehmens bilden sollte, ausschließt, läuft man Gefahr, die Quelle der Gabe trocken zu legen. Selbst wenn in Nordamerika das statistisch noch nicht der Fall ist, haben die Skandale das Vertrauen der europäischen Geber tief erschüttert. Der Fondsanteil, den die NGOs für Werbekampagnen ausgeben, um sich neue Ressourcen zu verschaffen, steigt besorgniserregend. Bald ist es soweit, daß das Budget nur noch der Finanzierung des Apparats dient. Die Lücke des *charity business* ist dann auf dem Weg zu verschwinden. Das alternative Unternehmen im Geist der Gabe, also innerhalb eines sozialen Gewebes zu führen, das auf Reziprozität beruht, ist letztlich die Lehre aus der afrikanischen Erfahrung des Informellen.

II. Wie soll alternative Betriebsführung aussehen? Der Inhalt der vernünftigen Effektivität

Ob es sich um informelle Handwerker, um Produktionsgenossenschaften, um Kreditanstalten auf Gegenseitigkeit oder um Wirtschaftskooperativen in Lateinamerika handelt, immer gilt, daß die alternativen Unternehmen zu »normalisieren«, d. h. sie in der Welt der rationalen Betriebsführung verankern zu wollen, sie zu einem fast sicheren Tod zu verdammen heißt. Der Mißerfolg und mehr noch der Erfolg lassen sie als »alternative« verschwinden. Die treibende Kraft dieser marginalen Organisationen, die eingehendere Betrachtung verdiente, liegt gerade in ihrer *Irrationalität* und ihrer »Antiökonomizität«. Die afrikanische Erfahrung für die alternative Betriebsführung nutzbar zu machen, heißt aber auch, den Inhalt der *vernünftigen Effektivität* anzugeben, heißt, auf die aristotelische *phronesis* zurückzukommen, heißt, ihre Grenzen zu zeigen und zu versuchen, sie zu überschreiten.

Im informellen Bereich ist man bekanntlich ingeniös, ohne Ingenieur, geschickt *(industrieux)*, ohne Industrieller, und unternehmend, ohne Unternehmer zu sein. Die praktische und gewitzte Intelligenz bildet in allen ihren Formen, als Quelle von Können und so verschiedenartigen Tätigkeiten wie Weberei, Schiffahrt und Medizin, eine essentielle Dimension sowohl der griechischen Welt und der *phronesis* als auch der afrikanischen Weisheit.[214] Das Verschwinden der *metis* (der List) aus dem okzidentalen Denken ist für die Wendung, die sich im Triumph des Rationalen äußert, bezeichnend.[215] Dabei wäre das Feingefühl für die gute Betriebsführung sehr wohl von Nutzen!

Das Vernünftige definiert sich in diesem Fall durch konkrete Erwartungen: Es ist das Effektive, die *effectiveness,* und nicht die Effizienz, die *efficiency*. Das Beste ist hier der Feind des Guten. Auf der Suche nach der so verstandenen Effektivität ist das Alternative begründet, das in ihr sein Ziel sehen muß. Dieses Vernünftige, das zur »geometrischen Disposition«, zu jenem quantitativen Denken, das im Westen seit mehreren Jahrhunderten dominiert, im Gegensatz steht, ist nichts anderes als die aristotelische *phronesis*. Die *phronesis* oder Klugheit betrifft vor allem das Gebiet des für das Fortbestehen der Gesellschaft nützlichen Handelns.[216] Die Klugheit ist die Grundqualität des großen Staatsmanns, des *phronimos,* den Aristoteles in Perikles und Thukydides in Themistokles verkörpert sieht.[217] Der *phronimos,* der Kluge, besitzt jenes praktische Vermögen, das darin besteht, »daß er fähig ist, Wert oder Nutzen für seine Person« – und erst recht für das Gemeinwesen – »richtig abzuwägen«.[218] Die *phronesis* impliziert also ein gewisses Maß an *metis*, aber sie ist nicht die Suche nach dem Erfolg um jeden Preis. Sie ist keine bloße Technik. Die Sorge um das Gute und Gerechte ist immer in ihr präsent. Darum gehört die *phronesis* in besonderer Weise zur alternativen Betriebsführung.

Läßt sich die Formalisierung des Vernünftigen noch weiter treiben, kann man aus ihm eine Wissenschaft oder doch wenigstens eine kodifizierte Kunst machen, die man dem (alternativen oder nichtalternativen) Führungspersonal vermitteln kann? Manche wollen es.[219] Das ist jedoch abzulehnen. Gewiß ist schon bei den Alten eine Art Gleiten feststellbar.[220] Die Zweck-Mittel-Beziehung, die für die okzidentale Effizienz/Rationalität charakteristisch ist, ist der *phronesis* bekanntlich nicht ganz fremd. Aristoteles weigert sich jedoch, aus der Geschicklichkeit einen Selbstzweck zu machen. Anders als der amoralische Schlaukopf, der *panourgos* (»der Pfiffikus oder der Spitzbube, das Individuum, das sich des zweifelhaften Prestiges einer allzu geschmeidigen Intelligenz erfreut«),[221] hat der *phronimos* stets das Gute im Auge.

In Ermanglung einer Wissenschaft vom Vernünftigen, die widersprüchlich wäre, kann man jedoch die Grundlagen für eine *Pädagogik* des Vernünftigen schaffen. Die Technokraten hören es nicht gerne, aber man wird nicht zum Experten des Vernünftigen wie man zum Rationalitäts-Experten wird. »Die *phronesis*«, bemerkt Michel Villette, »ist das Ergebnis eines individuellen und einmaligen Lernprozesses und ist nicht auf ein Corpus von Kenntnissen reduzierbar, die, aus dem Zusammenhang gerissen und in Handbüchern niedergelegt, im schulischen Rahmen eines Klassenzimmers weitergegeben werden.«[222] Wenn man erkennen will, was vernünftig ist und was nicht, ist der Weg über die Initiation vielversprechender als der über die *business school*; die Ehrlichkeit, die notwendig ist, wenn man das Gute sucht, ist Gegenstand weder von Unterricht noch von Berechnung, obwohl sich Ehrlichkeit oft auch *auszahlt*.[223] Der *Präzedenzfall* spielt eine entscheidende Rolle, wenn es darum geht, was *angebracht* ist, und wenn man ein *phronimos* werden will.[224] Der *esprit de finesse* findet nicht leicht Eingang in unsere nationalen Lehrpläne; es ist leichter, Mathematikarbeiten zu korrigieren als eine philosophische Reflexion. Darum hat der Massen-Unterricht in den Schulen mehr Ähnlichkeit mit einem »Unterricht in Ignoranz« als mit der geduldigen Erziehung zum Staatsbürger.[225] Was die betriebswirtschaftlichen Schulen angeht, so werden dort zwar praktische Finten gelehrt, aber im Sinn einer Gewöhnung an die Banalität des Bösen. Womit wir erneut bei der »Zerbrechlichkeit« des Vernünftigen angelangt wären.

Schon die *phronesis* der Griechen ist bereits in gewisser Weise pervertiert durch einen genuin westlichen Willen zur Beherrschung und zum Kalkül, den weder Afrika noch die chinesische Moralphilosophie in dieser Weise kennen.[226] Vielleicht muß man, um dem beizukommen, das asiatische Know-how mit der Weisheit Afrikas verbinden. Der Umweg über China ist dabei zweifellos von Nutzen. Das Streben nach der vernünftigen Effektivität geschieht in der chinesischen Tradition durch Mittel, die der rationalen Effizienz fremd sind; es erfüllt sich nicht in einer Beherrschung der Dinge, sondern stützt sich auf das *Potential der Situation,* wobei diese Strategie jedoch die Rhetorik und die demokratische Debatte zugunsten des listigen Umwegs ausschließt. Die Chinesen haben sich »die menschliche *Wirksamkeit* nach dem Modell der natürlichen Transformation vorgestellt. Der Stratege läßt die Situation sich zu seinen Gunsten entwickeln, wie die Natur die Pflanze wachsen läßt oder wie der Fluß unaufhörlich sein Bett gräbt.«[227] Und diese Wirksamkeit »ist insgesamt umso größer, je *diskreter* sie ist. Der Weise verändert die Welt dadurch, daß er Tag für Tag, nach und nach, etwas von seiner Persönlichkeit ausstrahlen läßt, ohne daß er sich in den Vordergrund zu drängen oder als Beispiel darzustellen braucht.«[228]

Zweifellos widerstrebt ein solches Vorgehen unserem politischen Ideal aufs tiefste. Anders als in Griechenland, fährt François Jullien fort, hat sich die Rhetorik nicht entwickeln können: »Bei den Griechen, das heißt im Stadtstaat, wendet sich der Redner normalerweise an eine Gemeinschaft, die beratschlagt. Er wendet sich an die Gemeinschaft des Gerichts, des Rates oder der Versammlung: auch wenn er die Stimmung seines gesamten Publikums berücksichtigen muß, kann er sich auf die persönliche Logik jedes einzelnen Zuhörers beziehen. Überdies sind seine Worte im allgemeinen in den Rahmen einer Debatte über widersprüchliche Positionen eingebunden, *logos* gegen *logos*, seine Worte weisen etwas zurück oder sind dazu bestimmt, zurückgewiesen zu werden. Er ist also gehalten, seine Rede durch möglichst objektive Gründe zu stützen, auch wenn sie nur wahrscheinlich sind, und er beruft sich auf die Strenge der Argumentation als gemeinsamen Nenner des Denkens. In China dagegen, ebenso wie in jedem monarchischen Herrschaftssystem (und China hat kein anderes hervorgebracht, selbst heute nicht, wo es die Partei gibt), haben sich die Worte, die an den Fürsten gerichtet werden, niemals völlig von ihrem privaten Charakter gelöst.«[229]

Während die griechische *phronesis* Mühe hat, ihren von der technischen und kalkulierenden Effizienz unterminierten Ort zu finden, erfüllt sich das chinesische Denken der Effizienz/Effektivität in der vollständigsten Amoralität. Aber hat nicht gerade die Tendenz, die Ethik von der Führung der menschlichen Geschäfte abzutrennen, die okzidentale Tradition *korrumpiert*? Dann käme es darauf an, diese Ethik zu bewahren und in die Leitung (nicht nur) der alternativen Unternehmen ebenso wie in die moralischen und politischen Wissenschaften, insbesondere die Ökonomie, wieder einzuführen. »Es gibt keine moralische Tugend ohne Klugheit, und keine Klugheit ohne moralische Tugend«, bemerkt Michel Villette mit Recht.[230] Selbstverständlich bildet das demokratische Ideal den Kern dieser Konzeption des Vernünftigen. Es geht also nicht darum, das aristotelische Ideal der *phronesis* zu verleugnen, sondern die chinesische Reflexion soll dazu beitragen, seine *rationale Verzerrung* zu korrigieren.[231] Auf dem Feld der Betriebsführung, insbesondere der alternativen, enthält diese Reflexion nützliche Regeln. Tatsächlich können die alternativen Unternehmen nicht daran denken, sich, indem sie sie kopieren, den kapitalistischen Unternehmen frontal entgegenzustellen, um ihnen siegreich Konkurrenz zu machen, sondern sie müssen den Raum suchen, der die Differenz trägt. Eine Lehrfabel des Menzius läßt das Spezifische eines solchen Vorgehens sichtbar werden. »Ein Mann aus Song, der traurig war, daß sein junges Korn nicht schnell genug wuchs, zog es in die Höhe, damit es wachse. Nach Hause zurückgekehrt, erzählt er den Seinen von der Mühe, die er sich gegeben hatte; als aber nun seine Kinder auf das Feld liefen, um nachzusehen, waren alle Pflanzen verwelkt. ›Es gibt wenige Leute auf der Welt, die nicht den jungen Pflanzen beim Wachsen helfen wollen‹, schloß Menzius.« »Man ›hilft‹ einer Pflanze nicht beim Reifen, aber man kann – und soll sogar – ihre Entwicklung durch aufmerksame Sorge unterstützen«, kommentiert François Jullien.[232]

Die alternativen Betriebe haben sich der Dichotomien, die die herrschende Ökonomie strukturieren, weitestgehend entledigt (oder sie sollten es tun): (lukrative) Unternehmen – (nichtlukrative) Vereine, Manager – Aktionäre, Chefs – Angestellte, Unternehmen – Kunden. Die Konfrontationen und Konflikte, die sich in diesen Oppositionen ausdrücken, sind, mit all ihrem für die westliche Rationalität typischen *business school*-Bestiarium (Herausforderung, Karriere, Killer, Raubtier, Wolf, Vampir, Raubvogel, Hai, Geier…), nicht das Universum, in dem sich die alternative Organisation bewegt oder bewegen soll. In ihr gibt es zwischen dem Innen und dem Außen, zwischen Mitgliedern und Kunden keine feste Grenze, oder es soll sie nicht geben.

Unter den alternativen Organisationen gibt es viele, die keine im eigentlichen Sinn produktive Tätigkeit ausüben, und für die anderen ist diese nur ein Aspekt unter mehreren (man denke z. B. an die unklare Tätigkeit der »Compagnons d'Emmaus«). Unter den genannten Umständen aber sind selbst im produktiven Unternehmen die menschlichen Beziehungen zwischen Direktion und Personal, zwischen »Chefs« und Beschäftigten ebenso wie die zwischen den einzelnen alternativen Unternehmen untereinander und dem Unternehmen und seinen Kunden radikal anders, und sie müssen anders sein. Zwar gibt es Lohnabhängige, und man muß von ihnen eine gewisse Effizienz erwarten, aber eine drückende hierarchische Organisation würde den Geist und die Existenzberechtigung des Unternehmens töten. Alle Teile müssen durch eine Kette des Einverständnisses verbunden sein.

Wie im afrikanischen Informellen besteht die Grundlage des Erfolgs darin, das Netz der Verbindungen zu pflegen. Der Geist der Gabe muß allgegenwärtig sein. Die alternativen Unternehmen, die, wie »Ardelaine« mit der Verarbeitung von Wolle oder »Ambiance Bois« mit Holzverarbeitung, echte produktive Tätigkeit entfaltet haben, haben bis heute aufgrund ihrer internen und externen Solidarität durchgehalten und nicht, indem sie die rationale Betriebsführung nachäfften. Die Betriebsverfassung des konvivialen Netzwerks REPAS *(Réseau d'échanges et de pratiques alternatives et solidaires)*, das sich tatsächlich um einen gedeckten Tisch versammelt, legt davon Zeugnis ab.[233] Die Ausweitung und Vertiefung des *Sympathisantenkreises* ist das Geheimnis des Erfolgs und muß die erste Sorge der Unternehmen sein. Die Qualität des Produkts, die Produktivität, die Politik der Einstellung und der Gehälter, die Verteilung der Gewinne, all dies muß diesem primären Ziel untergeordnet bleiben.

Die afrikanische Lektion zeigt klar, daß die alternative Betriebsführung, um ihren »Marktanteil« zu erobern und zu verteidigen, auch mehr auf die *Nische* setzt als auf die *Lücke*. Wenn die »Lücke« ein militärisch-strategischer Begriff ist, der mit Eroberung und Aggression zu tun hat* und ans Rationale gebunden ist, dann ist nicht sie es, die das alternative Unternehmen am Leben hält, sondern die »Nische«, ein ökologischer Begriff, der der antiken Klugheit und der chinesischen Konzeption der Wirksamkeit/Effektivität weit näher steht und sicherlich von der afrikanischen Weisheit »erfunden« worden ist. Das alternative Unternehmen lebt oder überlebt in einem Milieu, in einer Umwelt, die anders ist und anders sein muß. Unterstützen die lokalen Behörden diese Initiativen, die das soziale Gewebe wiederbeleben, dann müssen die Beziehungen transparent und wechselseitig sein. Das tragende Milieu ist es, das man definieren, schützen, unterhalten, stärken und entwickeln muß, so wie der gute Gärtner bei Menzius seine Pflanze pflegt. Statt einen verzweifelten Kampf um die

---

* *Le créneau*, die Lücke, ist ursprünglich die Zinne oder Schießscharte [A. d. Ü.].

Verteidigung der Lücke zu führen, muß es darum gehen, die Nische am Rand der globalisierten Ökonomie zu erweitern und zu vertiefen. Insgesamt läßt sich sagen, schreibt Tonino Perna, »daß die Herausforderung für den fairen Handel *nicht* darin besteht, die Produkte des Südens in den Kreislauf der Mode einzuführen, wobei das kulturelle Erbe des Südens zerstört würde, sondern darin, *die ethische Entscheidung des Konsumenten in einen echten ›Bedarf‹ zu verwandeln*. Man muß also mehr in Begriffen von *sozialer Innovation als von Produktinnovation denken* [...]. Wenn man versucht, sich den angeblichen Gesetzen des kapitalistischen Markts anzupassen, seinen Launen zu folgen, unkritisch seine Instrumente wie Reklame und Marketing zu benutzen, dann kann das zwar im quantitativen Sinn und kurzfristig zu Ergebnissen führen, aber letztlich erweist sich diese Entscheidung als fatal.«[234] Die alternative Produktion muß sich und sollte sich auf eine alternative Distribution, auf ein alternatives Finanzwesen, auf einen alternativen Konsum stützen. Dabei geht es nicht darum, die Nische als eine konviviale Oase in der menschlichen Wüste des Weltmarkts zu konzipieren, sondern als einen wachsenden Organismus, der die Wüste zurückdrängt und befruchtet. Auch hier, vor allem hier, liegt die Herausforderung Minervas.

Chinesische Subtilität und demokratische Ethik müssen sich also mit der afrikanischen Weisheit verbinden. Das Thema der Demokratie im Unternehmen (das 1981 in aller Munde war) und selbst das des Bürgerunternehmens wird in den Handbüchern für *business ethics* oft erinnert. »Wenn sie im Staat Bürger sind, müssen die Arbeitskräfte es auch im Betrieb sein«, erklärt das Gesetz Auroux vom 4. August 1982, das sich gegen die Diskriminierung am Arbeitsplatz wendet.[235] Dieses Ziel ist fundamental, vorausgesetzt, man beraubt es nicht seines Sinns. Ein Unternehmen kann nur dann demokratisch und staatsbürgerlich sein, wenn es die vernünftige *Effektivität* im Blick hat und nicht die rationale Effizienz. Das heißt, daß es nur alternativ sein kann.

Das Vernünftige und die Billigkeit: Marktbeziehungen und gerechte Preise[236]

»Justitia est charitas sapientis seu charitas quae prudentiae congruit.«
Leibniz[237]

»Die Wiederherstellung der Äquivalenzbeziehung im Austausch von sozialen Dienstleistungen ist der Gegenstand dessen, was wir die *soziale Schuldigkeit* genannt haben.«
Léon Bourgeois[238]

Schon immer hat die juristische Praxis die Billigkeit mit dem Vernünftigen verbunden, und zwar nicht nur in der angelsächsischen Tradition des *common law,* wo der Richter »nach dem Billigkeitsrecht« urteilt, sondern auch in der kontinentalen Tradition, an den Rändern, die eine strikte Interpretation des Gesetzes und ein »rational-legales« juristisches System übriglassen. Die Globalisierung bringt es mit sich, daß die internationale Rechtsprechung weitgehend auf die beiden untrennbaren Begriffe des Vernünftigen und des Billigen zurückgreift. Wenn es sich etwa um den zwischenstaatlichen Konflikt über die Nutzung der Flüsse handelt, wird der Richter nach der »vernünftigen und billigen« Nutzung der Gewässer suchen.[239] Für die Abgrenzung des Kontinentalsockels der Nordsee strebt das Gericht eine »billige und vernünftige Lösung« an.[240] Gerade weil es eine axiologische Komponente enthält, erlaubt das »Vernünftige«, die juristische Lücke zu schließen, ja es erlaubt sogar, indem es sich auf Argumente moralischer oder ethischer Art stützt, über das Recht in seiner Interpretation hinauszugehen. Was die Abgrenzung der Kontintentalsockel betrifft, so sagt Olivier Corten, daß der »internationale Gerichtshof die Regel der ›Billigkeit‹ interpretiert, von der wir sahen, daß sie auf mehrere Prinzipien zurückverweist, die, besonders bei der Bewertung des Ergebnisses der Abgrenzung, den Begriff des ›Vernünftigen‹ implizieren«. Als Anmerkung fügt er hinzu: »Man hat die ›Prinzipien der Billigkeit‹ in dem Sinn interpretiert, daß sie eine ›vernünftige Grenzziehung‹ vorschreiben, die eine ›vernünftige Beurteilung der Auswirkung von naturbedingten Unfällen‹ einschließt; die Anwendung dieser Beurteilung führt wiederum zu einem ›vernünftigen Ergebnis‹, das vor allem auf der Grundlage eines ›vernünftigen Proportionsverhältnisses‹ zwischen den zugeteilten Zonen zu bewerten ist, wobei dieses Kriterium der Proportion selbst wiederum nur ›in vernünftigem Maß und unter angemessener Berücksichtigung der Umstände‹ intervenieren darf.«[241]

Dennoch sind die herrschende Ökonomie und der globalisierte Handel der exemplarische Ort für die Entfaltung der »Banalität des Bösen«. Billigkeit und Vernunft sind dort nur als Sehnsucht und frommer Wunsch präsent; wenn sich die Jurisprudenz auf sie beruft, dann nur aus Anlaß von gewissen juristischen Streitfällen und ohne die Logik der Marktgesellschaft in Frage zu stellen. Die Dissidenz und die alternative Welt sind demgegenüber ein Erfahrungslaboratorium, in dem sich die Wiederentdeckung der Ethik und der Gerechtigkeit im sozialen Umgang vollzieht.

Der faire und solidarische Handel stellt uns mit seinen drei Begriffen (Handel, Billigkeit, Solidarität) vor eine Reihe theoretischer und praktischer Probleme, von denen manche eine außerordentliche historische und philosophische Tiefe besitzen. Die Solidarität verweist auf die Barmherzigkeit und auf eine ganze christliche Tradition (auch wenn sie später zum Solidarismus laizisiert wurde), die Billigkeit auf die Gerechtigkeit und der Handel natürlich auf die Ökonomie. *»Trade, not aid«* (Handel, nicht Hilfe), hämmerte Präsident Clinton auf seiner Afrika-Tournee erfolgreich seinen Zuhörern ein, um die geringe Höhe der offiziellen amerikanischen Gaben zu rechtfertigen und der europäischen Praxis der Hilfe und Fürsorge ein Vorgehen gegenüberzustellen, das im Rahmen einer globalisierten Ökonomie *realistischer* wäre.

In der Tat scheint das kaufmännische Verhältnis im anderen einen vollgültigen Partner anzuerkennen und so in gewisser Weise die ökonomische Seite des demokratischen Gleich-zu-gleich zu bilden, während die Hilfe nicht frei ist von Paternalismus und Korruption. Der Slogan *»Trade, not aid«* klingt wie »Gerechtigkeit statt Barmherzigkeit«. Das Einheitsdenken proklamiert, daß die Marktwirtschaft als solche bereits Gerechtigkeit mit sich bringt. Die angelsächsischen Philosophen finden bekanntlich kein Ende, wenn es um die Frage der Gerechtigkeit geht. Wenn sich allerdings das State Department dieses Themas annimmt, ist unübersehbar, daß mit *justice* vor allem *just us* (nur wir) gemeint ist. Ist es wirklich gerecht, wenn die Ungleichheit derartig anwächst, daß das Bruttosozialprodukt von ganz Afrika mit seinen siebenhundert Millionen Einwohnern geringer ist als das von Belgien und, nach den Statistiken des Entwicklungsprogramms der Vereinten Nationen (UNDP, 1999), auch geringer als die Summe der fünfzehn weltgrößten Privatvermögen?

Unzweifelhaft ist das Bestehen auf einem *»fair« trade,* einem wirklich fairen und loyalen Handel, unendlich viel wertvoller als alle Hilfe mit ihren perversen Effekten.[242] Bevor man eine realistische Strategie für ein solidarisches Handeln entwickeln kann, muß man allerdings verstehen, warum und inwiefern der Handel normalerweise nicht fair ist, und definieren, welches das gerechte Tauschverhältnis, also der »gerechte Preis«, wäre.

I. Gleicher Tausch, gerechter Preis und fairer Handel

»Es gibt keinen ungleichen Tausch für den, der keine Theorie vom gleichen Tausch hat«, pflegte Arghiri Emmanuel, der Autor von *L'échange inégal,* in den sechziger Jahren zu sagen.[243] Wirklich ist der Preis für die orthodoxen Ökonomen das, was er ist. Als Ergebnis natürlicher und universaler, wenn nicht gar ewiger Gesetze trägt er sogar, wenn das Spiel von Angebot und Nachfrage nicht gestört wird, zum allgemeinen Wohl und also zur Gerechtigkeit bei. Man beweist mathematisch, daß das allgemeine Gleichgewicht der Preise in der reinen Theorie einer optimalen Situation entspricht. »Nicht nur ist der so ermittelte Wert der gerechte Preis«, schreibt Bernard Lavergne, »sondern es kann auch gar keinen anderen gerechten Preis geben als diesen«.[244] Wenn also erst einmal die Monopole abgebaut und die aus ungerechtfertigten Privilegien stammenden Einkünfte abgeschafft sind, dann kann, wenn der Handel dennoch zu Elend und Armut führt, die Ursache nur in der ungenügenden Produktivität der Opfer liegen. Es bleibt also nur der Rekurs auf die (wenn möglich private) Barmherzigkeit, wenn man korrigieren will, was in der Sicht der humanitären Forderungen nach einer besseren Teilung des Reichtums als Versagen des Marktes *(market failure)* erscheinen muß. Ronald Reagan und Margaret Thatcher haben in großem Maß an die Großzügigkeit ihrer Mitbürger appelliert, um die Abschaffung der Sozialhilfe auszugleichen. Auf internationaler Ebene erwartet man von den NGOs dasselbe. Für Friedrich August von Hayek ist jede politische Vermittlung der Ökonomie unmoralisch und ungerecht. Dem Einheitsdenken ist es gelungen, die Idee durchzusetzen, daß die Effizienz Vorrang vor der Gerechtigkeit hat und sie in jedem Fall bedingt. Unter diesem Gesichtspunkt entgeht sogar Rawls' Theorie der Gerechtigkeit dem Zeitgeist nicht ganz, sowenig wie die Philosophie, die die diversen sozialistischen Regierungen in Europa inspiriert. Weil die Frage der Gerechtigkeit in der Ökonomie als ein für allemal geregelt gilt, wagt niemand sie mehr aufzugreifen.

Bekanntlich haben die antiimperialistischen Ökonomen der sechziger Jahre, um der Dritte-Welt-Ideologie eine theoretische Infrastruktur zu geben, den ungleichen Tausch angeprangert, wobei sie zu diesem Zweck auf die alte klassische und marxistische Arbeitswert-Theorie zurückgriffen. Gemäß der ursprünglichen vereinfachten Fassung dieser Theorie müßten die Waren auf dem Markt proportional zu den in ihnen (direkt und indirekt) enthaltenen Quantitäten von Arbeit getauscht werden. Mit anderen Worten, wenn ein Kilo Kaffee zwanzig und ein Automobil zweitausend Arbeitsstunden repräsentiert, müßte, nach dieser Logik, ein Wagen gegen hundert Kilo Kaffee getauscht werden.

Allerdings ist das keineswegs der Fall, und das Gesetz stößt auf Einwände und Schwierigkeiten, die es auf nationaler und erst recht auf internationaler Ebene als objektive Norm disqualifizieren. Die Bestimmung von internationalen Preisen, die identischen Entlohnungen auf seiten der Produzenten entspricht, kann nicht mehr sein als ein Ideal, das mit einer gewissen Idee, die man sich von der Gerechtigkeit macht, übereinstimmt. Abgesehen davon, daß die genaue Bestimmung einer solchen Norm gewaltige Probleme aufwirft, denn die Faktoren sind nicht identisch, ist sie auch niemals, nicht einmal auf seiten der Linken, Gegenstand des Konsens gewesen. Man hat andere Definitionen des gleichen Tauschs vorschlagen können. Ein internationaler Tausch, der die Schaffung von ebenso vielen Arbeitsplätzen impliziert, wie er zerstört, ist wünschenswert; ein Land, das seine interne Beschäftigung von der internationalen Konkurrenz bedroht sieht, könnte sich dann als Opfer eines »ungleichen« Tauschs und einer Ungerechtigkeit betrachten.[245] Dennoch gilt, daß die Idee des Arbeitswerts eine ethische Basis für die Reflexion über den »gerechten Preis« liefert, die an die Überlegungen der scholastischen Theologen wieder anknüpft. Diese, wir erinnern daran, definierten den »gerechten Preis« als das, was jedem aufgrund eines vernünftigen Profits seinen Rang einzunehmen erlaubte.[246] Artikel 23-4 der Allgemeinen Erklärung der Menschenrechte stellt fest, daß »jeder, der arbeitet, Anspruch auf eine angemessene und zufriedenstellende Entlohnung hat, die ihm ebenso wie seiner Familie eine menschenwürdige Existenz ermöglicht und die im Bedarfsfall durch alle anderen Mittel sozialen Schutzes ergänzt wird«. Für die Drittwelt-Ökonomen sind die in den Nord-Süd-Beziehungen festzustellenden Preisverzerrungen, die gemessen an dieser Norm erheblich sind, das Ergebnis der ungeheuren Lohnunterschiede. Diese Unterschiede wären weitgehend für die Unterentwicklung verantwortlich.

Bereits im neunzehnten Jahrhundert sprachen sich die sozialistischen Theoretiker für ein Tauschsystem aus, das auf Arbeitsquantitäten gegründet wäre. So wollte Pierre-Joseph Prudhon »Arbeitszertifikate« einführen, die als Kaufgutscheine dienen sollten. Robert Owen und Etienne Cabet haben versucht, solche Systeme in die Praxis umzusetzen. In Ithaca in den Vereinigten Staaten findet gegenwärtig mit dem »time dollar«, einem durch eine Stunde tatsächlicher Arbeit gedeckten Dollar, ein ähnlicher Versuch statt. Die italienische Bewegung der »Banche del tempo« sowie die französischen Läden zum Tausch von Wissen funktionieren nach demselben Prinzip: eine Stunde Arbeit ist gleich einer Stunde Arbeit.

Die Erfahrungen der angelsächsischen LETS *(Local exchange trade system)* und ihres französisches Pendants, der SEL *(Systèmes d'échanges locaux)*, liefern der Reflexion über den »gerechten Preis« interessanten Stoff und lassen die Perspektiven des fairen Handels in neuem Licht erscheinen. Die SEL sind Vereinigungen, deren Mitglieder mit Hilfe eines von ihnen geschaffenen und innerhalb der Gruppe gültigen »Geldes« Güter und Dienstleistungen aller Art tauschen. Die getauschten Produkte reichen von Wohnungsrenovierungen oder Autoreparaturen über Sprachkurse, Massagen, Gartenartikel, Werkzeugverleih und das ganze Spektrum der Second-Hand-Produkte etc. bis zum Kinderhüten. Durch regelmäßig erscheinende Listen, die per Computer verwaltet werden, werden *Angebote* und *Nachfragen* zentralisiert, so daß verglichen werden kann, in welcher Höhe die Beteiligten jeweils als Gläubiger oder Schuldner aufgetreten sind. Auf diese Weise können die Ausgeschlossenen, deren Kompetenzen vom Marktsystem zurückgewiesen worden sind, Formen sozialer Tätigkeit und Anerkennung zurückgewinnen und sich darüber hinaus nicht unerhebliche zusätzliche Mittel verschaffen.[247]

In den SEL ist der in internem Geld (*sel* heißt französisch Salz, daher »Salzkörner« oder »Eicheln«) bewertete Preis ein Gegenstand der Diskussion. Normalerweise wird das Tauschverhältnis von Fall zu Fall ausgehandelt. Weil es jedoch einen Ausgangs-

oder Referenzpunkt für die Diskussion geben muß, sieht man sich entweder auf den Marktpreis oder die Arbeitsquantität verwiesen. Dies ist die Alternative, an der sich die Diskussion orientiert. Es ist leicht nachzuvollziehen, daß eine systematische Übernahme des Marktpreises schnell dazu führen würde, daß die wahren Bedürftigen (Arbeitslose ohne Qualifikation, Obdachlose, Leute ohne Aufenthaltserlaubnis, Straftäter), die sich, um Selbstachtung und Subsistenzmittel zurückzugewinnen, an diese Rettungsplanke geklammert haben, ein weiteres Mal ausgeschlossen würden. Wenn die zweite Chance auf einem zweiten Markt nach demselben Prinzip funktioniert wie die erste, ist sie auch nicht viel besser... Im SEL der Vancouver-Insel hatte ein Zahnarzt damit begonnen, nach dem offiziellen Tarif abzurechnen. Er wollte Dienste anderer Mitglieder für die Ausführung von nichtqualifizierten Arbeiten mieten und gleichzeitig die Marktpreise übernehmen, so daß die Beträge, die er ihnen auszahlte, im Verhältnis zu seinen eigenen Honoraren lächerlich waren. Er stieß jedoch auf allgemeinen Protest. Die Gemeinschaft rückte den Abstand auf ein *gerechteres* Maß zurecht.[248]

Wenn sie gelegentlich mit diesem Problem konfrontiert sind, reagieren die SEL auf verschiedene Weise. Als Volksversammlung oder als Rat der Weisen und der Alten versammelt, haben gewisse SEL nach langen Palavern beschlossen, die Schulden an einem bestimmten Punkt zu annullieren und das Zählwerk auf Null zu stellen, andere waren dafür, das Preissystem anzupassen, wieder andere, die Gleichheit der Arbeitsstunden zur Norm zu erheben. Die erste Lösung ist zwar dem Funktionieren der Tauschvorgänge förderlich, aber sie ist nicht ganz frei von Paternalismus, weil sie als Gnade, die den schlechten Zahlern gewährt wird, demütigend ist und diese indirekt als Schuldige stigmatisiert bleiben. Der dritte Weg besteht darin, die Norm von Ithaca zu übernehmen: Eine Stunde Arbeit ist eine Stunde Arbeit. Sie schreibt sich ein in die Tradition des egalitären Sozialismus. Im Enthusiasmus des Beginns und solange die Tauschvorgänge innerhalb der lokalen Systeme nur einen winzigen Bruchteil der ökonomischen Aktivität der Mitglieder ausmachen, kann das funktionieren, aber es ist weder realistisch noch notwendig gerecht. Die Ursache für das Scheitern der von Owen 1825 in den Vereinigten Staaten gegründeten Kolonie von New Harmony und später in England seiner Bank für Arbeitsgutscheine, des *Equitable labor exchange,* ist teilweise im Ungleichgewicht der vertretenen Berufe zu suchen. Auf lange Sicht treibt eine solche Organisationsweise die qualifiziertesten Arbeiter und die zum guten Funktionieren notwendigen Kompetenzen in die Flucht. Auch wenn sie Sympathisanten sind, sind Ärzte, Zahnärzte und Ingenieure dann nicht mehr daran interessiert, vollzeitig in einem allzu egalitären SEL zu leben.

Der zweite Weg, der ungewöhnlicher und weniger dogmatisch ist, scheint uns der interessanteste. Er macht die Bestimmung des Preises zum Ergebnis einer politischen Beratung. Hier scheint es, daß Aristoteles uns bei der Lösung unserer Schwierigkeit eine gewisse Hilfe leisten könnte. Die wenigen aber berühmten Seiten, die die *Nikomachische Ethik* dem gerechten Tausch widmet und mit denen sich Generationen von Ökonomen und Philosophen (darunter der heilige Thomas von Aquin und Marx, auf die sich wiederum Schumpeter und Polanyi beziehen) herumgequält haben, gewinnen durch die Praxis der SEL an Klarheit, und umgekehrt bieten sie eine Lösung für unser Problem an.[249]

Hinter dem Tausch von Waren sind es immer die Menschen, die aufeinandertreffen und sich messen. Wenn die Protagonisten einen festen und anerkannten Status haben, muß dieses Treffen nicht notwendig eine Konfrontation sein; der gerechte Tausch wäre dann der, der jedem die Permanenz und die Reproduktion seines Status sichert. Wenn sich, mit anderen Worten, der Architekt mit dem Schreiner im Tausch mißt, dann muß das Verhältnis des Preises für einen Kostenvoranschlag, der eine Stunde Arbeit darstellt, zu dem für ein Möbel, das dieselbe Zeit darstellt, so sein, daß der Schreiner weiter als Schreiner und der Architekt weiter als Architekt leben kann. Wenn dagegen die Statusverhältnisse nicht verbürgt und anerkannt sind, wird der Tausch zur

Konfrontation, und das beratende Eingreifen der Gruppe wird erforderlich. Dann wird der Fetischismus der Ware demaskiert. Die Transparenz des Sozialverhältnisses (Architekt/Schreiner) wird durch die Gesellschaft mediatisiert, in diesem Fall die Versammlung des SEL. So findet man die – leider in der Folge durch den Ökonomismus pervertierte – Intuition der ersten Sozialisten wieder. »Die Politik und die gesamte Sozialwissenschaft sind nicht voneinander zu trennen«, schrieb Pierre Leroux, »so wenig wie man eine ökonomische Wissenschaft außerhalb jeder politischen Problematik begründen kann.«[250]

Die SEL bilden Mikrogesellschaften von etwa drei- bis fünfhundert Mitgliedern; sie sind also gleich groß wie die Gruppen von Jägern und Sammlern, welche die »wilden Demokratien« bilden. Es ist Aufgabe solcher Gesellschaften, über die Rechtsstellung ihrer Mitglieder zu befinden. Niemand kann aus einer SEL aufgrund mangelnden ökonomischen Werts ausgeschlossen werden. Die im Januar 1997 beschlossene ethische Charta der SEL (»Esprit de SEL«) legt die ökologischen und sozialen Ziele fest, auf die die Netze sich auszurichten gehalten sind. Das implizite Postulat der alternativen Organisationen, das oft wie bei den »Compagnons d'Emmaus« explizit in den Statuten festgehalten ist, besagt, daß es allen Mitgliedern möglich sein muß, von den Früchten ihrer Arbeit anständig leben zu können. Jeder hat das Recht auf sein Teil an Würde, das ihm vom Markt vorenthalten wird.

Umgekehrt ist es wenig wahrscheinlich, daß eine Volksversammlung von »Salzsiedern« (oder »Selisten«) »Abkommen« wie das ratifizieren würde, das die Geschicke der großen Disney-Familie bestimmt. Dort wird die Arbeitsstunde des Chefs, Michael Eisner, 1.375.000 mal höher eingeschätzt als die seines burmesischen »Bruders«, der die T-Shirts »Donald & Co.« fabriziert. Einen menschlichen Bereich, in dem solche Prätentionen sich mit Anstand rechtfertigen ließen, kann es gar nicht geben – abgesehen von den Ausnahmen. Patrick Ponsolle, ENA-Absolvent, ehemaliger stellvertretender Kabinettsdirektor unter

Fabius, heute exekutiver Präsident von Eurotunnel, kassiert allerbesten Gewissens 3,9 Millionen Francs jährlich: »Nicht nur ist meine Besoldung durch ein unabhängiges Komitee von Administratoren, dem ich nicht angehöre, festgesetzt, sondern ich glaube ihrer auch durchaus würdig zu sein.«[251] Trotzdem ist es den Großverdienern lieber, wenn die krassesten Ungleichheiten auf klassische Weise im Schatten bleiben. Philippe Jaffré, der Ex-Präsident von Elf, ist geschickter und zynischer. Im Fernsehsender TF1 auf die siebzig bis achtzig Millionen Francs Abfindung (in Wirklichkeit eher zweihundert Millionen mit den Stock-Options), die in der Presse genannt werden, angesprochen, antwortet er: »Ich glaube, daß zwischen Ihnen und dem Kameramann, der uns filmt, oder zwischen Ihnen und einigen Journalisten, die Sie begleiten, ein großer Gehaltsunterschied besteht. Sind Sie bereit, vor mir und vor der Kamera anzugeben, wieviel sie und wieviel Sie selbst verdienen?« Und der verdutzten Interviewerin erklärt er: »Welcher Franzose will schon, daß seine Familie, seine Nachbarn, die Händler, mit denen er zu tun hat, genau wissen, was er verdient?«[252] Bestimmt nicht die, die etwas zu verbergen haben... Genau diese Differenzen sind es aber, die der Weltmarkt bekräftigt. Nicht schockierend ist es dagegen, wenn die Gruppe es normal findet, ihrem Schamanen oder Heiler fünf- oder sogar zehnmal soviel Verdienst (oder Freizeit) zukommen zu lassen als dem, der nur zum Babysitting oder zu Wärterdiensten tauglich ist. In allen Fällen ist die Frage politisch. Ich bin sogar versucht, sie für *die* politische Frage zu halten. Sie ist als solche jeweils *ad hoc* zu diskutieren.

Gewiß ist die Transposition auf die Ebene der globalen Beziehungen und ökonomischen Tauschvorgänge nicht einfach. Es ist schwer vorstellbar, wie man mit dem venezolanischen Zuckerrohr- oder Kaffeepflanzer, dem senegalesischen Hibiskusbauern, dem Bananenpflanzer aus Kamerun oder dem Quechua-Handwerker eine »Gesellschaft bilden« soll. Es gibt keine echte Weltgesellschaft, und weder ist sicher, daß es jemals eine geben wird, noch daß das zu wünschen wäre. Man mißt sich nur mit Leuten aus dem näheren Umkreis, und der soziale Austausch ist notgedrungen lokal, selbst wenn der Ort innerhalb gewisser Grenzen virtuell sein kann. Das Hauptproblem liegt darin, daß es echte lokale Gesellschaften auch gar nicht mehr gibt. Diese Gesellschaften existieren nicht mehr, ganz einfach weil wir sie zerstört haben und weiter fortfahren, es zu tun. Die Frage ist auch nicht automatisch gelöst, wenn unsere Lieferanten aus dem Süden wie durch ein Wunder ihre Produkte der Ankaufszentrale der »Artisans du monde« verkaufen würden. Wie können wir mit unseren Partnern eine »Gesellschaft bilden«? Wie kann man vermeiden, an der Zerstörung der sozialen Kohärenzen teilzunehmen, die letztlich die Quelle der ökonomischen Verarmung ist? Wie kann man vermeiden, durch den großen globalen Basar zum Komplizen zu werden?

Hier liegt die große Herausforderung des fairen Handels, der auch eine Form der Herausforderung Minervas ist. In gewisser Weise müßte er seine eigene Abschaffung anvisieren, in dem Sinn, daß er zum Wiederaufbau der zerstörten Sozialitäten des Südens beitragen und z. B. die Umwandlung von spekulativen, für den Weltmarkt bestimmten Kulturen zu solchen, die zur Ernährung der notleidenden örtlichen Bevölkerungen notwendig sind, fördern sollte. Desgleichen müßte er auch die Handwerker ermutigen, sich auf die Bedürfnisse einer lokalen Kundschaft einzustellen, anstatt Firlefanz für exotikversessene Westler zu produzieren. Daß die Frage schwierig ist, ist unübersehbar, was allerdings kein Grund sein kann, sie nicht anzupacken. Die Gerechtigkeit ist hier von der Solidarität untrennbar. Sie geht über die bloße Frage des Preises hinaus und betrifft das gemeinsame Wohl. Das gerechte Tauschverhältnis muß man suchen, indem man daran denkt, daß wir mit unseren Partnern eine Gesellschaft bilden und ihre Probleme die unseren, aber auch die unseren ihre sind. Auch wenn die Beratung des Volks hier notgedrungen virtuell ist, muß sie nichtsdestoweniger die Bestimmung der Preise mediatisieren. Die Reflexion über den gerechten

Tausch muß das Handeln leiten, selbst wenn sie uns keine schlüsselfertigen Lösungen an die Hand gibt.

II. Elemente für eine solidarische Strategie

»Man macht die Welt nicht neu in drei Tagen«, pflegt sinngemäß der Verantwortliche der Solidaritäts-Vereinigung für die Völker Lateinamerikas zu sagen (ASPAL), die der Plattform für den fairen Handel angehört. In den konkreten Aktivitäten engagiert, zieht er es wie die meisten NGO-Aktivisten vor, sich dem solidarischen Tausch empirisch statt über theoretische Reflexion zu nähern. Dieser Realismus ist sehr legitim, und er entspricht durchaus der Arbeitsteilung zwischen dem Gelehrten und dem Politiker, wie sie Max Weber analysiert hat. Der Gesinnungsethik, die den Denker antreibt (oder antreiben sollte), steht die Verantwortungsethik des Tatmenschen gegenüber. Dieser muß stets die praktischen Konsequenzen seines Handelns abwägen. Freilich geht das nicht ohne Risiko. Angesichts eines Sterbenden, sagen die Apostel der humanitären Einmischung, stellt man sich keine Fragen, sondern man hilft. »Ein gerettetes Leben, ein Opfer, dessen Leiden gelindert ist, rechtfertigt jedwede Aktion, wo auch immer«, schreibt Florence Veber von den »Médecins du monde«. Und sie ergänzt: »Dieses wunderbar einfache und anziehende Credo hat den ungeheuren Vorteil, daß man tätig werden kann, ohne sich allzu viele Fragen zu stellen.«[253] Sehr gut. Aber wie wäre es möglich, sich vor und nach der Notintervention nicht doch viele Fragen zu stellen? Man ist nicht aus Zufall da, und was man tut, ist nie unschuldig. Man weiß, daß das Eingreifen der *French doctors* weder problemlos noch fehlerfrei vor sich geht.

So verhält es sich auch mit dem fairen und solidarischen Handel. »Jedesmal, wenn man etwas kauft, gibt man seine Stimme ab«, sagt derselbe Verantwortliche von ASPAL. Statt einer gewöhnlichen Handelsmarke Kaffee von Max Havelaar oder

Transfair zu kaufen, ist ein staatsbürgerlicher Akt. Fair zu kaufen statt sich ein *unfaires* Produkt zum Marktpreis verkaufen zu lassen, heißt, die politische Vermittlung im kommerziellen Tausch bejahen. Es heißt also, die Solidarität mit fernen und unbekannten Partnern zu bekunden, statt ihre Existenz zu leugnen oder ihrem Schicksal gegenüber gleichgültig zu sein. Leider ist es – subjektiv ebenso wie objektiv – nicht eben leicht für den Konsumenten, *citoyen* zu sein. Subjektiv, weil die Manipulation des Geschmacks und der Wünsche des Konsumenten durch die Reklame und den vom großen Handel ausgeübten Druck quasi total ist; objektiv, weil unser Konsument kaum die Wahl hat, selbst wenn er entschlossen ist, sich als *citoyen* zu verhalten. Ökologisch, politisch und ethisch korrekt zu kaufen, hat sehr oft mit einem heroischen Hindernislauf Ähnlichkeit, ohne daß das Resultat wirklich garantiert wäre. Für die meisten Produkte gibt es diese Wahl gar nicht. Wo ist das faire Auto, der ethische Kühlschrank, die solidarische Waschmaschine? Es ist schon viel, wenn die *Herkunft* klar genug ist, so daß ich mir einen Anzug kaufen kann, der nicht in einem für die Frauen Südostasiens eingerichteten modernen Bagno hergestellt ist. Stimmen wir wirklich für die Sklaverei der pakistanischen Kinder, wenn wir uns ein paar Schuhe von einer großen transnationalen Marke kaufen?

Ja, der Kauf ist eine Stimmabgabe, aber diese Behauptung darf man nicht auf sich beruhen lassen. Auch die Ultraliberalen und die Großkapitalisten haben genau das gesagt, wenn sie den von einem regulierenden Staat erzwungenen Entscheidungen »das Plebiszit der Konsumenten« entgegenstellten.[254] Das gegenwärtige Einheitsdenken hat den demagogischen Slogan von den »Kleinanlegern«, den die Feinde der Volksfront 1936 erfunden hatten, wieder in Mode gebracht, eine Mystifikation, die durch die gleichzeitig herumposaunte vom Referendum der Kleinaktionäre noch übertroffen wird. Die Hausfrau wäre es, die für den Super- oder Hypermarkt und gegen den nachbarschaftlichen Kleinhandel, dessen Verschwinden den Tod des urbanen Lebens und einer bestimmten Form der Konvivialität zur Folge hat, votieren würde. Sie wäre es auch, die für die produktionsintensive Landwirtschaft stimmen würde, weil sie angeblich *saubere* oder pasteurisierte und zugleich billigere Lebensmittelprodukte haben will. Ihr wäre also der Tod der Landschaften, das Verschwinden des Trinkwassers, die Verschmutzung des Grundwassers und der Böden durch Pestizide und chemische Dünger anzulasten. Der Verbraucher wäre es, der die Entlassungen, die Verschlankungen, die Verlagerungen, die Flexibilisierung der Gehälter und Arbeitszeiten ratifizieren würde, um immer schnellere, immer weiterreichende und billigere Verkehrsverbindungen zu haben, oder billige Kleidung und Elektronik aus Schwellenländern, Autos, Handys und billige Computer.

Sicherlich ist nicht alles in der liberalen Argumentation Täuschung. Im Namen der kleinen Rentner verlangen die Pensionsfonds von den Großfirmen eine »gute Geschäftsführung«. Diese bedeutet mehr Transparenz, weniger Veruntreuungen sowie manchmal Gehaltsbegrenzungen und den Abbau der ungerechtfertigten Vergünstigungen, die sich die Unternehmensführer gern zubilligen, aber vor allem impliziert sie die Kurssteigerung und einen komfortablen Zinssatz des *return on equity* oder *retour sur placement* (ein neuer, schamhafter Name für den alten Kapitalertrag), der mit allen Mitteln, auch den rabiatesten, erkämpft wird.[255] Die Nachfrage und nur die Nachfrage wäre Königin; weil demokratisch und volkstümlich, wäre ihre Souveränität legitim. Diese alte Leier wird in den Diskursen über die Wohltaten der Globalisierung der Märkte (die glückliche Globalisierung) ausnahmslos bis zum Erbrechen wiederholt. »Das Prinzip der Souveränität des Konsumenten […] ist das Prinzip der direkten, in einem Referendum praktizierten Demokratie«, proklamiert ganz selbstverständlich ein Ökonom.[256]

Diese arrogante Argumentation, die scheinbar für den Konsumenten Partei ergreift, aber ausschließlich von den Lobbies der großen Firmen herrührt, darf man auf keinen Fall durchgehen lassen. Es ist nicht die Stimme des Konsumenten, jedenfalls nicht so, wie sie sich über die Assoziationen ausdrückt. Zunächst wäre, selbst wenn diese souveräne Nachfrage wirklich vom Volk ausginge, es keineswegs sicher, daß sie *ipso facto* auch legitim wäre und keiner Regulierung bedürfte. Tatsächlich gibt es alle Arten von Nachfrage. Zum Beispiel existiert unstreitig ein Markt für Rauschgift, die Prostitution oder das Verbrechen. Heißt das etwa, daß man die Befriedigung dieser »zahlungsfähigen Nachfrage« für legitim halten und daß die Schaffung eines entsprechenden Angebots legalisiert werden müßte (wie gewisse Ultraliberale, die sogenannten *libertarians,* behaupten)? Soll man aus Realismus gewisse Drogen oder gewisse Formen der Prostitution entkriminalisieren? Kann und soll man schließen, daß diese Produkte *moralisch* sind, weil sie zum Paretoschen Optimum beitragen, zum größtmöglichen Glück der größtmöglichen Zahl?

Wie dem auch sei, die Frage verdient zumindest eine Diskussion. Und diese Debatte wird zwangsläufig auch ein Licht auf eine ganze Reihe »normaler« Produkte zurückwerfen, die in gewisser Hinsicht mit Drogen oder Verbrechen zu tun haben, wie der Tabak, der Alkohol, gewisse Pharmazeutika, die Spielautomaten und Glücksspiele, ja sogar ganz einfach das Auto oder das Handy, die für gewisse Fans zu Drogen werden können, etc. Diese Fragen zu diskutieren, heißt aber implizit auch, über dem ökonomischen Gesetz noch eine Instanz anzuerkennen. Diese Instanz, die aufgerufen ist, sich über das Gerechte, das Legitime auszusprechen und letztlich das Gesetz zu geben, kann nur die Gesellschaft sein. Selbst das, was man die »ökonomischen Gesetze« nennt, muß letztlich implizit oder explizit von einer politischen Autorität ratifiziert werden. Ohne es zu merken, macht das Plebiszit der Konsumenten selbst eine politische Legitimation für die Ablehnung des Politischen geltend. Tatsächlich sind das Plebiszit oder das Referendum Prozeduren des Verfassungsrechts und nicht Zubehör des Markts. Das ökonomistische Argument läßt sich also gegen seine Verfechter kehren. Der *citoyen* ist auch Konsument. Ergo ist der Konsument auch *citoyen.* Der politische Diskurs versteht den *citoyen* als Souverän, während der ökonomische behauptet, er sei König. Der *consomacteur,* wie die NGOs sagen, der Konsument als *citoyen*, besteht auf dieser doppelten Anerkennung seiner Suprematie und will die legitimen Prärogative, die sich aus ihr ableiten, voll ausüben. Wie also sollte man ihm das Wissen, was er kauft, die Herkunft dessen, was er ißt, verweigern, wie es die großen agroindustriellen Firmen und die WTO wollen? Der Herkunftsnachweis ist wahrhaftig das Minimum, das man dem angeblichen Souverän zu bieten schuldig ist.

Diese Verwandlung eines Menschen, der normalerweise passiv (und unendlich geduldig) ist, zum aktiven *citoyen* und anspruchsvollen Konsumenten, der ein Minimum an Respekt fordert, ist gelegentlich im Krisenfall zu beobachten, wenn die Hausfrauen oder Verbraucher die Hormone im Rind, die genetisch modifizierten Organismen oder die von Kinder-Sklaven hergestellten Fußbälle ablehnen und sich zum Boykott entschließen. Anläßlich der amerikanischen Aggression gegen das Rind und der folgenden Gegenmaßnahmen erklärte der Präsident des französischen Jungbauernverbandes CNJA *(Centre national des jeunes agriculteurs)*: »Sie kennen nur die Knete. Man muß da zuschlagen, wo's weh tut, an der Kasse.« Schade nur, daß man auf eine Krise und die Demontage von einigen McDonald's-Filialen warten mußte, um diese harten Wahrheiten und die Evidenz der *malbouffe*, des Fraßes, aufzudecken. Tatsächlich muß sich der Bürger einer ökonomisch globalisierten Gesellschaft die politische Macht, die im Akt des Konsumierens enthalten ist, wieder aneignen, wenn er hoffen will, den Lauf der Dinge zu beeinflussen.

Sicherlich, man macht die Welt nicht neu in drei Tagen, und noch weniger beseitigt man mit einem Federstrich die Manipulation der ökonomischen Mächte, die unverkennbar ist und die zu unterschätzen man sich hüten soll. Dennoch ist das Ziel sehr wohl, die Welt zu erneuern, und das Mittel ist, gegen die Manipulation und die Gehirnwäsche, der wir unterworfen sind, aufzubegehren. Es ist Zeit, mit der Entkolonisierung unseres Imaginären anzufangen. Immer muß dieses ehrgeizige Ziel, das Ideal eines gerechten Tauschs, den Horizont bilden, d.h. Ökonomien und Märkte, die durchs Soziale oder Politische mediatisiert sind.

Die internen Debatten in den alternativen Organisationen erscheinen damit in einem anderen Licht. Wenn es gelingt, die Produkte des fairen Handels oder der biologischen Landwirtschaft auf Regalen im Supermarkt neben »unfairen« oder »antibiologischen« Produkten unterzubringen, dann ist das nicht schlecht, aber es ist kein Selbstzweck. Diese Politik des Markenzeichens gehört, wie im vorigen Kapitel gezeigt, eher einer Strategie der *Lücke* an als einer der Stärkung der *Nische.* Mir scheint diese Opposition komplementär zu der zu sein, die Raimon Panikkar zwischen Arena und Agora getroffen hat.[257] Die Arena ist der soziale Raum des aggressiven Wettbewerbs, die Agora ist der des demokratischen Gegenübers. Es ist wichtiger, sich des *fairen* Charakters der gesamten Kette zu versichern, von der Produktion über den Transport und die Verpackung bis zur Vermarktung, was den Supermarkt von vornherein ausschließt und das tragende Netz, will sagen die Nische, erweitert. Wirklich würde man in den Instruktionen, die die Einkäufer von den Zentralen der großen Supermärkte bezüglich der Aufträge an die landwirtschaftlichen Betriebe oder Genossenschaften erhalten, vergeblich nach einer Spur von Gerechtigkeitssinn suchen. Die Ereignisse vom Sommer 1999 haben gezeigt, daß die zynischsten Verfahren, die schamlosesten Erpressungen systematisch empfohlen und praktiziert werden, um die sowieso schon sehr niedrigen Preise für Obst und Gemüse (aber auch für Fleisch und andere Produkte) zu »drücken« und unter tausend Vorwänden Rabatte, Nachlässe und unentgeltliche außervertragliche Lieferungen herauszuschlagen, so daß die anfälligsten Produzenten in den Ruin und manche in den Selbstmord getrieben werden. Die Beziehungen der Supermärkte zu ihren kleinen Angestellten sind auch nicht unbedingt für ihre Gerechtigkeit bekannt. Und wenn das Interesse des Konsumenten durch Baisse-Preise (vor allem bei Lockangeboten) berücksichtigt zu werden scheint, dann geht es vor allem darum, der Konkurrenz der Kleinhändler in der Nachbarschaft den Garaus zu machen, um so eine Monopolstellung zu erlangen und dann den Verlust wieder auszugleichen.

Auch die SEL sind nicht vor der Versuchung der »Lücke« gefeit. »Wenn man glaubt, eine leistungsfähige und überzeugende Weise des Tauschs gefunden zu haben«, bemerkt eine Beobachterin, »dann entsteht der Wunsch, sich zu vergrößern und den Aktionsradius der Tauschzirkel zu erweitern.« Die Autorin, die für eine größere Professionalisierung eintritt, fügt hinzu: »Dieser Wunsch, sich zu vergrößern, sich zu erweitern [...] aber auch anerkannt zu werden und an der lokalen Entwicklung teilzunehmen, kann als der Wille verstanden werden, aus dem marginalen und spielerischen Charakter des Tauschzirkels herauszutreten, um daraus ein wirkliches und nicht mehr bloß paralleles ökonomisches und soziales Werkzeug zu machen, das als anerkannter Akteur der lokalen Entwicklung einen ganz eigenständigen Platz einnimmt.«[258] Dieser Versuchung nachzugeben, wie es die Netze zum Austausch von Wissen getan haben, wäre ohne Zweifel fatal.[259] Und die Integration von Supermärkten in die SEL (es hat Versuche in dieser Richtung gegeben) wäre glatter Selbstmord.[260]

Die Ausweitung und Vertiefung des solidarischen Einverständnisses ist das Geheimnis des Erfolgs und muß die erste Sorge der Unternehmen sein. Die *consomacteurs* (Bürger-Konsumenten) sind lediglich ein Element in einer Gesamtheit, die SEL, alternative Produzenten, »neue Landbewohner« *(néoruraux)* und genossenschaftliche Vereinigungen, die sich für diesen Weg engagiert haben, miteinander verbinden sollte. Diese Kohärenz ist es, die eine wirkliche Alternative zum System darstellt.

Die Strategie der Nische hat in Frankreich in der Gegend um Toulouse Fuß zu fassen begonnen, aber mehr noch in Italien. In Toulouse verbindet sich das SEL *de cocagne* mit den *Chèques du temps choisi* (und der *Université du temps choisi*), mit den *Agrinovateurs* (biologische Landwirtschaft in unmittelbarer Nähe, *paniers fraîcheur*), mit den *Nouveaux jardins ouvriers* und mehr oder weniger mit der gesamten Welt der wirtschaftlichen Vereine. In Italien ist die Vernetzung der alternativen Organisationen weit ehrgeiziger und von erheblicher Breite. Ausgehend von den Verbindungen, die die Vereinigungen für fairen und solidarischen Handel (besonders in Reggio-Calabria, Brescia, Cremona, Bozen, Salerno, etc.) mit den *»Banche del tempo«* (dem italienischen Äquivalent der SEL), mit der *»Organizzazione di tempo scelto«* (vor allem in Perugia), den Erfahrungen des *»Bilancio di giustizia«*, der sich an den Arbeiten des Wuppertal-Instituts orientiert (mit weniger besser leben), der *»Banca etica«*, dem ethischen Konsum (besonders in Bologna) und mehr oder weniger eng mit dem »Non-Profit«-Sektor knüpfen, werden nach und nach die Konturen eines anderen Planeten erkennbar. Die monetären und finanziellen Innovationen, so schüchtern sie sind, sind ein wesentlicher Aspekt bei der ethischen Wiederaneignung des Geldes. Es geht darum, den sozialen Protest mit dem ökologischen zu verbinden, die Solidarität mit den Ausgeschlossenen des Nordens und des Südens mit sämtlichen in den Vereinen gebündelten Initiativen zu artikulieren. Um schließlich eine autonome Gesellschaft zu erreichen, müssen alle diese Formen von Widerstand und Dissidenz als Netz funktionieren.

Dem fairen und solidarischen Handel fehlt es zwar an einer strengen Analyse seiner Bedeutung, aber er hat sich mit einem Minimum an Kriterien versehen: mit den am meisten Benachteiligten zu arbeiten, jede Form von Sklaverei abzulehnen, sich auf Dauer zu engagieren, in seiner Funktion transparent zu sein. Wenn man die Implikationen des einen oder des anderen Kriteriums, insbesondere das der Transparenz, zu Ende denkt, wird man auf das Wesentliche unserer Analyse stoßen.

Im starken Sinn würde Transparenz bedeuten, daß man den Fetischismus der Ware dekonstruiert, daß man, anders gesagt, die Beziehungen zwischen Sachen aufdeckt, um dahinter eine Beziehung zwischen Menschen zu finden. Damit stellt man das eigentlich politische Gleich-zu-gleich des Tauschs wieder her. Die Agora, die im modernen Griechisch auch »Markt« bedeutet, ist (anders als die Arena) der Ort, wo man sich unter den Augen der Gesamtheit der Bürger friedlich mißt. Dort kann sich, wie wir sahen, der Schreiner gegenüber dem Architekten konkret evaluieren. Dieser wesentlich demokratische Geist, der die Voraussetzung für das Leben und Überleben der SEL ist, ist auch der, der den fairen Handel beseelen muß, damit er wirklich solidarisch ist.

Die Rückkehr der Rhetorik

»Wer ohne Narrheit lebt, ist nicht so weise, wie er glaubt«
La Rochefoucauld[261]

Als man Leibniz bei seinem Aufenthalt in Paris die Sorbonne zeigte, soll man zu ihm gesagt haben: An diesem Ort, Meister, disputiert man seit fünf Jahrhunderten. Worauf der Philosoph antwortete: Und was hat man dabei herausgefunden? Zweifellos hatte er schon seine berühmte Sentenz im Kopf: »Disputieren wir nicht mehr, schließen wir lieber!« Das Projekt einer *mathesis universalis* oder einer Kunst des Denkens, die durch eine Form des Kalküls, dessen Ergebnis allen diskussionslos einleuchten würde, an die Stelle müßiger Debatten träte, sucht den Okzident seit Platon heim. Von Raimundus Lullus bis zum Wiener Kreis geht es stets darum, ein für allemal mit den Kaffehausdiskussionen, dem Palaverbaum und der Agora Schluß zu machen. Und mit Hilfe des Mythos von der Wissenschaft soll zugleich auch der Rhetorik, indem man auf ihren Mißbrauch und ihre unbestreitbaren Irrwege verweist, der Garaus gemacht werden. Der Prozeß gegen Sokrates bezeichnet den Ausgangspunkt einer immer aufs neue wiederholten Attacke gegen das *peitho,* gegen die Überredung, die vergißt, daß das Urteil des Volks weder unfehlbar noch erleuchtet sein muß, vor allem wenn die Redner nicht mehr auf der Suche nach dem gemeinsamen Guten sind.[262] »Wenn die *doxa* mit dem *peithein,* der Überredung, artikuliert ist«, schreibt Françoise Collin, »dann in eben dem Maß, wie sie nicht den zwingenden Charakter der Wahrheit zu haben beansprucht, sondern einen unablässigen Dialog mit den anderen verlangt, um sich Gehör zu verschaffen.«[263] Und es sind vor allem das Politische und die Demokratie, die durch dieses Manöver gefährdet sind, ganz gleich mit welch guten Absichten man die Sophismen anprangert. Der

Fundamentalismus des Rationalen ist die Maske der totalitären Gewalt. Selbst wenn die Meinung oft Aberglauben und Vorurteil transportiert, ist ein vernünftiger Gebrauch des Religiösen immer noch besser als ein religiöser Gebrauch der Vernunft!

Die Rehabilitierung des Vernünftigen, die wir versucht haben, mündet ganz natürlich in eine Erneuerung der Rhetorik, an der eine Anzahl von Forschern arbeitet. Daniel Labéy, der für die Rückkehr zu Aristoteles eintritt, zeigt präzise, worum es geht. Diese Rhetorik, so schreibt er, »ist langsam erarbeitet und geformt worden ausschließlich, um die öffentlichen Angelegenheiten, die Angelegenheiten des Gemeinwesens, zu debattieren und zu beschließen. Sie ist also spezifisch politisch«.[264] Indem er die Rhetorik von den Verleumdungen befreit, deren sie lange ausgesetzt gewesen ist, rückt er die Dinge wieder zurecht. »Die Rhetorik hat nicht die Persuasion als einziges Ziel, vor allem nicht die Persuasion zu etwas Beliebigem. In einer beratschlagenden oder juridischen Versammlung muß die Persuasion als der beste Beweis für die Richtigkeit der vertretenen Meinung angestrebt werden. Aber die Rhetorik stellt auch das Prinzip auf, daß die Darlegung des Guten überzeugender ist als die des Schlechten und daß der Vorschlag, der weise, maßvoll und den Umständen angepaßt ist, größere Chancen befolgt zu werden hat als der, der es nicht ist.«[265] Und er präzisiert: »Die Rhetorik versucht nicht, moralisch zu sein, sie will ehrlich sein. Sie ist nicht gemacht, um die Wahrheit zu verschleiern oder auch nur zu schminken. Sie versucht sie nur mit Courtoisie zu sagen, klar und mit den angemessenen Worten, vor allem wenn es darum geht, den Kompromiß, der unabdingbar und die Basis jeden vernünftigen politischen Lebens ist, herbeizuführen.«[266]

In gewisser Weise ist auch das Ziel der Rhetorik der Beweis, ebenso wie für den rationalen Kalkül; aber auf Gebieten, die der *mathesis* nicht zugänglich sind, wird der Weg dorthin zu einer Kunst. Die Rhetorik, schreibt ebenfalls Labéy, »kann als eine Problematik oder besser als die Ausbildung für eine Problematik all das betreffend angesehen werden, was die Führung des Gemeinwesens angeht, sei es unter dem Gesichtspunkt der Beratung oder dem der Justiz. Sie ist nicht die Kunst, die Probleme zu lösen, sie ist die Kunst, sie richtig und manchmal so gut zu formulieren, daß die Lösung sich von allein zu ergeben scheint.«[267] So wie jedoch die griechische *phronesis* einen korrumpierenden Kern enthält, der ihre Niederlage erklärt, so sinkt auch die klassische Rhetorik zu einer amoralischen Kunst der Rechtfertigung herab. Wenn es in Athen und Rom aus ist mit der Demokratie und der Republik, entwickelt sich die *phronesis* hin zur zynischen Expertise. Der Fürst hat vielleicht noch mehr als das Volk den Rat nötig. Die Kunst des Regierens (inmitten von Klippen und Stürmen das Steuer des Staatsschiffs zu führen) verlangt einen *phronimos*. Gleichwohl verläßt die Beratung die Agora und das Forum, um sich ins private Kabinett des Monarchen zu flüchten. Das Streben nach dem Gemeinwohl, das nur in der Versammlung der Bürger wirklich verfolgt werden kann, verengt sich auf die aufgeklärte Regierung der Untertanen, ja auf den Machterhalt, der mit allen Mitteln gegen die Beherrschten durchgesetzt wird. Der Herrscher als Philosoph, Mark Aurel oder auch Julian, versucht, die *phronesis* eines Perikles oder Cicero zu erreichen; aber die Debatte mit den Fachleuten der Weisheit, die ihn umgeben (Rhetoren und Pädagogen), kann die Suche nach der Zustimmung des Volks nicht ersetzen. Das aufgeklärte Streben nach dem Gerechten und Wahren durch die argumentierende Überlegung, von dem die wahre Beredsamkeit lebt, flüchtet sich mit dem jüngeren Plinius hinter die Mauern der Justiz, bevor es unter der Herrschaft der Tyrannen überhaupt unsichtbar wird. Die Ethik verschwindet aus der *phronesis* und aus der Rhetorik. Eine Art Rückbildung zur *metis*, zur List im Reinzustand, ist festzustellen. Listen, Tricks, Hintertürchen und Mystifikationen ersetzen die Klugheit als Wissenschaft vom Regieren. Diese List der Mächtigen sollte sich seit der Renaissance im Okzident mit den Farben der Wissenschaft, der Technik und der Expertise schmücken. Odysseus wird Enarch und Nestor Unternehmensberater. Das Unterscheidungsvermögen tritt zugunsten des Lockmittels zurück. Die listige Intelligenz steht bloß noch im Dienst einer prinzipienlosen Effizienz.

Es handelt sich, in Ermanglung des rationalen Experten für politische und ökonomische Staatsräson, um die uneingestandene Rückkehr des *panourgos,* des zu allem bereiten Gauners. Machiavelli wird, was seit dem Sturz der Republik gängige Übung ist, bloß noch zu redigieren haben. Die Redekunst selbst sinkt zur Speichelleckerei bei den Mächtigen herab. Sie stützt sich, um zu überzeugen, nicht mehr auf das Gute, sondern will nur noch verführen und gefallen, um die Gunst und den Lohn der Macht auf sich zu ziehen. Die Rhetorik verdient dann den verächtlichen Ruf, den sie sich erworben hat. In diesem Kontext ist es in der Tat verständlich, daß man hoffen konnte, durch den Kalkül der Hölle des Streits und durch die unsichtbare Hand des Markts der Willkür des Despoten zu entkommen.

Das, was man heute unangemessen die Sozial- und Humanwissenschaften nennt und was man früher richtiger moralische und politische Philosophie nannte, gehört ganz und gar dem Feld der Rhetorik an. Daraus ergibt sich die gründlich vergessene Konsequenz, daß es weder zwischen den Disziplinen, die vom Menschen und der Gesellschaft handeln, noch zwischen diesen akademischen Disziplinen und der Literatur eine radikale Trennung gibt. Die beste Weise, die soziale Wirklichkeit kennenzulernen, ist sicherlich nicht die, die man in den Schulen lernt. Die großen Romanciers und die großen Dichter lehren uns oft mehr über die Gesellschaft, in der wir leben, als die Nobelpreisträger für Ökonomie und die Sozialwissenschaftler, die *social scientists.* Was die Psychologie betrifft, so war bereits Sigmund Freud auf dieses Paradox gestoßen. Marx war, als er dem reaktionären und royalistischen Schriftsteller Honoré de Balzac huldigte, nicht weit davon entfernt, ein vergleichbares Phänomen anzuerkennen. Für ihn war die *Comédie humaine* die illustrierte Inszenierung des *Kapital.* René Girard hat seine eigene Theorie auf die These gegründet, daß die Gelehrten für die Literatur taub sind. »Vielleicht stellt sich einmal heraus«, meint er, »daß der beste Führer einer jener Schriftsteller ist, deren Intuitionen unsere Wissenschaftler verachten« (in diesem Fall Kafka).[268] »Ganz eindeutig hat die griechische Tragödie über diesen Prozeß, dem sie sich verbunden fühlt, mehr zu sagen als die Psychoanalyse, die ihm zu entgehen glaubt. Die Psychoanalyse kann ihre eigene Gewißheit nur auf den Ausschluß der Texte gründen, deren wahres Verständnis ihr Fundament erschüttern würde.« Er polemisiert gegen die Grenzen, die die Psychoanalytiker selber der Anerkennung der kognitiven Macht des Kunstwerks ziehen: Das Kunstwerk wird zugleich »geschmäht und erhöht. Einerseits unantastbar und als das Schöne zum Fetisch gemacht, wird es andererseits radikal verneint und entmannt, als imaginäre, tröstliche und mystifizierende Antithese zur starren und jammervollen wissenschaftlichen Wahrheit dargestellt – ein passives Objekt, das von irgendeinem absoluten Wissen stets unmittelbar durchdrungen werden kann, einem Wissen, dessen diamantene Härte wir nacheinander angeblich alle verkörpern.«[269] Nur daß Girard selber sich des von ihm denunzierten Verfahrens bedient. Wenn ein wissenschaftlicher Neuerer seine Vorgänger herabsetzt, indem er zeigt, daß die Literaten und Künstler es besser gemacht haben, ist das sein gutes Recht, aber letztlich geht es ihm darum, das eigene Verfahren zur Geltung zu bringen. Girard erneuert den Schnitt zwischen der von ihm erhobenen Literatur und seinem eigenen Diskurs, dem Gründungsdiskurs des *wahren,* endlich entdeckten Wissens.

Weil man nicht anzuerkennen bereit ist, daß die Sozialwissenschaft der Herrschaft und dem Zugriff der Rhetorik nicht entkommen kann und darf, versucht man ihr immer wieder irgendeine Überlegenheit zuzuschreiben, bloß um vergessen zu machen, daß sie meistens nur schlechte Literatur ist.

Das *Interessanteste* von dem, was unter dem Etikett der Sozialwissenschaften geschrieben wird, sind sicherlich nicht die umständlichen formalisierten Modelle, sondern die *literarischen* Kommentare oder die Randbemerkungen, in denen manchmal ohne Wissen des Autors eine Einsicht durchscheint. So haben Claude

Lévi-Strauss' *Mythologiques* zahlreichen Lesern gefallen können nicht wegen sondern trotz des prätentiösen Plunders, der die Wissenschaftlichkeit der Analyse unterstreichen soll. Der Reichtum der mitgeteilten Mythen und die Treffsicherheit mancher Mitteilungen helfen einem über das Übrige hinweg... Die nordamerikanische Soziologie hat in ihren Enqueten, wo die teilnehmende Beobachtung mit dem Erlebnis eins wird, einige anerkannte Meisterwerke geschaffen. Die berühmte Studie von Oscar Lewis, *Die Kinder von Sanchez,* ist aufgrund ihrer Urwüchsigkeit und ihrer Verve mit realistischen Romanen verglichen worden.

Im Wissen vom Sozialen ist es nicht möglich, das soziale Leben radikal von seinen Ausdrucksformen und mithin der Erkenntnis eben dieses Lebens zu trennen. Nach einem Bonmot von Lévi-Strauss sind die *Mythologiques* ein Mythos über die Mythen. Desgleichen sind Bruno Bettelheims Analysen der Märchen Perraults ein Märchen von den Märchen. In Balzacs *Comédie humaine* ist zweifellos mehr »Wissen« (im Sinn der *doxa*) enthalten als im Werk von Talcott Parssons, und unendlich viel mehr Weisheit. Was zwischen den verschiedenen Diskursebenen variiert, ist einzig der Grad kritischen Bewußtseins und die eingenommene Distanz. Der Gelehrte verpflichtet sich zu einem Mehr an Strenge und einem Weniger an Imagination, der Schriftsteller zu einem Mehr an Kreativität und Ästhetik. Nichtsdestoweniger wollen beide überzeugen und eine Botschaft über die Welt, ihre Wahrheit gewissermaßen, weitergeben. Vermutlich vollzieht einzig die ökonomische Wissenschaft einen echten Schnitt zwischen dem, was sie tut, und der Literatur, aber um den Preis einer Entleerung von jedem Inhalt. Der Wertaxiomatik eines Gérard Debreu gelingt die Tour de force, von überhaupt nichts zu sprechen, was ihren Autor nicht hindert zu behaupten, die ökonomische Wissenschaft habe die Wahrheit des Liberalismus bewiesen! Der Schwindel ist total. Eine uneingestandene falsche Rhetorik bedient sich des Rationalen, um eine vernünftige Rhetorik zu eliminieren und zu entwerten.

Für diese Situation, welche die meisten großen Denker intuitiv erfaßt haben, bieten sich mehrere komplementäre Erklärungen an:

Abgesehen von den *Szientisten,* also denen, die gegen jede Evidenz an die Immanenz eines wissenschaftlichen Diskurses oder eines letzten Metadiskurses glauben, der die Wissenschaftlichkeit garantiert (mathematische Logik oder Epistemologie), erkennen die Gelehrten, auch die Naturwissenschaftler, an, daß der wissenschaftliche Diskurs auf einem Ensemble von »Werten« und »Postulaten« beruht. Diese bedürfen der Zustimmung (wenn nicht des großen Publikums so doch der Fachgenossen). Bereits die bloße Formulierung dieses Dispositivs, das vom wissenschaftlichen Vorgehen untrennbar ist, kann nur durch den Rückgriff auf die *Umgangssprache,* mitsamt ihrer unvermeidlichen Polysemie und unerträglichen Zweideutigkeit, geschehen. Überzeugen und Verführen, worin das Wesen der Rhetorik besteht, wird so zum integralen Bestandteil wenn nicht der wissenschaftlichen Arbeit so doch der Arbeit des Wissenschaftlers. Jean-François Lyotard hat diese paradoxe Situation treffend formuliert: »Das wissenschaftliche Wissen kann weder wissen noch wissen machen, daß es das wahre Wissen ist, ohne auf das andere Wissen – die Erzählung – zurückzugreifen, das ihm das Nicht-Wissen ist; andernfalls ist es gezwungen, sich selbst vorauszusetzen, und verfällt so in das, was es verwirft, die *petitio principii,* das Vorurteil. Aber verfällt es ihm nicht auch, indem es sich durch die Erzählung autorisieren läßt?«[270] Paul Feyerabend zeigt dies beispielhaft an der Weise, wie Galileo sein Verfahren triumphieren läßt.[271] Zwei Ethnologen des modernen Wissens haben zeigen können, daß die rhetorische Arbeit sich bis ins Innere des Laboratoriums fortsetzt.[272]

Im Prinzip gründet sich der Abstand, der in den Sozialwissenschaften zwischen literarischen Texten und wissenschaftlichen Aussagen hergestellt wird, auf den anfechtbaren Gebrauch der Mathematik. Diese impliziert die Objektivierung der menschlichen Beziehungen, will sagen die Eliminierung des Worts und des Lebens im Sozialen. Die Legitimität dieses Manövers ist jedoch höchst zweifelhaft, auch wenn die Verdinglichung des Alltagslebens in der modernen Welt und besonders in der Ökonomie zur Zeit der Globalisierung dringend nach ihm zu rufen scheint.

Der Übergang von der bereits sehr szientistischen »Salonökonomie« der Physiokraten zur Invasion der Mathematik drückt sich aus in der Eliminierung des Texts zugunsten der Gleichungen. Smith, Ricardo, List und selbst Marx gehören in gewisser Weise noch zur Literatur, und darum sprechen ihre Werke uns heute noch an. Sie lassen sich auf anregende Weise neu interpretieren. Die Artikel der *Revue économique* oder der hochberühmten *American Economic Review* dagegen dürften unseren Urenkeln wohl nicht mehr viel sagen. In ihnen ist die Intelligenz der Menschen und der Gesellschaften eliminiert zugunsten der Relationen zwischen Objekten des Kalküls. Der Autor verschwindet hinter seinem Modell und sieht sich zu einer Obsoleszenz verdammt, deren Geschwindigkeit der der verwendeten Software nicht nachsteht, welche im übrigen die Tendenz hat, den Namen des »Erkenntnisfortschritts« mehr und mehr zu usurpieren.

Wenn man den naheliegenden Schritt tut und die Illusion des Metadiskurses oder der Wahrheitssprache verwirft, gibt es keinen unüberwindlichen Schnitt mehr zwischen der literarischsten oder poetischsten Reflexion und der *wissenschaftlichsten* Analyse des Sozialen. Die verschiedenen Texte befragen sich und ergänzen sich gegenseitig ohne eine Hierarchie *a priori*. Nicholas Georgescu-Roegen, selbst ein großer Ökonom, hat diese Illusion des Rückgriffs auf die Mathematik, auf das, was er zu Recht »arithmomorphe« Konzepte nennt, analysiert und bloßgestellt. »Dieser Standpunkt«, so schreibt er, »erinnert an den der katholischen Kirche, wonach der göttliche Gedanke nur auf lateinisch ausgedrückt werden kann.«[273]

Wenn die Sozialwissenschaft den Ehrgeiz hat, unsere Wirklichkeit und unser Handeln zu erklären, dann kann sie die poetische Dimension ihres Projekts nicht ausschließen. Alles, was in unserem gesellschaftlichen Leben nicht Diskurs ist, ist im eigentlichen Sinn unsagbar. Mit Worten ein Jenseits der Worte anzuvisieren, das Ungesagte und Unsagbare zu sagen, ist eine auf Intuition beruhende Arbeit, die eigentlich die des Dichters ist. Es ist kein Zufall, wenn manche der schönsten und am schwersten zu klassifizierenden philosophischen oder soziologischen Texte (man denke an Nietzsche oder, näherliegend, an Baudrillard), um die Projektionen des Sinns zu zerbrechen, die Faszinationskraft der Töne und Bilder in Anspruch nehmen und auf diese Weise sich dem Verfahren eines Antonin Artaud nähern.

Wenn die Pseudowissenschaft die Literatur verächtlich zurückweist, dann leugnet sie den symbolischen Aspekt unseres sozialen Lebens und weigert sich, unsere Situation als Sprecher und Gesprächspartner zu akzeptieren. Man braucht sich dann nicht mehr zu wundern, daß die besten Köpfe die Überlegenheit der guten Literaten über die schlechten Gelehrten bestätigen. Die Dichter und Romanciers verdanken ihre Stellung einem Prozeß der Zustimmung, der breiter und *demokratischer* ist als die kleinen Intrigen, die die Karriere von Universitäts- oder Laboratoriumsgelehrten säumen. »Wer genau wissen will, was er wert ist«, schrieb bereits Helvetius, »kann es nur vom Publikum erfahren, dessen Urteil er sich infolgedessen stellen muß.«[274] Dieses Urteil ist allerdings noch nicht das endgültige, von dem wir seit Hegel wissen, daß es der Geschichte vorbehalten bleibt, denn es muß aufgeklärt sein... Die Zeit läßt den *bon sens* über den *common sense* (von dem wir sahen, wie sehr er der Manipulation der Medien ausgesetzt ist) triumphieren; sie nährt die *doxa*.

Diese Sanktion hat eine tiefe Bedeutung. Die großen Schriftsteller bemühen sich, in sich selbst klar zu sehen und die Welt, in der sie leben, zu verstehen. Mit einem Balzac oder einem Zola wird dieses Projekt ausdrücklich zur Konkurrenz der Sozialwissenschaft. Beide begnügen sich nicht damit, das Publikum zu zerstreuen und zu amüsieren, sondern sie wollen mit anderen Methoden als denen der Soziologie die *Anatomie* oder die *Physiologie* der Gesellschaft erforschen. Adorno hat dieses Phänomen zu theoretisieren versucht, indem er den kritischen Aspekt der Ästhetik gezeigt hat. »Alle Kunstwerke«, schreibt er, »auch die affirmativen, sind a priori polemisch.«[275]

Die Ablehnung der anderen Diskurse durch die Wissenschaft ist nebenbei auch der Grund für den kulturellen Imperialismus des Westens. Die chinesischen, indischen, arabisch-islamischen, ja sogar die afrikanischen Gebildeten sind vielleicht Weise, aber es sind keine Wissenschaftler oder auch bloß Philosophen. Gegenüber dem Wissen, das sich als einzig legitim proklamiert, sind alle Diskurse der anderen Gesellschaften über sich selbst Literatur...

Dieses Vergessen der Ästhetik, dieses Exil der Schönheit, von dem Camus sprach, ist nichts anderes als die Eliminierung der Poesie aus unserem täglichen Leben. Wenn es vernünftig bleiben will, muß sich das Vernünftige hüten vor dem Irrweg einer Strenge und einer Kälte, die zu Abschließung und Dürre führen. Es stimmt, wir haben so viel Häßlichkeit und Verzweiflung fabriziert, daß es schwerfällt, sich für die Schönheit der Welt zu begeistern und den Enthusiasmus des Glücks zu leben zu empfinden, und schwerer noch, mit Überzeugung in diesem Sinn zu plädieren.[276] Dennoch heißt das Vernünftige wieder zu entdecken auch, wieder zu entdecken, daß unter der dicken Schicht aus Schmutz und Utilitarismus die Welt und das Leben sich uns in einer ungeheuren und totalen Unentgeltlichkeit darbieten.

Diesseits oder jenseits der Ökonomie: das Vernünftige wiederfinden[277]

»Der ökonomische Rationalismus scheint die systematische Beschränkung der Vernunft auf Situationen der Knappheit und zugleich ihre systematische Ausweitung auf alle menschlichen Zwecke und Mittel durchzuführen; auf diese Weise versieht er eine ökonomistische *(»economistic«)* Kultur mit allem Anschein unwiderstehlicher Logik.«
Karl Polanyi[278]

Der Erfolg von Karl Polanyis Ideen ist heute offenkundig und steht im Gegensatz zu jener »Stille um Polanyi«, die Alain Caillé 1986 angeprangert hatte.[279] Vor allem in Frankreich finden sich Referenzen auf sein Werk bei den verschiedensten und überraschendsten Autoren. Bei den mehr oder weniger *heterodoxen* Ökonomen, wie den Regulationisten oder den Konventionalisten, die die politische Ökonomie und den gegenwärtigen, »Globalisierung« genannten Prozeß des *totalen Markts* kritisieren, ist das nicht weiter erstaunlich. Seltener ist diese Präsenz bei den sozialen Reformern. Gleichwohl gehört die Idee einer *Wiedereinbettung* der Ökonomie ins Soziale zum Kern der Projekte der solidarischen oder sozialen Ökonomie, die die Allmacht des Marktes wieder ins Gleichgewicht zu bringen versuchen. Unter Wiedereinbettung verstehen sie die Rückkehr, die Neuerfindung oder die Rehabilitierung von zwei anderen Sektoren neben dem Markt: der öffentlichen Ökonomie und dem »tertiären Sektor«; dieser ist ein Sammelbegriff, der die Welt der Assoziationen, der Freiwilligkeit und der alternativen Unternehmen umfaßt. Dabei wird ausdrücklich auf die drei Integrationsmodelle Polanyis Bezug genommen: den Tausch oder die Märkte, die Verteilung und die Reziprozität oder gegenseitige Hilfe. Erstaunlicher ist es, wenn sogar der Generaldirektor des Internationalen Währungsfonds, Michel Camdessus, sich auf eben diese Idee beruft, wenn er erklärt: »Was uns beim IWF betrifft, so hat sich unsere Meinung nicht geändert. Meine ›Theorie‹ ist immer die der drei Hände gewesen: die unsichtbare Hand des Marktes, die Hand der Justiz (die des Staates) und die Hand der Solidarität«, und hinzufügt: »Die drei Hände müssen zusammenarbeiten können.«[280] Noch verblüffender schließlich ist die Neuinterpretation oder Inanspruchnahme von Polanyis Analyse durch Douglas North, einen Nobelpreisträger, der zu Recht als ultraliberal gilt.[281]

Dieser Erfolg ist umso paradoxer, als man, wenn man nicht gerade durch eine exzessive Pietät für den großen Mann verblendet ist, zugeben muß, daß Polanyi, was seine historische Vision angeht, vollkommen geirrt hat. Zur Stunde der Globalisierung, will sagen der Apotheose des totalen Markts einer- und des triumphierenden Einheitsdenkens andererseits, sind der Zusammenbruch des sich selbst regulierenden Marktes und das Ende der liberalen Utopie, die bereits in den ersten Zeilen von *The Great Transformation* angekündigt werden, nicht mehr glaubhaft. Wo ist die erwartete große *Umkehr?* Selbst die »Hypothesen ad hoc«, die Louis Dumont 1982 zur Rettung der Prophetie angefügt hat, sind heute nicht mehr haltbar.[282] Die Geschichte ist grausam gewesen, sie hat nicht bloß gestottert, sondern ist um ein gutes Jahrhundert regrediert. Diese Wendung nimmt weder der Kritik, die Polanyi am Ökonomismus übte, ihre Relevanz, noch spricht sie gegen die Notwendigkeit, das soziale Netz, das der globale Markt auflöst, neu zu knüpfen, aber sie läßt den einmütigen Rückgriff auf sein Werk nur umso erstaunlicher scheinen. Gewiß kann man diesen Erfolg möglicherweise als die Huldigung des Lasters an die Tugend verstehen. Das ist sicherlich erfreulich, aber es macht perplex. Mit Recht haben die sorgfältigsten Exegeten Polanyis (Louis Dumont oder Gérald Berthoud) in ihm den radikalsten Kritiker der »liberalen Utopie« und den unermüdlichen Feind des »ökonomistischen Trugs« gesehen, will sagen des mystifizierenden Charakters jener angeblichen Wissenschaft, welche die Ökonomie ist.[283] Wie sind unter diesen Umständen die Versuche einer »Aneignung« damit vereinbar, daß Polanyi die Zerstörung der sozialen Bindung, wie sie die Verallgemeinerung des sich selbst regulierenden Marktes mit sich bringt, ebenso anprangert, wie er die Voraussetzung einer »natürlichen« Knappheit ablehnt und sich für eine explizit holistische Annäherung entscheidet?

Der Gebrauch, der vom Werk Polanyis gemacht wird, steht im Zeichen einer gewissen Zweideutigkeit. Es sieht ganz so aus, als ob man mit seiner Hilfe die herrschende Ökonomie theoretisch und praktisch kritisieren könnte, ohne ihre Fundamente grundsätzlich in Frage zu stellen, und das im Gegensatz zu Polanyis eigenem Vorgehen. Douglas Norths Lektüre ist nur die äußerste Spitze dieser Fehlentwicklung. Die Zweideutigkeit belastet vor allem den Begriff der Einbettung *(embeddedness)*. Seinen Ursprung hat er ganz sicher in der Opposition zwischen formaler und substantieller Ökonomie, deren mögliche Umkehrung bereits Louis Dumont hervorgehoben hatte. Hat man die Schwäche dieser Opposition analysiert, dann bleibt nach den Gründen für diese Situation zu suchen, insbesondere wo die bleibende Illusion einer Transhistorizität/Transkulturalität des Ökonomischen, die Polanyis Vorgehen so angreifbar macht, herrührt. Vielleicht erklärt diese Zweideutigkeit auch teilweise, was angesichts des gegenwärtigen Triumphs des Neoliberalismus wie ein erstaunlicher historischer Schnitzer in *The Great Transformation* aussieht (und vielleicht auch die Fehldeutungen des Titels selbst).

I. Die Grenzen von Polanyis Antiökonomismus

Bekanntlich bezieht sich Polanyi, um seine Kritik des »ökonomistischen Trugs« zu begründen, auf eine behauptete Dichotomie zwischen formaler und substantieller Ökonomie. Die angenommene Existenz einer universalen, ökonomisch genannten Sphäre von materiellen Praktiken zur Deckung von Bedürfnissen erlaubt es ihm, die falsche Universalität einer auf dem rationalen

Kalkül aufgebauten Marktökonomie aufzudecken, deren Relevanz eng auf die Neuzeit (und auch da nur auf ein kleines Jahrhundert) beschränkt ist und die die erstere unzulässig vereinnahmt. Man muß unverzüglich auf die Definition oder die Definitionen zurückkommen, die Polanyi für diese substantielle Ökonomie liefert. Es handelt sich dabei um den »institutionalisierten Interaktionsprozeß zwischen dem Menschen und seiner Umwelt, der sich in der ständigen Bereitstellung von *materiellen* Mitteln zur Befriedigung von Bedürfnissen äußert.«[284] Wie er in der Folge erklärt, erlaubt die substantielle Bedeutung des Ökonomischen »die Begründung eines Begriffs von menschlicher Ökonomie als institutionalisiertem Interaktionsprozeß, der gesellschaftlich funktioniert im Hinblick auf die Bereitstellung *materieller* Mittel«.[285] Diese Definitionen stehen am Ende einer eingehenden Überlegung über die *ökonomischen* Institutionen »außerhalb des Marktes«. »Ihre Analyse im substantiellen Sinn«, bemerkt Polanyi, »müßte uns dem geforderten universalen Bezugsrahmen näherbringen«,[286] wobei vorausgesetzt wird, daß »eine Gesellschaft ohne die eine oder andere Form substantieller Ökonomie nicht existieren kann«.[287] In diesem Standpunkt, bemerkt Gérald Berthoud, verrät sich der Wille, »das Ökonomische als universale Kategorie« zu erfassen.[288]

Mehrere Kommentatoren haben gezeigt, daß diese Definition der substantiellen Ökonomie mehr oder weniger mit der Definition der Klassiker übereinstimmt. Man hat dieser Konzeption dann vorgehalten, sie schließe die immateriellen Güter aus und stütze sich auf die »naturalistische« Referenz der Bedürfnisse. Gérald Berthoud hat in seiner strengen Exegese Polanyi in diesen beiden Punkten weitgehend Gerechtigkeit widerfahren lassen. Die Bedürfnisse sind bei ihm ebenso kulturell wie natürlich, und die Materialität bezieht sich nur auf die Mittel, nicht auf die Zwecke. »Auf dem Gebiet der Ökonomie«, schreibt Polanyi, »kann das Ziel ebenso die temporäre Stillung des Dursts sein wie der Wunsch, wohlbehalten ein hohes Alter zu erreichen, wobei das Mittel dazu in einem Fall ein Glas Wasser ist und in einem anderen das Vertrauen auf familiäre Fürsorge zusammen mit einem Leben in frischer Luft.«[289] Über die Unterschiede dieser Definition zur klassischen zu mäkeln, ist hier nicht weiter interessant, aber sie stolpert ganz einfach über dieselbe fundamentale Inkonsistenz.[290] Produktion, Zirkulation, Distribution, Verteilung und Konsum von materiellen und immateriellen Gütern entwerfen nur dann eine substantielle Ökonomie, wenn all dies *bereits* am Ökonomischen teilhat! Bei den Klassikern erfüllt die Voraussetzung des Begriffs »Reichtum« diese Funktion. Bei Marx und Polanyi ist es die Referenz auf die Materialität. Wenn die Mittel nicht mehr der Restriktion der Materialität unterlägen, wäre eine besondere Sphäre im sozialen Leben zu definieren nicht mehr möglich. »Ökonomisch« bedeutet für Polanyi nichts anderes als »eine Referenz auf den Prozeß der Befriedigung materieller Bedürfnisse enthaltend.«[291]

Ohne es zu merken, sprengt Polanyi jedoch selbst seinen engen Rahmen, wenn er mit Recht den Knappheitsbegriff kritisiert und schreibt: »Einige der wichtigsten physischen und sozialen Voraussetzungen zum Leben, wie Luft und Wasser oder die Liebe einer Mutter zu ihrem Kind, sind im allgemeinen nicht so begrenzt.«[292] Sehr richtig, aber sind wir noch in der Ökonomie? Wenn nicht, warum? Und wenn ja, sind deren Grenzen dann nicht aufgelöst in der Totalität des Sozialen? Zu diesem Schluß kam, wie Louis Dumont hervorhebt, Marcel Mauss in seinem Essay über die Gabe. Die Reproduktion des sozialen Bandes bildet ein Ganzes. Die Gabe, der »gabenartige Tausch« oder der »Gabenhandel«, wie Polanyi sagt,[293] gehören sicherlich zur substantiellen Ökonomie, aber wie wäre ihre »Materialität«, die ökonomisch, von ihrer Immaterialität, die sozial wäre, zu trennen? »Gegenüber Polanyi«, schreibt Dumont in bezug auf Mauss, »heißt das, die Einteilung, die unsere Gesellschaft und sie allein behauptet, *von Grund auf* zurückzuweisen und nicht bloß, mit Polanyi, in der Ökonomie nicht den Sinn der sozialen Totalität, sondern vielmehr in der sozialen Totalität selbst den Sinn dessen zu suchen, was bei uns und für uns die Ökonomie ist.«[294]

Die Existenz eines ökonomischen Universalen ist es also, die das Problem ausmacht. Obwohl er die Grundlagen des Universalismus der liberalen Ökonomie, den *homo oeconomicus* und den methodologischen Individualismus, ablehnt, postuliert Polanyi die prinzipielle Existenz einer »ökonomischen Substanz«: die materielle Reproduktion in der Umwelt. Dieser ökonomische *Kern* ist *realistisch* konzipiert. Selbst wenn er unsichtbar ist, existiert er auf transhistorische Weise wie das Gold in seiner Gangart. Der Realismus ist nicht bloß methodologisch, er ist ontologisch. Die *wahre* Existenz des Ökonomischen muß dann zwangsläufig in die soziale Totalität eingebettet sein. »Die menschliche Ökonomie ist also eingefügt und eingeschlossen in ökonomische und nichtökonomische Institutionen.«[295] Sie zeigt sich als *gestreut* (wie Dumont und Godelier sagen) in der Verwandtschaft, der Politik, im Religiösen, etc. verkörpert. »In den anderen Zivilisationen und Kulturen«, sagt Dumont, »wird, was wir ökonomische Phänomene nennen, nicht von den anderen sozialen Phänomenen unterschieden, bildet keine eigene Welt, kein System, sondern findet sich gestreut und eingebettet *(embedded)* im sozialen Gewebe.«[296] Die Verteilung und die Reziprozität, die neben dem Markt die einzigen (nicht abgrenzenden) Modelle sozialer Integration bilden, die man bis heute ausgemacht hat, gehören also teilweise zur substantiellen Ökonomie und zugleich auch zur Politik und zur Verwandtschaft. Die Ausgliederung, die Loslösung des Ökonomischen vom Sozialen ist also keine radikale Emergenz, wie gewisse Ausführungen in *The Great Transformation* vermuten lassen, sondern eine bloße Ablösung. Was radikal aus dem Prozeß emergiert, ist vielmehr der sich selbst regulierende Markt. Das ist nicht im mindesten paradox; die Emanzipation der substantiellen Ökonomie produziert die Konstruktion eines neuen Imaginären. So daß die Zweideutigkeit, aus der uns Polanyi, indem er sorgfältig zwischen substantieller und formaler Ökonomie unterschied, herausführen wollte, im Prozeß der Ausgliederung verstärkt wiederkehrt. Die *besondere* moderne ökonomische Rationalität entsteht und entwickelt sich in dem Maße, wie die *universale* und *trans-*

historische substantielle Ökonomie (die mit ersterer angeblich nichts zu tun hat) sich aus ihrer sozialen Verpuppung herauslöst.

Dieser Kern, der einer menschlichen Ökologie, eines Prozesses, der beim Menschen allerdings gesellschaftlich ist, ist nichtsdestoweniger ein »Naturphänomen«. Die Referenz auf die anderen lebenden Arten ist sogar explizit. »Der zweite oder substantielle Sinn [der Ökonomie] unterstreicht bloß das elementare Faktum, daß die Menschen *wie alle anderen Lebewesen* ohne eine natürliche Umwelt, die ihnen die Subsistenzmittel liefert, nicht leben können.«[297] »Die Ökonomie, die bei Polanyi grundsätzlich als ›objektiver Prozeß‹ gesehen wird«, kommentiert Berthoud, »gehört jener banalen – wenn auch heute in der ganzen Welt tragisch erfahrenen – Wahrheit an, daß ein Mensch essen muß, um nicht Hungers zu sterben.«[298] Dieselbe Idee, ergänzt er, findet sich bei Marx. Das stimmt, aber es führt uns nicht weiter... Muß man auch den Hunden, den Katzen und den Bäumen eine »substantielle Ökonomie« zubilligen?[299] Der Rekurs auf Beobachtungen, die in ganz verschiedenen Gesellschaften gesammelt wurden, der nicht zuletzt den Reichtum von Polanyis Werk ausmacht, verkehrt sich hier in einen funktionalistischen Standpunkt. Godelier bemerkt dazu: »Die universelle Funktion der Ökonomie ist die, daß sie der Gesellschaft die Mittel liefert, ihre Ziele zu erreichen, wobei sie sich an den Kontext einer äußeren Umwelt anpaßt.«[300] »Die Ökonomie«, schreibt Polanyi, »bildet in der Verbindung ihrer beiden ›Ebenen‹ [der Prozesse und der Institutionen] eine Folge von funktionalen Bewegungen, die in die sozialen Beziehungen eingefügt sind.«[301] Wie Dumont finden wir eine solche Einebnung enttäuschend. Indem er die explizite Abwesenheit von Ökonomie in den primitiven Gesellschaften feststellt, stellt Dumont die Relevanz dieser substantiellen Ökonomie in Frage. »Nachdem er die Ökonomie als Idee kritisiert hat, will er sie als Sache behalten«, sagt er von Polyani;[302] er »verwarf das *Ökonomische* in seiner gegenwärtigen Form, um an der *Ökonomie* festzuhalten«.[303] Die »ethnozentrische Kurzsichtigkeit«[304] der Ökonomen anzuprangern und ihren Universalismus zu brandmarken, ist gut und schön, aber muß man auf halbem Wege stehen bleiben? »Es gelingt der Sprache nur selten, die wirkliche Sachlage auszudrükken«, heißt es über den Begriff »Preis«, und weiter: »Von ›fixem Preis‹ zu sprechen, ist ethnozentrisch – es bedeutet eine ökonomistische Verzerrung, weil man annimmt, daß der Preis von Natur aus zur Veränderung fähig ist.«[305] Infolgedessen befürwortet er den Gebrauch von »nichtkatallaktischen Begriffen.«[306] Aber ist es nicht kurzsichtig, für Gesellschaften, deren Imaginäres das Ökonomische nicht kennt, eine Ökonomie zu erfinden? Ist der Begriff der Ökonomie nicht wesentlich katallaktisch? Dumont bemerkt dazu, es sollte »evident sein, daß bis zu dem Augenblick, da wir ein solches Objekt konstruieren, nichts Ökonomieähnliches in der äußeren Wirklichkeit existiert«.[307] Allerdings macht sein ontologischer *Realismus* Polanyi auf diesem Ohr schwerhörig. »Der objektive Prozeß, wie er wirklich abläuft«, schreibt er, »ist unabhängig von jedem konzeptuellen Bewußtsein seitens der Teilnehmer gegeben, denn die Abfolge der Ursachen, denen wir die Verfügbarkeit des Lebensnotwendigen verdanken, ist gegenwärtig, wobei die Art, wie die Menschen ihre Existenz konzeptualisieren, keine große Rolle spielt.«[308]

Wie aber dann einen Douglas North noch daran hindern, die so geöffnete Bresche auszunutzen und Polanyis eigenes Dispositiv gegen ihn zu kehren? Wenn es eine transhistorische und universale ökonomische Substanz gibt, kann er »die Herausforderung Polanyis« ohne weiteres annehmen und die Analysen über die vorkapitalistischen Gesellschaften als *gute* Analysen eines Ökonomen in einem Kontext bewerten, in dem die »Transaktionskosten« den Markt außer Kraft setzen. »In den alten Gesellschaften scheinen die Transaktionskosten für das Entstehen von Märkten, die Preise schaffen, durch lange Zeit hindurch ein unüberwindliches Hindernis gewesen zu sein.«[309] Aber was soll's, »die Zuteilung von Ressourcen außerhalb des Markts« geschieht dann eben »durch andere Mechanismen«. In einem irrationalen Kontext ist irrational zu sein eben rational! »Außerhalb eines Marktsystems, das Preise schafft«, schreibt Polanyi, »verliert die ökonomische

Analyse als Forschungsmethode über den ökonomischen Mechanismus jede Relevanz.«[310] Keineswegs, antwortet North, denn weil die Universalität des Ökonomischen nur die Universalität des rationalen Kalküls sein kann, muß man sich bloß das gesamte Soziale als von einem fiktiven Markt gelenkt denken. Verteilung und Reziprozität sind »Transaktionsweisen«, die »allokative Wirkungen« haben bei gleichzeitiger Abwesenheit klarer Eigentumsrechte. Dieser »Ersatz für preisschaffende Märkte, wie Familien, Firmen, Korporationen, Grundherrschaften, Genossenschaften, Syndikate, etc. [...] sind *organisierende* Institutionen, die anstelle der Märkte Ressourcen zuteilen«.[311] Niemals im Lauf der Geschichte hat man, bemerkt er auch, »innerhalb der Familien, in freiwilligen Gruppenbildungen und in Regierungen die Zuteilung von Ressourcen über die Marktpreise beobachtet.«[312] Dennoch »handelt es sich in all diesen Fällen um Institutionen, die auf die Maximierung des Reichtums abzielen und die an die Stelle der preisschaffenden Märkte treten«.[313] »Die Reziprozitäts-Gesellschaften können also als Lösungen für das Problem gelten, den Austausch möglichst kostengünstig zu regeln, solange noch kein System existiert, das dafür sorgt, daß das Austauschverhältnis zwischen den jeweiligen Parteien respektiert wird.«[314]

Der Universalismus der substantiellen Ökonomie dient also dazu, die Prätentionen der formellen Ökonomie zu stützen, und kann mithin von North als »geniale Intuition« gewürdigt werden.[315] Wirklich genügt es nicht, mit Polanyi festzustellen, daß »zwischen der Handlung, die die ökonomische Verwendung von Mitteln ist, und der empirischen Ökonomie keine notwendige Beziehung besteht«,[316] sondern man muß auch angeben können, was diese empirische (menschliche, substantielle, Subsistenz-) Ökonomie ausmacht. Nicht weil er, wie Godelier meint, »dasselbe theoretische Feld« hat wie sie, können die Liberalen Polanyi für sich »vereinnahmen«, sondern weil er dieselbe universalistische Konzeption einer substantiellen Ökonomie vertritt wie Marx.[317] Indem er dem Funktionalismus nachgibt, bahnt Polanyi den Weg für North, der in der Tat schreibt: »Im geschichtlichen

Rückblick kann der Handelshafen als eine *funktionale Alternative* [für die Marktinstitutionen] erscheinen.«[318] Selbstverständlich verhält es sich mit der Kula oder dem Potlatch genauso... Auch Berthoud sieht diese Schwäche von Polanyis Denken: »Alle seine Schriften geben zu verstehen, daß zwischen dem Materiellen, dem Nützlichen, dem Rationalen und dem Ökonomischen eine enge Verbindung besteht [...]. Es liegt auf der Hand, daß dann der Gebrauch der Begriffe ›Ökonomie‹ und ›ökonomisch‹, um welche die gesamte konzeptuelle Anstrengung Polanyis kreist, schwierig wenn nicht unmöglich wird, bei Strafe von Verwechslungen und tiefen Mißverständnissen.«[319]

In Wirklichkeit ist, wie Polanyi auf den besten Seiten von *The Great Transformation* implizit zeigt, die Errichtung einer ökonomischen Sphäre als autonomer zunächst die Konstruktion eines sozialen Imaginären. Auch die Illusion einer substantiellen Ökonomie beruht auf der gesteigerten Macht, die dem Imaginären der formalen Ökonomie zugefallen ist.

II. Universalität und Ethnozentrismus der Ökonomie

Auch wenn man den *Realismus* Polanyis durchschaut hat, ist die Angelegenheit noch nicht ganz erledigt, nicht einmal für einen konsequenten Nominalisten. Zwar hat sie nicht schon ewig wie das Gold in seiner Gangart im Sozialen eingebettet oder verstreut existiert, aber die Ökonomie ist mit dem sich selbst regulierenden Markt der Moderne nicht wie Athena in voller Rüstung dem Haupt des Zeus entsprungen. Zu erklären bleibt dann, was man die »Nostalgie« des ökonomischen Universalismus, der vielleicht nicht bloß ein westliches Phantasma ist, nennen könnte. An dieser Stelle ist eine Reflexion über das Verhältnis zwischen dem Sein und dem Begriff, zwischen der »Wirklichkeit« und ihrer Repräsentation, unumgänglich.

1. Das Sein und der Begriff

»Hat man nicht«, läßt Leibniz in seinen *Neuen Abhandlungen über den menschlichen Verstand* Philalethes sagen, »ganze Völker entdeckt, die keine Idee Gottes und nicht einmal den Namen hatten, um Gott und die Seele zu bezeichnen, wie in der soldanischen Bucht, in Brasilien, auf den karibischen Inseln und in Paraguay?«

Worauf Leibniz Theophilus antworten läßt: »Als man [...] in Holland eine Fassung des Vaterunsers in der Sprache von Barantola [in Zentralasien] herstellen wollte, stockte man, wie ich mich erinnere, bei der Stelle: *geheiliget werde Dein Name,* weil man den Barantola nicht verständlich machen konnte, was *heilig* besagen sollte. Ich erinnere mich auch, daß in dem *Credo,* das für die Hottentotten gemacht wurde, man gezwungen war, den *Heiligen Geist* durch landesübliche Worte auszudrücken, die einen sanften und angenehmen Wind bedeuten. Auch hatte das seinen guten Grund, denn unsere griechischen und lateinischen Wörter *pneuma, anima, spiritus* bezeichnen ursprünglich nur die Luft oder den Wind, den man einatmet als eines der feinsten Dinge, die uns durch die Sinne bekannt sind. Und man beginnt bei den Sinnen, um die Menschen allmählich zu dem zu führen, was über den Sinnen ist.«[320]

Tatsächlich bezeichnet das Wort »Fortschritt« ursprünglich das Vorwärtsgehen, und die »Entwicklung« das Wachstum der Pflanzen und Tiere, und so bei vielen Wörtern aus dem Vokabular der Ökonomie. Wenn man diese Begriffe, die außerhalb des Okzidents und bei den Eingeborenen der »primitiven« Völker unbekannt sind, übersetzt, tut man nichts anderes als diese Metaphern mit mehr oder weniger glücklichen Ergebnissen in die indigenen Sprachen zu übertragen, aber wohlgemerkt *in Absenz des entsprechenden sozialen Imaginären.*

Die unglücklichen linguistischen Abenteuer des heiligen Franz Xaver in Japan, um auf dem Gebiet des Religiösen zu bleiben, sind typisch für die Mißverständnisse des kulturellen Universalismus. »Wie soll man die Schwierigkeit lösen, Gott zu benennen, wenn die linguistischen Äquivalenzen fehlen?«, schreibt Jean

Lacouture. »In der ersten Zeit, in Kagoshima, hielten sich Franz Xaver und seine Gefährten an den Rat von Anjirô und gebrauchten das Wort *Dainichi,* das die Zen-Mönche für das vitale Prinzip benutzten. Dainichi wurde mit drei Köpfen dargestellt, und eine andere Gottheit namens *Cogi* war so eng mit ihr verbunden, als ob sie eins wären. Wie hätten sie hier nicht eine Ähnlichkeit mit der christlichen Trinität sehen sollen? Andere aber machten geltend, daß die Shintoisten die ›große Sonne‹ Dainichi nannten: Konnte man wirklich bei derartig pagan gefärbten Vorstellungen Anleihen machen? Dann dachte man an *Hotoké,* eine der Manifestationen Buddhas. Aber obwohl die Grundbedeutung passend war, mußte man feststellen, daß sich die anderen Attribute des Christengottes dort nicht fanden. Franz Xaver entschied, auf die europäische Formulierung zurückzugreifen und von *Deus* oder *Deos* zu sprechen. Das war nun Pech, denn die japanische Phonetik transformierte das Wort in *Deusu,* und der barfüßige Nuntius mußte, wie er seinen römischen Gefährten schrieb, entdecken, daß seine Hörer aus *Deuso* gerne *Dauso* machten, was in ihrer Sprache soviel wie ›große Lüge‹ hieß.«[321]

Leibniz aber meinte: »Indessen läuft diese ganze Schwierigkeit, die man darin findet, zu abstrakten Erkenntnissen zu gelangen, den angeborenen Erkenntnissen nicht zuwider.« Und er schloß: »Es gibt Völker, die kein Wort haben, was dem Sein entspricht; zweifelt man deshalb daran, daß sie wissen, was Sein ist, *obwohl sie daran nicht an sich denken können*?«[322]

Übertragen auf unser Problem läßt sich die Frage folgendermaßen formulieren: Ist das Fehlen der Begriffe und Vorstellungen, die das semantische Feld der Ökonomie bilden, ein Beweis, daß die betreffenden Völker und Kulturen nichts von den »Wirklichkeiten« wissen, die sich hinter diesen Worten verbergen, daß sie keine »ökonomische Praxis« kennen, daß sie nicht »arbeiten«, um ihre »Grundbedürfnisse« zu befriedigen, daß sie keinerlei Weiterentwicklung ihres Wohlstands wünschen, daß sie, wie Maurice Godelier meint, sich nicht auf rationalen Kalkül verlassen?[323] »In diesen Gesellschaften«, schreibt er, »existiert die Ökonomie nicht *gesondert*, sondern ist in andere Institutionen eingebettet: in die Verwandtschaftsbeziehungen, in die Religion.«[324] Godelier ist wie die Marxisten überhaupt *Realist*, genau wie Polanyi und Leibniz. Aber es gibt nun mal Leute, die glauben, daß manche Völker die Ökonomie nicht kennen, sowenig wie das Sein oder Gott...

Wie dem auch sei, das Fehlen von Worten und Vorstellungen erlaubt uns zumindest, mit Leibniz (und Godelier) zu schließen, daß sie »daran nicht an sich denken können«. Dieses Zugeständnis scheint gering, aber es hat sein Gewicht. Wenn sie nicht an sich daran denken, dann heißt das, daß die »Sache« ihnen *teilweise* fremd ist. Und wie ein Glas halb voll oder halb leer sein kann, so kann man auch sagen: Diese Kulturen kennen die Ökonomie, den ökonomischen Kalkül, die Rationalität nicht, obwohl es in ihrer Praxis und in ihren Werten Aspekte gibt, die sich dem nähern und nicht ganz fremd sind; oder aber, diese Kulturen haben *ihre* Ökonomie, *ihren* ökonomischen Kalkül, *ihre* Rationalität, die eben nicht ganz die unsrigen sind. Die Bewertung des *Unterschieds* wird dann von den philosophischen Ausgangsvoraussetzungen und vom Sinn der Handlung, die durch die Wahl gerechtfertigt wird, abhängen. Wenn eine soziale Wirklichkeit existieren soll, wenn sie an eine kulturelle Wahl gebunden ist, dann muß sie auch gewollt, muß valorisiert sein.[325] Diese Notwendigkeit ist, mit der berühmten Studie Max Webers, für die diversen Komponenten der Ökonomie, insbesondere für die Arbeit, nachgewiesen und analysiert worden.[326] Das ist besonders evident beim Fortschritt, der all diese Elemente und noch andere in sich aufnimmt.[327] Das Ökonomische ist in den Augen seiner Adepten nicht bloß eine bestehende Wirklichkeit und die *Ökonomisierung* der Welt eine unvermeidliche und unumkehrbare Bewegung, sondern all dies scheint ihnen auch wünschenswert und gut.

Für Leibniz als Verteidiger der angeborenen Ideen existiert der Begriff Gott, obwohl nicht *an sich* gedacht, durchaus, und Sache der Missionare ist es, diesen Glauben manifest zu machen. Für die Kolonisatoren und Experten sind die Ökonomie, das Geld und der rationale Kalkül in einem Embryonalzustand vorhanden, den es weiterzuentwickeln gilt. Für Polanyi (und dieser Unterschied ist gewaltig) existiert der Embryo auch, aber er ist im Sozialen eingebettet, wo man ihn auch besser lassen sollte. Wer an die Moderne glaubt, für den sind die Ökonomie, der Fortschritt, die Entwicklung ebenso wie der Kalkül, der Markt und die Rationalität in der *Natur* begründet, und Kolonisatoren und Entwicklungsexperten werden ihre Verpflanzung in die Länder des Südens bezeugen, solange bis es immer schwieriger wird, noch Spuren des Unterschieds zu finden. Wenn die ganze Welt das Ökonomische in die Alltagspraxis übernommen hat, wird die Existenz eines anderen Universums nur noch als eine überholte Figur *ohne irgendwelche Legitimität* fortleben. Douglas North wird Grund zur Freude haben. Keiner wird ihm mehr widersprechen können.

Was die Entscheidung für eine (wenn auch mit einer gewissen Übertreibung bezahlte) Radikalisierung des Unterschieds rechtfertigt, ist nicht nur, daß der konformistischen Platitüde den Rükken zu kehren »interessanter« ist. Anders als in Leibniz' Beispielen hat man es hier nicht mit punktuellen und isolierten Begriffen zu tun, sondern mit einer sehr breiten *Domäne des Sinns,* die die Erfassung der Zeit und des Raums mit ins Spiel bringt.[328] Einzig die Behauptung, daß die »menschlichen Tätigkeiten« ihre Relevanz, ihre Kohärenz und ihr Fundament außerhalb jeder Repräsentation und jeder Glaubensvorstellung haben, daß sie also in Natur begründet sind, würde am Standpunkt einer Transhistorizität und Universalität des Ökonomischen festzuhalten erlauben.

2. Permanenz und Historizität des Ökonomischen

Wie kommt es aber, daß die Vorstellung einer totalen, historisch sehr begrenzten, *Erfindung* der Ökonomie den Geist nicht wirklich befriedigt? Natürlich kann man dieses Unbehagen dem Vorherrschen des Naturalismus, des Funktionalismus und des Evolutionismus zuschreiben, kurz, dem Zeitgeist, an dem man nun mal nicht vorbei kann. Das ist richtig, aber es kann nicht völlig überzeugen. Auch wenn dieser *gewöhnliche* Ethnozentrismus aufgedeckt ist, bleibt ein nicht zu behebendes Gefühl des Ungenügens.

Das Studium der »entwickelten« nichtwestlichen Gesellschaften (China, Indien, Islam), der »archaischen« (Ägypten, Inka, Azteken) oder der »primitiven« Gesellschaften (Schwarzafrika, Südpazifik, British Columbia und andere Indianer) zeigt dem Ökonomen »Institutionen« oder Phänomene wie den Potlatch oder die trobriandische Kula, um nur die bekanntesten Beispiele zu nennen, die er schwerlich als seinem Gebiet *gänzlich* fremd ansehen kann (selbst wenn er es restriktiv eingrenzt), und zwar ganz ungeachtet der Interpretationen und Neuinterpretationen, die die Anthropologen von diesen Praktiken liefern. Es sind diese »ökonomischen« Formen des primitiven Lebens, die ebenso der Polanyischen These einer *substantiellen* Ökonomie wie auch dem platten Funktionalismus Bronislaw Malinowskis ihre Berechtigung liefern. An diesem Punkt, bemerkt Dumont, nachdem er die substantielle Ökonomie verworfen hat, »können wir überall in gewissem Maß entsprechende Aspekte finden, die wir in aller Strenge ›quasi-ökonomisch‹ oder ›virtuell ökonomisch‹ nennen müßten. Natürlich müssen sie untersucht werden, aber die Restriktion (›quasi‹) ist zu beachten: der Platz dieser Aspekte im Ganzen ist hier nicht derselbe wie dort, und das ist für ihre komparative Natur wesentlich.«[329]

Warum kann man, auch wenn man diese seltsame »Nostalgie« der Ökonomie, das Phantasma ihrer Universalität, *ganz und gar* teilt, dennoch *radikal* jeden Funktionalismus, jeden Naturalismus und jeden Fetischismus einer Transhistorizität des Ökonomischen zurückweisen, und wie?

Zwei Gründe gibt es, die die »Erfindung« des Ökonomischen untermauern, will sagen die These einer im wesentlichen modernen und okzidentalen (also keinesfalls universalen) historischen Konstruktion der formalen ebenso wie substantiellen Ökonomie, auch wenn man gleichzeitig *Temperamente* anerkennen kann, aber ohne sie auf einen Naturalismus, einen Funktionalismus oder einen Utilitarismus zu gründen.

Der erste Grund ist, daß die »proto-«, »archäo-«, »paläo-« oder »quasi«-ökonomischen *Institutionen* der genannten Gesellschaften, diejenigen, die die Aufmerksamkeit der »ökonomischen« Anthropologie am stärksten gefesselt haben, sehr wenig und sehr selten die Arbeit, die Produktion und die Deckung der »natürlichen« Bedürfnisse betreffen. Die »Subsistenz«-Ökonomie (ein Ausdruck, den Polanyi manchmal synonym gebraucht für substantielle Ökonomie) spielt darin keine Rolle. Es handelt sich, mit anderen Worten, nicht um die, nach kanonischer Definition, »ständige Bereitstellung von materiellen Mitteln zur Befriedigung von Bedürfnissen«. Das gilt zum Beispiel für die faszinierendste dieser Institutionen, nämlich die der »quasi-bankartigen Operationen« in Vanuatu mit ihrer unbegrenzten Akkumulation, die Jean Guyart untersucht hat.[330]

Wenn es eine universale Erfahrung der »Ökonomie« gibt, dann scheint sie sich nicht auf die nicht minder universale des biologischen Fortlebens zu gründen. Gewiß ist alles in allem enthalten und umgekehrt, und diese Operationen betreffen wie alle anderen die Reproduktion der Gesellschaft, aber es ist vergeblich und hergeholt, diese Gebräuche einem Naturalismus/Funktionalismus/Utilitarismus zuschlagen zu wollen.

Der zweite Grund ist der, daß es tatsächlich Erfahrungen gibt, die zweifellos »universal« sind, aber kulturell verschiedenen Ausdruck und vor allem kulturell verschiedene *Lösungen* finden. Nun hat es zwar niemals eine einzige Weise gegeben, die Probleme auszudrücken und zu lösen, aber die Lösungsmöglichkeiten sind oft begrenzt. Man kann einen Apfel auf zweierlei Weisen schälen: entweder man dreht das Messer um den Apfel, wie es die Westler tun, oder man dreht den Apfel um das Messer, wie in manchen Gesellschaften Asiens, und mit gleichem Erfolg. Nur unser Ethnozentrismus macht uns glauben, die erste Lösung sei die einzige und richtige. Aber man kann auch in den Apfel beißen, ohne ihn geschält zu haben, vor allem, wenn er pestizidfrei ist; und außerdem kann man ja auch Bananen essen…

Wenn dem so ist, dann ist es normal, wenn Gesellschaften ohne Kontakt miteinander für gewisse identische Probleme benachbarte und in manchen sehr begrenzten Fällen dieselben Lösungen gefunden haben. Zwei universale Kulturerfahrungen gibt es jedoch, die nach Lösungen in begrenzter Zahl verlangen und zentrale Kategorien dessen berühren, was wir mit den Wurzeln des ökonomischen Lebens verbunden glauben, nämlich die »Schuldigkeit« der Generationen und den »Tausch« der Frauen:[331] wobei die philologische Analyse der ökonomischen Begriffe im Okzident übrigens zeigt, daß diese Erfahrungen in unserer Kultur beim Ursprung des ökonomischen Lebens mitspielen. An ihnen ist zu verfolgen, wie sich in den nichtwestlichen Gesellschaften die »protoökonomischen« Institutionen herausbilden.[332] Davon ausgehend entwickelt sich in beiden Richtungen eine Unendlichkeit von Metaphern zwischen den sozialen *Bindungen* und den *Gütern*. Das Blut, das Leben (und der Tod), ihre natürlichen (Muscheln, Federn, gediegene Metalle) oder künstlichen symbolischen Stellvertreter zirkulieren, werden getauscht gemäß der Logik der Gabe.[333] »Sobald die Frauen gegen Reichtümer getauscht werden«, schreibt Godelier, »wird eine echte ›politische Ökonomie der Verwandtschaft‹ möglich. Die Reichtümer verschaffen Frauen, die Frauen verschaffen Reichtümer. Die Frauen selbst werden ein Reichtum.«[334]

Allerdings liegt zwischen dieser »politischen Ökonomie der Verwandtschaft« und dem eigentlich Ökonomischen noch ein gewisser Abstand, denn noch handelt es sich, wie Philippe Rospabé bemerkt, nicht um ökonomischen Tausch. Erst wenn die Intensivierung der Produktion und der Zirkulation der *Güter* schließlich die Spur ihrer ursprünglichen Bedeutung tilgt, kann das Ökonomische erscheinen. Damit ist auch gesagt, daß es nicht plötzlich auftaucht, weder bei Quesnay noch bei Smith. Selbst heute, zur Zeit des globalen Supermarkts, ist es noch nicht ganz abgeschlossen. Diese »Konstruktion« ist offenkundig nicht an einem Tag entstanden, und darum ist es vernünftig, schon vor der Emergenz des sich selbst regulierenden Markts im Jahr 1834 von einer ökonomischen Wirklichkeit und einem ökonomischen Gebiet zu sprechen. Sobald Marktplätze, ein aktiver Handel und ein echtes Geld vorhanden sind, sobald, mit anderen Worten, die Vermittlung des Handels und des Geldes einer Klasse von Individuen als »Kapitalisten« zu funktionieren erlaubt, was bereits im Griechenland des Aristoteles und im Europa der mittelalterlichen Republiken der Fall ist, macht sich eine relative Autonomisierung der ökonomischen Sphäre bemerkbar.[335] Man kann also ohne Selbstwiderspruch von einer Ökonomie sprechen, die nicht vollkommen der ökonomischen Rationalität oder dem sich selbst regulierenden Marktmechanismus gehorcht, ohne sie deshalb zu einer transhistorischen Substanz zu überhöhen.

Unter diesen Bedingungen kann eine echte *Wiedereinbettung* (eine »Reabsorption«, wie Berthoud sagt)[336] des Ökonomischen im Sozialen nicht in einer theoretischen und praktischen Bastelei bestehen, die ein oder zwei weitere Sektoren hinzufügen würde, oder in einem sozialisierenden guten Willen, und ebenso wenig in terroristischen Ukassen gegen den Markt. Das Nichtökonomische, die Reziprozität, die Umverteilung, das nicht Marktkonforme, all dies bleibt in einem Kontext des *totalen Markts* ganz und gar dem Imaginären des Marktes unterworfen. Wenn man einen Hammer im Kopf hat, sagt ein altes Sprichwort, sieht man jedes Problem als Nagel. Der moderne Mensch hat sich einen ökonomischen Hammer in den Kopf gesetzt. Alles, was uns beschäftigt, all unsere Tätigkeiten, alle Ereignisse werden durchs Prisma des Ökonomischen gesehen. Das Ökonomische ist für uns, wie Berthoud formuliert, »eine Hauptkategorie für die Intelligibilität der Welt, aber auch für unsere Verständnislosigkeit den anderen und letztlich uns selbst gegenüber.«[337] Oder, um es in den (zweideutigen) Worten Karl Polanyis zu sagen: Wir leben in einer Gesellschaft, »die vollkommen in ihre eigene Ökonomie eingefügt ist – *einer Marktgesellschaft*«.[338]

Noch nicht war das im Mittelalter der Fall, als alles religiös gefärbt war, noch weniger bei den Griechen, die dazu neigten, alles aufs Politisch-Philosophische zurückzuführen, und erst recht nicht bei den »primitiven« Völkern, deren Hauptobsession die Rituale und Verwandtschaftsbeziehungen sind. Solange der ökonomische Hammer in unserem Kopf bleibt, sind diese Reformversuche leere, sterile und noch dazu meist gefährliche Unternehmungen. Wie kann man glauben, man könne sich zur Stunde des triumphierenden planetarischen Markts hinter Polanyi verstecken, obwohl er doch schrieb, eine solche Institution könnte »über längere Zeiträume nicht bestehen, ohne die menschliche und natürliche Substanz der Gesellschaft zu vernichten«?[339] Wie soll man glauben, daß gestern soziale Maßnahmen hinreichend waren, daß heute ein tertiärer Sektor hinreichend wäre und daß so »die Gesellschaft erneut die Ökonomie wird beherrschen können, statt von ihr beherrscht zu werden«,[340] wie Polanyi 1944 meinte? Reicht die Bastelei der sozialen Erste-Hilfe-Dienste aus, um die Elementarteilchen zu resozialisieren? Erneut und mehr denn je »verpflichten das künstliche Elend, die Risse und Bedrohungen, die im sozialen Körper sichtbar werden, zu Maßnahmen zum Schutz und zur Verteidigung der Gesellschaft«.[341] Wenn wir dem »Trug des Ökonomismus« wirklich entkommen wollen, müssen wir uns an die Diagnose von Castoriadis halten: »Gefordert ist eine neue imaginäre Schöpfung von einer Wichtigkeit, die in der Vergangenheit ohne Beispiel ist, eine Schöpfung, die andere Bedeutungen als die Ausweitung der Produktion und des Konsums ins Zentrum des menschlichen Lebens rücken, die andere Lebensziele, die von den Menschenwesen als der Mühe wert anerkannt werden könnten, aufstellen würde [...] dies ist die ungeheure Schwierigkeit, der wir uns stellen müssen. Wir müßten eine Gesellschaft wollen, in der die ökonomischen Werte aufgehört haben, zentral (oder einzig) zu sein, in der die Ökonomie ihren Platz als einfaches Mittel des menschlichen Lebens einnimmt statt als letztes Ziel, in der man von diesem irren Wettlauf zu einem immer größeren Konsum abläßt. Das ist nicht nur nötig, um die endgültige Zerstörung der irdischen Umwelt abzuwenden, sondern auch und vor allem, um aus dem psychischen und moralischen Elend des heutigen Menschen herauszukommen.«[342]

Selbst wenn es wünschenswert ist, daß neben der Umverteilung und der Reziprozität Märkte und Marktbeziehungen erhalten bleiben, ist es das Imaginäre des Markts, das zuerst abgeschafft werden muß, wenn man mit der Logik der Maßlosigkeit brechen will.[343]

Anmerkungen

Einleitung

1 Eine erste Ausgabe dieses Werks ist in Italien erschienen unter dem Titel: *La sfida di Minerva. Razionalità occidentale e ragione mediterranea*, Turin, 2000.

2 Giovanni Macchia, *Il principe di Palagonia*, Mailand, 1978.

3 Cornelius Castoriadis, »La démocratie. Débat avec le MAUSS«, *Revue du MAUSS*, Nr. 14, 2. Semester 1999, S. 216.

4 Patrick Lagadec, *La civilisation du risque. Catastrophes technologiques et responsabilité sociale*, Paris, 1981.

5 Es geht uns um die heutige Welt, und unser Rückgriff auf die griechische Terminologie soll keine leere Erudition zur Schau stellen, sondern an eine Tradition erinnern, deren wichtigster (wenn auch nicht einziger) Vertreter Aristoteles ist. Zu einer strengen Konzeption der griechischen *phronesis* sei auf das grundlegende Werk von Pierre Aubenque verwiesen, *La prudence chez Aristote*, Paris, 1997 (1963).

Die schwarze Athena: die afrikanische Erfahrung und ihre Lehren

6 Pierre Aubenque, *a.a.O.*, S. 116.

7 Wir erinnern auch daran, daß derselbe Senghor, nachdem er proklamiert hatte: »Die Emotion ist schwarz, wie die Vernunft hellenisch ist« (*L'homme de couleur*, Paris, 1939; später in *Liberté I*, Paris, 1964), vom Französischen gesagt hat, es sei eine Sprache, die unfähig sei, die »afrikanische Seele« zu begreifen (*Liberté I, a.a.O.*, S. 362). Was wäre dann vom Latein zu halten?

8 Martin Bernal, *Schwarze Athena. Die afroasiatischen Wurzeln der Antike*, München/Leipzig, 1992. Auch wenn wir uns an der Debatte nicht beteiligen und die Übertreibungen der »afrozentristischen« These nicht übernehmen, haben zwischen der griechischen Welt und Afrika unbestreitbar wichtige

Kontakte bestanden. Siehe auch Mary Lefkowitz, *Not out of Africa. How Afrocentrism became an Excuse to teach Myths as History,* New York, 1997.

9 Eric de Rosny, *La nuit, les yeux ouverts,* Paris, 1996, S. 276.

10 Axelle Kabou, *Et si l'Afrique refusait le développement?,* Paris, 1991.

11 Golding, *Impact,* Nr. 1, 1961, S. 44-45, zit. v. Gilles Séraphin, »Les concepts de *science* et *technique* au sein de L'UNESCO«, mémoire IEDES, Paris, 1994, S. 16.

12 Die Anekdote berichtet Raimon Panikkar, *Vivre avec la terre,* Institut interculturel de Montréal, 1992, S. 46. S. auch Jean Malaurie, *Les derniers rois de Thulé. Avec les esquimaux polaires face à leur destin,* Paris, 1976, S. 535.

13 Siehe Serge Latouche, *La planète des naufragés,* Paris, 1991, S. 30.

14 Claude Albagli, *L'économie des dieux céréaliers,* Paris, 1989, S. 161.

15 Arnaud Berthoud, »L'économie politique redécouvre-t-elle Aristote?«, *Revue du MAUSS,* Nr. 15-16, 1992, S. 90-100.

16 John Stuart Mill, *A System of Logic Ratiocinative and Inductive,* Buch VI, Kap. 9, § 3, London, 1973, Bd. II, S. 902.

17 Das z. B. glaubt der Ökonom Philippe Engelhard von seinem Autoschlosser: Verlust von Zeit und Energie aufgrund ungenügender Ausrüstung und fehlenden Vorrats, letztlich aufgrund mangelnden Kapitals. Siehe *Afrique miroir du monde? Plaidoyer pour une nouvelle économie*, Paris, 1998.

18 Siehe Serge Latouche, *L'autre Afrique. Entre don et marché*, Paris, 1998. Dort finden sich mehrere der hier genannten Anekdoten.

19 Guy Nicolas, »Développement rural et comportement économique traditionnel au sein d'une société africaine«, *Genève-Afrique,* vol. VIII, Nr. 2, 1969, S. 3.

20 *Ebd.,* S. 10.

21 *Le financement de la petite entreprise en Afrique,* Paris, 1995.

22 André Whittaker, *L'Analyse transformationnelle en sciences sociales. La société antillaise-guyanaise et le mode de production créole. Eléments pour une nouvelle théorie de l'entreprise et du développement ou efficience sociale de la production*, Diss., Paris VII, 1996, S. 286, 609.

23 Mamadou Dia, in *Finances et développement,* Dezember 1991. Siehe auch Hassan Saoual, »La Banque mondiale à la recherche des valeurs africaines«, *Annales marocaines d'économie,* Nr. 12, Sommer 1995.

24 F. Nze-Nguema, »L'entreprise informelle offre-t-elle des correctifs au secteur formel et lesquels?«, in *Organisations économiques et cultures africaines,* Paris, 1996, S. 291.

25 Goran Hyden, »La crise africaine et la paysannerie non capturée«, *Politique africaine,* Nr. 18, Juni 1985.

26 Was Afrika betrifft, die Arbeiten von Alain Henry von der Caisse française de développement; was den Westen betrifft, Philippe d'Iribarne, *La logique de l'honneur, gestion des entreprises et traditions nationales,* Paris, 1989.

27 F. Gauthey und D. Xardel, *Management interculturel: mythes et réalités,* Paris, 1990, sowie *Management interculturel: modes et modèles,* Paris, 1991.

28 Bernard Nadoulek, *Guide mondial des cultures à l'usage des entreprises,* Paris, 1998.

29 Emmanuel Okamba, »Le processus d'acculturation en Afrique: les vertus de la palabre locale au service de l'entreprise«, *Cahiers des sciences humaines,* vol. 30, Nr. 4, 1994.

30 *Ebd.,* S. 747.

31 Marcel Zedi Kessy, *Culture d'entreprise et management de l'entreprise moderne,* Abidjan/CLE, Yaoundé, 1999. Siehe auch Thomas Sotinel, »Les recettes du management à l'africaine«, *Le Monde,* 26. Februar 1999.

32 Paul Feyerabend, *Irrwege der Vernunft,* Frankfurt, 1989, S. 14. Vgl. auch den ersten Teil von Serge Latouche, *Die Verwestlichung der Welt,* Frankfurt, 1994.

33 Siehe die Kritik an dieser Ideologie einer Alterität der Formen, in *La planète des naufragés,* a.a.O.

34 »Insofern es der Horizont ist, im Hinblick auf den das Rationale in seiner Objektivität errichtet wird, ist das Vernünftige als Anspruch bereits im Rationalen enthalten« (Jean Ladrière, »Le rationnel et le raisonnable«, in *Le défi du XXIe siècle. Relier les connaissances.* Journées thématiques conçues et animées par Edgar Morin, Paris 16.-24. März 1998, Paris, 1999, S. 416).

35 Jacques Austruy, *Le scandale du développement,* Genf-Paris, 1987 (1968).

36 F. Eboussi-Boulaga, *Les conférences nationales en Afrique noire: une affaire à suivre*, Paris, 1993.

37 Jean-Godefroy Bidima, *La palabre. Une juridiction de la parole,* Paris, 1997, S. 21.

38 Philippe Laburthe-Tolra, *Les seigneurs de la foret. Minlaaba 1. Essai sur le passé historique, l'organisation sociale et les normes éthiques des anciens. Beti du Cameroun,* Paris, 1981, S. 346.

39 Julius Nyerere, *The African and Democracy,* London, 1961, S. 104.

40 Jean-Godefroy Bidima, *a.a.O.,* S. 66.

41 *Ebd.,* S. 45.

42 Jean Baechler, *Démocraties,* Paris, 1985.

43 Peter Geschiere spricht von »Spannung zwischen Gleichheit und persönlichem Ehrgeiz«, in *Sorcellerie et politique en Afrique. La viande des autres,* Paris, 1995, S. 107.

44 Persönliche Mitteilung.

45 Jean-Godefroy Bidima, *a.a.O.,* S. 17.

46 *Ebd.,* S. 92.

47 Pierre Aubenque, *a.a.O.,* S. 111. Bekanntlich bezeichnet der Senat, die zentrale Institution der römischen *Republik*, ursprünglich die Versammlung der Familienoberhäupter (von *senex,* der Greis).

48 Hannah Arendt, »The Crisis in Culture«, in *Between Past and Future*, New York, 1961, S. 221; deutsche Fassung in *Zwischen Vergangenheit und Zukunft*, München, 1994, S. 299, geringfügig abweichend.

49 Jean-Godefroy Bidima, *a.a.O.,* S. 17.

50 *Ebd.,* S. 29.

51 Leider werden diese siebenundvierzig Palaver nicht beschrieben, es wird lediglich an einige erinnert. Peter Geschiere, *Village Communities and the State. Changing Relations among the Maka of Southeastern Cameroon*, London/Leyden, 1992.

52 Peter Geschiere, *Sorcellerie et politique en Afrique, a.a.O.,* S. 96.

53 *Ebd.,* S. 96.

54 *Ebd.,* S. 98.

55 Daniel Labéy, »L'illustre précédent ou la rhétorique grecque du IVe siècle regardée comme une méthode d'aide à la prise de décision publique«, CEGERNA, Juli 1999, S. 10.

56 Peter Geschiere, *Village Communities and the State, a.a.O.*

57 Peter Geschiere, *Sorcellerie et politique en Afrique, a.a.O.,* S. 99.

58 *Ebd.,* S. 119.

59 Daniel Labéy, *a.a.O.,* S. 13.

60 Peter Geschiere, *Sorcellerie et politique en Afrique, a.a.O.,* S. 99.

61 Jean-Godefroy Bidima, *a.a.O.,* S. 108.

62 B. Atangana, »Actualité de la palabre?«, *Etudes,* April 1966, S. 462.

63 Paul Ricoeur, »Entretien«, in *Ethique et responsabilité,* Neuchâtel, 1994, S. 16.

64 Jean-Godefroy Bidima, *a.a.O.,* S. 21.

65 Philippe Laburthe-Tolra, *a.a.O.,* S. 348-349.

66 R. Mel Meledje, *Emokr, système de gestion des conflits chez les Odjukru,* Diss., Paris, 1994, S. 125.

67 Peter Geschiere, *Sorcellerie et politique en Afrique, a.a.O.,* S. 108.

68 *Ebd.*

69 In der Praxis ist das bekanntlich keineswegs der Fall. Insbesondere die Situation der »Kastenlosen« ist unannehmbar, aber wie in unseren individualistischen Gesellschaften ist es ein weiter Weg vom Ideal bis zur Wirklichkeit. Siehe Louis Dumont, *Gesellschaft in Indien. Die Soziologie des Kastenwesens,* Wien, 1976.

70 Peter Geschiere, *a.a.O.,* S. 109, 110.

71 In diesem Zusammenhang sei daran erinnert, daß im globalen Dorf die Einkünfte der Disney-Familie 1993 zwischen 97.000 $ pro Stunde für Michael Eisner, den Direktor, und 7 Cents für den burmesischen Arbeiter lagen.

72 So bezeichnet Singleton das Palaver bei den Wakonongo.

Die Herausforderung Minervas: okzidentale Rationalität und mediterrane Vernunft

73 Überarbeitete Fassung eines Referats, gehalten im Seminar des Laboratorio Poiesis, »Madriterrane. Le donne fra muri e sogni«, 19.-23. März 1999, in *da Qui*, Nr. 5, Alberobello (Bari), 1999.

74 Albert Camus, »L'exil d'Hélène«, *L'été*, Paris, 1959, S. 140.

75 Franco Cassano, »Pour un relativisme bien tempéré«, *Revue du MAUSS*, Nr. 13, 1999, S. 129.

76 Friedrich Nietzsche, *Jenseits von Gut und Böse*, § 255.

77 Franco Cassano, »Pour un relativisme bien tempéré«, *a.a.O.*, S. 128.

78 Fast in gleicher Weise wird die Frage gestellt in dem Buch von Mario Alcaro, *Sull' identità meridionale. Forme di una cultura mediterranea*, Turin, 1999.

79 Siehe Serge Latouche, *L'autre Afrique. Entre don et marché, a.a.O.*

80 »Diese Entscheidung – für den liberalen ökonomischen Irrweg – ist eine fundamentalistische Entscheidung, die unaufhaltsam die Spirale der Vergeltung, die Unendlichkeit der Gegen-Fundamentalismen freisetzt. Europa hat, im Sinne eines in Jahrhunderten gewachsenen Eurozentrismus, die Pflicht, die Vermittlerrolle zwischen jenen vier Himmelsrichtungen, deren symbolische Bedeutung es genau kennt, zu übernehmen: der Disziplin und dem Ernst des Nordens, dem Entdeckergeist des Westens, der östlichen Achtung für den gemeinsamen Ursprung und schließlich der Ewigkeit aller Gegenwart, wie sie der Süden kennt. Europa steht nicht zwangsläufig am Ende einer Geschichte, die dabei wäre, in andere Hände überzugehen und von anderen Händen geschrieben zu werden. Die gesamte Menschheit ist es, die danach verlangt, diese Vermittlung zu schaffen, die Soldaten nach Hause zu schicken und diejenigen, die Brücken bauen, die Übergänge suchen, die die Traditionen übersetzen und interpretieren, an die schwierigen Orte zurückzuholen« (Franco Cassano, »Pour un relativisme bien tempéré«, *a.a.O.*, S. 128).

81 Editori Laterza, Bari, 1998.

82 Wie Mario Alcaro es treffend ausdrückt, *a.a.O.*, S. 11.

83 Franco Cassano, *La pensée méridienne, a.a.O.*

84 Siehe auch Serge Latouche, *Les dangers du monde planétaire*, Paris, 1998, Kap. 5.

85 Albert Camus, »L'exil d'Hélène«, *a.a.O.,* S. 143.

86 Franco Cassano, *La pensée méridienne, a.a.O.,* S. 9.

87 Oder auch: »Der erste Bereich ist derjenige, den man das *Nichtkontingente* nennen kann. Er umfaßt die Kenntnisse, die nicht anders sein können, als sie sind, die notwendigen Wahrheiten, die die Vernunft an jedem Ort und zu jeder Zeit anerkennen muß, etwa die geometrischen Daten. Der zweite Bereich, der des *Kontingenten,* umfaßt die Kenntnisse, die die menschliche Erfahrung erworben und gespeichert hat, den Ablauf des Lebens, die diversen Situationen im politischen, familiären oder individuellen Leben [...]. Dieser Distinktion folgend untersucht Aristoteles in seinem *Organon* zwei Arten logischen Denkens. Er handelt vom Beweisbaren in den *Analytica* und vom Zustimmungsfähigen in den *Topica«* (Daniel Labéy, »L'illustre précédent«, *a.a.O.,* S. 9).

88 Marcel Detienne und Jean-Perre Vernant, *Les ruses de l'intelligence. La métis des Grecs,* Paris, 1974.

89 Zwar ist die *metis* stark »feminin« und der *agon* mit seiner leeren Ruhmsucht eher »viril«, aber sie enthalten beide auch ihr Gegenteil, der *agon* mit der Willkürlichkeit und die *metis* mit dem kalten Kalkül.

90 Albert Camus, »L'exil d'Hélène«, *a.a.O.,* S. 141.

91 »Der Gebrauch des Begriffs *phronesis* und der ganzen Familie von eng mit ihm zusammenhängenden Wörtern zeigt ziemlich klar, daß das Verb *phronein* etwas wie ›tief denken‹ ausdrückt, indem es alle anderen Funktionen des Verstandes einsetzt« (Daniel Labéy, »L'illustre précédent«, *a.a.O.,* S.78).

92 François Jullien, *Über die Wirksamkeit,* Berlin, 1999, S. 114 (modifizierte Übersetzung).

93 Françoise Collin, »N'être, Evénement et représentation«, in *Hannah Arendt, Ontologie et politique,* Paris, 1989, S. 127.

94 François Jullien, *a.a.O.,* S. 54.

95 Marcel Detienne und Jean-Pierre Vernant, *a.a.O.,* S. 305, und Pierre Aubenque, *a.a.O.,* S. 116.

96 »Der Chinese wird nie aufhören, nach dem Vernünftigen zu suchen. Faszination des Vernünftigen, alles als vernünftig hinzustellen. Mao Tsetung, der China umwälzte, innerhalb weniger Jahre eine jahrtausendealte Gesellschaft vollständig umwandelte; der die kühnsten Pläne hatte, darunter undurchführbare, die durchgeführt wurden, und unerhört kühne, etwa

als er gegen die Ansicht aller Techniker kleine ›Dorfhochöfen‹ bauen ließ, um Stahl zu erzeugen; der neue Dörfer, Schlafstädte, errichten ließ, in denen kein Platz mehr für Paare, für Familien war; der Mann des berühmten ›Sprungs nach vorn‹, der vor nichts zurückweicht, weicht vor dem Paradox zurück, der Brillanz, vor dem Beredten und Romantischen. Seine kleinen Bücher sind einfach geschrieben, einfach formuliert, um vernünftig, vor allem vernünftig aufzutreten...« (Henri Michaux, *Ein Barbar auf Reisen,* Frankfurt, 1998, Anm., S. 317).

97 François Jullien, *La propension des choses. Pour une histoire de l'efficacité en Chine,* Paris, 1992.

98 *Ebd.,* S. 74.

99 »Ohne Klugheit gibt es keine moralische Tugend und ohne moralische Tugend keine Klugheit«, bemerkt, Aristoteles paraphrasierend, Michel Villette (*Le manager jetable. Récits du mangement réel,* Paris, 1996, S. 171).

100 Jean-Pierre Warnier, *L'esprit d'entreprise au Cameroun,* Paris, 1993, und Peter Geschiere, *Sorcellerie et politique en Afrique, a.a.O.*

101 Um den Neologismus von Pedrag Matvejevitch aufzugreifen. »Man proklamiert die Demokratie, ohne daß sich deshalb eine demokratische Gesellschaft bildete: Zumeist wohnen wir bloß der Geburt einer ›Demokratur‹ bei« (Pedrag Matvejevitch, *La Méditerranée et l'Europe,* Paris, 1998, S. 107).

102 »Wenn sie die Tradition des vorherrschenden Denkens als eine über den Subjekt-Objekt-Dualismus geschehende Operation der instrumentalen Herrschaft denunzieren und sie mit der maskulinen Position gleichsetzen, dann bewegen sich die Frauen, die Feministinnen, auf einer bereits verbrannten Erde« (Françoise Collin, »Praxis de la différence. Notes sur le tragique du sujet«, *Les Cahiers du GRIF,* Nr. 46, 1992).

103 *Ebd.,* S. 131.

Das Rationale und das Vernünftige

104 Eine erste Version dieses Texts ist unter dem Titel »Le rationnel et le raisonnable. Les antinomies du postulat métaphysique de la raison économique« in den *Cahiers de recherche en sciences économiques de la faculté Jean Monnet,* Nr. 4, Frühjahr 1992, erschienen; ein Teilabdruck in der Zeitschrift *Krisis,* Nr. 12, 1992; eine kurze Zusammenfassung erschien in der Zeitschrift *Plein Sud,* Nr. 10, Januar 1993, unter dem Titel »La déraison de la raison écono-

mique«; eine erweiterte Version erschien in der *Revue de MAUSS,* Nr. 4, 2. Semester 1994; von dieser ein Teilabdruck in *Problèmes économiques,* 1.-8. November 1995.

105 *Kritik der reinen Vernunft,* Transzendentale Methodenlehre, Erstes Hauptstück, Zweiter Abschnitt.

106 Max Weber, *Wirtschaftsgeschichte. Abriß der universalen Sozial- und Wirtschaftsgeschichte,* hrsg. v. S. Hellmann und M. Palyi, Berlin, 1958, S. 96.

107 *Le Monde,* 9. Oktober 1992, S. 17. Diese hatten bereits vor den Stürmen und der Ölpest im Dezember 1999 Zweifel an unserer Logik des Funktionierens geweckt.

108 Anläßlich der Waldbrände appellieren in *L'Express* vom 29. Juli 1999 »Fachleute« ans »Vernünftige« – in Opposition zur schwerfälligen und rationalen Politik der offiziell Verantwortlichen.

109 Olivier Corten, »L'interprétation du ›raisonnable‹ par les jurisdictions internationales: au-delà du positivisme juridique?«, *Revue générale de droit public,* Nr. 1, 1998.

110 Jean-Pierre Dupuy, »Convention et *common knowledge*«, *Revue économique, L'économie des conventions,* März 1989, S. 367.

111 Jean-Jacques Salomon, »Pour une éthique de la science. Da la prudence au principe de précaution«, *Futuribles,* September 1999, S. 9, wieder abgedruckt in *Survivre à la science. Une certaine idée du futur,* Paris 1999, S. 299.

112 *Ebd.,* S. 10, 300.

113 Vgl. insbesondere Chaim Perelman, *L'empire rhétorique,* Paris, 1977.

114 »Die Standard- (oder substantielle) Rationalität beschreibt ein maximierendes Verhalten, das im Hinblick auf die gesamte Umwelt, auch die gegenwärtige und künftige, objektiv rational ist. Die prozedurale Rationalität beschreibt ein vernünftiges Verhalten, das ein im Verhältnis zu den vorgegebenen Zielen und den verfügbaren Kenntnissen befriedigendes Ergebnis anstrebt« (Franck-Dominique Vivien und Agnès Pivot, »A propos de la méthode d'évaluation contingente«, *Natures Sciences Sociétés,* 1999, vol. 7, Nr. 2, S. 51).

115 Marshall Sahlins, *Kultur und praktische Vernunft,* Frankfurt, 1981.

116 Karl Popper, »Les fondements philosophiques des systèmes économiques«, in *Mélanges en l'honneur de Jacques Rueff,* Paris, 1967.

117 Siehe insbesondere Michel Rosier, »Rationalité universelle et raisons singulières«, *Cahiers d'épistémologie,* Nr. 9115, Montreal, September 1990.

118 Descartes, *Abhandlung über die Methode,* II, 18, übers. v. A. Buchenau, zit. v. Chaim Perelman, *a.a.O.,* 1988, S. 165.

119 *Ebd.,* S. 166.

120 *Ebd.,* S. 171.

121 Serge Latouche, *La planète des naufragés, a.a.O.,* S. 50.

122 David Hume, zit. v. Jean-Claude Michéa, der dazu bemerkt, dies könne »die Devise der Finanzmärkte sein« (*L'enseignement de l'ignorance et ses conditions modernes,* Castelnau-le-Lez, 1999). Keynes, der diese Stelle gegen die Liberalen anführt, zitiert auch, was folgt: »Es ist auch nicht wider die Vernunft, wenn ich es vorziehe, mich völlig zugrunde zu richten, um einem Indianer oder einer mir völlig fremden Person die kleinste Unannehmlichkeit zu ersparen [...]. Vernunft ist und soll nichts anderes sein als die Sklavin der Leidenschaften, sie kann daher kein anderes Amt beanspruchen, als ihnen zu dienen und zu gehorchen« (John Maynard Keynes, *Das Ende des Laissez-Faire. Ideen zur Verbindung von Privat- und Gemeinwirtschaft,* Berlin, S. 7-8). Auch Sade hat dies sehr gut verstanden, und Christopher Lash faßt treffend zusammen: »Die Vernunft kann in einer Gesellschaft, die sie auf einen bloßen Kalkül reduziert, weder dem Luststreben noch der unmittelbaren Befriedigung eines beliebigen Begehrens irgendeine Grenze setzen, egal wie pervers, verrückt, verbrecherisch oder einfach unmoralisch es sein mag. Wie sollte man auch das Verbrechen oder die Grausamkeit verdammen, wenn nicht auf der Grundlage von Normen oder Kriterien, die ihren Ursprung in der Religion, dem Mitgefühl oder in einer Konzeption der Vernunft haben, die die rein instrumentale Praxis ablehnt? In einer Gesellschaft, die sich auf die Produktion von Waren gründet, hat jedoch keine dieser Formen des Denkens oder Fühlens einen logischen Ort.« (Christopher Lash, *La culture du narcissime,* Castelnau-le-Lez, 2000, S. 106).

123 Und das trotz Ludwig von Mises, der sagte: »Es ist weder mehr noch weniger rational, wenn man reich sein will wie Krösus oder arm wie ein buddhistischer Mönch«, in: *Human Action. A Treatise on Economics,* New Haven, 1949, S. 880.

124 John Stuart Mill, *A System of Logic, Ratiocinative and Inductive,* Buch VI, Kap. 9, § 3.

125 Laurent Cordonnier, *Coopération et réciprocité*, Paris, 1997, und Jacques Godbout, Rechenschaftsbericht in *Revue du MAUSS*, Nr. 12, 2. Semester 1998.

126 Jeremy Bentham, »Le calcul des plaisirs et des peines«, *Revue du MAUSS*, Nr. 5, S. 75.

127 *Ebd.*, S. 76.

128 J. von Neumann und O. Morgenstern, *Theory of Games and Economic Behaviour*, New York, 1964, S. 9.

129 Dominique Janicaud, *La puissance du rationnel*, Paris, 1985, S. 227.

130 *Ebd.*, S. 187.

131 *Ebd.*, S. 186-187. Für Maurice Clavelin, den Janicaud zitiert, handelt es sich darum, »einen Ausdruck für Phänomene innerhalb einer im voraus bestimmten Sphäre der Rationalität zu finden«.

132 Dominique Dubarle und André Gorz, *Logique et dialectique*, Paris, 1972, S. 59f.

133 »Eigentlich geht es der modernen Reklame weniger um die Befriedigung als um den Zweifel. Sie will neue Bedürfnisse schaffen, ohne sie zu befriedigen, will neue Ängste erzeugen, statt die alten zu beruhigen« (Christopher Lash, *a.a.O.*, S. 228).

134 Zit. von Jacques Godbout, *L'esprit du don*, Paris, 1992, S. 127.

135 Für die Ökonomen ist eine Wahl transitiv, wenn man daraus, daß ein *a* einem *b* und ein *b* einem *c* vorgezogen wird, schließen kann, daß ein *a* einem *c* vorgezogen wird.

136 Françoise Héritier, »L'identité samo«, in Claude Lévi-Strauss, *L'identité*, Paris, 1977, S. 52.

137 Georges-Hubert de Radkowski, *Métamorphose de la valeur*, Grenoble, 1987, S. 74-75.

138 Vgl. unsere Studie »Utilitarisme noble et anti-utlitarisme des nobles, l'ambiguité du duc de la Rochefoucauld«, *Revue de MAUSS*, Nr. 6, 2. Semester 1995.

139 Aristoteles, *Nikomachische Ethik*, I, 1094b, 25-28, zit. v. Chaim Perelman, *a.a.O.*, S. 38.

Die Tyrannei des Geistes der Geometrie

140 Eine erste Version dieses Kapitels erschien unter dem Titel »Le raisonnable contre le rationnel: contribution à la critique de la tyrannie de l'esprit de géométrie«, in *Les Cahiers du Groupe Epistémologie des Cindyniques,* Nr. 4, Januar 1998.

141 Edgar Faure, *Mémoires,* I, *Avoir toujours raison... c'est un grand tort,* S. 496, zit. in *Le Monde,* 2. September 1988.

142 Siehe die vorigen Kapitel.

143 Jean-Paul Piriou, *Lexique des sciences économique et sociales,* Paris, 1996.

144 Pierre Cahuc, *La nouvelle microéconomie,* Paris, 1993, S. 6.

145 Zit. bei Bertrand Badie, *L'Etat importé,* Paris, 1992, S. 80.

146 Cathérine Colliot-Thélène, »Max Weber et l'Islam«, *Revue de MAUSS,* Nr. 10, 4. Trimester 1990, S. 11.

147 Joseph Alois Schumpeter, *Kapitalismus, Sozialismus und Demokratie,* München, 1950, S. 201.

148 Myriam Revault d'Allonnes, »La persévérance du politique«, in *Hannah Arendt, Ontologie et politique, a.a.O.,* S. 44.

149 John Rawls, *Theorie der Gerechtigkeit,* Frankfurt, 1979, S. 31.

150 Max Weber, *Wirtschaftsgeschichte, a.a.O.,* S. 292-293.

151 Adolphe Landry, *Principes de la morale rationnelle,* Paris, 1906.

152 Wie an den Börsen, dem Prototyp des perfekten Markts im Sinn der Ökonomen, muß ein Auktionator da sein, der Angebote und Nachfragen zentralisiert und die Preise bekanntgibt.

153 Siehe Wolfgang Sachs, »Le culte de l'efficience absolue«, *Revue du MAUSS,* Nr. 3, 1. Trimester 1989. S. auch Bernard Maris, »Qu'est-ce que l'efficacité?«, in Jacques Prades und Bernard Charbonneau, *Une vie entière à dénoncer la grande imposture,* Erès, 1997.

154 Bernard Maris, *a.a.O.,* S. 100, 104.

155 Carlo Mongardini, *Economia come ideologia. Sul ruolo dell'economia nella cultura moderna,* Mailand, S. 31.

156 »Die grenzenlose Ausweitung der Herrschaft des Rationalen – einer pseudorationalen Pseudoherrschaft, wie man heute sieht – wird so die andere große, in der Technik und der Organisation machtvoll verkörperte, imaginäre Bedeutuung der modernen Welt« (Cornelius Castoriadis, *La montée de l'insignifiance. Les carrefours du labyrinthe,* IV, Paris, 1996, S. 42).

157 Dominique Janicaud, *A nouveau la philosophie,* Paris, 1991, S. 88-89.

158 Angeschnitten wurde die Frage bereits in *La Mégamachine. Raison techno-scientifique, raison économique et mythe du progrès,* Paris, 1995; wir entnehmen diesem Werk einige Beispiele.

159 Im April 1997 hat eine Anzahl von Wissenschaftlern und Forschern in Dakar eindringlich vor den Gefahren dieses Versäumnisses gewarnt.

160 Nicholas Georgescu-Roegen, *La décroissance. Entropie-écologie-économie,* Paris, 1995.

161 Experimentelle Prototypen haben bis zu 1350 km mit einem Liter Benzin zurückgelegt! (Maurizio Pallante, *Le tecnologie di armonia,* Turin, 1994, S. 126).

162 Auf durchaus ähnliche Weise ist das Problem unter Bezugnahme auf den kurzen oder langen zeitlichen Horizont im Sinne von industrieller/produktiver oder finanzieller Rationalität formuliert worden. Siehe Laurent Thévenot, »Equilibre et rationalité dans un univers complexe«, *Revue économique,* März 1989.

163 Der Ausdruck »Konsens von Washington« wurde erstmals 1990 von dem amerikanischen Ökonomen James Williams gebraucht. Dieser politisch-ökonomische »Konsens« steht am Ende einer theoretischen Reflexion, die zu Beginn der siebziger Jahre auf der Grundlage der Ideen Milton Friedmans stattfand und sich gegen das angeblich gescheiterte makroökonomische keynesianische Denken richtete. Zur allesbeherrschenden Doktrin wurde diese ultraliberale Synthese durch das Imprimatur des IWF und der Weltbank sowie durch den von Ronald Reagan und Margaret Thatcher ausgehenden Druck. Siehe Serge Marti, »Le ›consensus de Washington‹ se fissure«, *Le Monde,* 22. Juni 1999.

164 Unter gewissen – außerordentlich günstigen – Umständen sind *win-win*-Spiele (Arbeitgeber-Beschäftigte, Arbeitgeber-Verbraucher), ja sogar *win-win-win*-Spiele (Staat-Arbeitgeber-Beschäftigte, Staat-Arbeitgeber-Verbraucher) möglich, meistens aber gibt es vergessene »Verlierer«, wie die Natur, die Umwelt oder die Dritte Welt.

165 Jean-Pierre Dupuy und Jean Robert, *La trahison de l'opulence*, Paris, 1976.

166 Frédéric Vandenberghe, *Une histoire critique de la sociologie allemande*, Paris 1997, S. 38 (es handelt sich um ein Resümee der Analyse von Ivan Illich, *Die Nemesis der Medizin. Von den Grenzen des Gesundheitswesens*, Reinbek, 1989, Kap. III: »Kulturelle Iatrogenesis«).

167 Jean Baudrillard, »Le mondial et l'universel«, *Libération*, 18. März 1996.

168 Siehe Pierre Aubenque, *a.a.O.*

169 »Der semantische Gehalt von *phronesis* ist im Lauf der Jahrhunderte von der lateinischen *prudentia*, der Klugheit [französisch *prudence*], übernommen worden. Wir haben diese Übersetzung vermieden, und eine erneuerte Rhetorik müßte sie gleichfalls vermeiden. Der Ausdruck *prudence* konnotiert im Französischen recht unterschiedliche, ja bisweilen fast entgegengesetzte Vorstellungen. Er läßt an Zurückhaltung, sogar an übergroße, fast zögerliche Zurückhaltung denken [...], während die *phronesis* ein aufs Handeln gerichtetes Denken meint. Der Ausdruck Klugheit bewahrt seine ursprüngliche Kraft fast nur noch in dem sehr römischen Ausdruck Jurisprudenz, welche die höhere Stufe des Rechts und in Zweifelsfällen der Gesetzesinterpretation die höchste Suche nach Billigkeit ist« (Daniel Labéy, »Le système de la rhétorique ancienne et la raison«, CEGERNA, 1994, S. 25). Siehe auch im selben Sinn, Cornelius Castoriadis, *a.a.O.*, S. 212.

170 Laurent Thévenot, *a.a.O.*, S. 159.

171 Daniel Labéy, *a.a.O.*, S. 35.

172 Cornelius Castoriadis, *a.a.O.*, S. 79.

173 Jedenfalls meint das Daniel Labéy, *a.a.O.*

174 Beispiele im Rechenschaftsbericht der *Cahiers du Groupe Epistémologique des Cindyniques*, Nr. 3, Dezember 1996.

175 *Ebd.*, Stellungnahme von M. Graham.

176 Daniel Labéy, *a.a.O.*, S. 30.

177 Daniel Labéy, »L'illustre précédent«, *a.a.O.*, S. 72.

178 Chaim Perelman, »La motivation des décisions de justice«, zit. von Olivier Corten, *a.a.O.*, S. 10.

179 Am 26. Dezember 1997 erreichten achthundertsiebenundzwanzig Kurden den Strand von Santa Caterina, Kalabrien. Der Bürgermeister der benachbarten Gemeinde Badolato (4000 Einwohner) hielt eine außerordentliche Versammlung ab, die der gesamten Bevölkerung offenstand. Man beschloß einmütig, die Gäste zu empfangen und sie in leerstehenden Häusern unterzubringen. Siehe Osvaldo Pieroni, *Tra Scilla et Cariddi*, Catanzaro, 2000, S. 12.

180 Jean-Marie Harribey, »Répartition et capitalisation, on ne finance jamais sa propre retraite«, *Le Monde*, 3. November 1998. S. auch vom selben Autor das Nachwort zu Jacques Nikonoff, *La comédie des fonds de pension. Une faillite intellectuelle*, Paris, 1999.

181 Edmond Malinvaud, »Pourquoi les économistes ne font pas de découvertes«, *Revue d'économie politique*, Nr. 6, November-Dezember 1996, zit. in *Le Monde* vom 27./28. April 1997.

182 Hannah Arendt, *a.a.O.*

183 Françoise Collin, »N'être«, *a.a.O.*, S. 124.

184 Siehe z. B., *La stratégie politique des Arabes*, Paris, 1976.

185 Dominique Janicaud, *La puissance du rationnel*, Paris, 1985, S. 324.

186 Chaim Perelman, *a.a.O.*, S. 175.

187 André Lalande, *Vocabulaire technique et critique de la philosophie*, Paris, 1976, S. 884.

188 Olivier Corten, *a.a.O.*, S. 40.

189 *Ebd.*, S. 39.

190 André Fontaine, *Après le déluge*, Paris, 1995, zit. v. Philippe Engelhard, *L'homme mondial*, *a.a.O.*, S. 376.

191 Hans Jonas, *Das Prinzip Verantwortung. Versuch einer Ethik für die technologische Zivilisation*, Frankfurt, 1984, S. 36.

192 Olivier Godard, *Le principe de précaution dans la conduite des affaires humaines*, Paris, 1997.

193 Jean-Jacques Salomon, *a.a.O.*, S. 13.

194 E. Gail de Planque, Colloque cindynique 95, *Les Cahiers du Groupe Epistémologique des Cindyniques*, Nr. 3, Dezember 1996.

195 *Les Cahiers du Groupe Epistémologique des Cindyniques,* Nr. 3, Dezember 1996, S. 22f.

196 *Theory of Games and Economic Behaviour,* zit. v. Jean-Jacques Salomon, *a.a.O.,* S. 14.

197 Philippe Engelhard, *L'homme mondial, a.a.O.,* S. 375.

198 Paul Ricoeur, zit. v. Philippe Engelhard, *ebd.,* S. 379.

199 Jean-Jacques Salomon, *a.a.O.,* S. 16.

Die Effizienz und das Effektive

200 Eine erste Version dieses Kapitels ist in *Economie et humanisme,* Nr. 347, Dezember 1988/Januar 1999 unter dem Titel »L'effficacité raisonnable et le piège de l'efficience rationnelle« erschienen. Der Artikel erschien auch in *Silence,* Nr. 246-247, Juli-August 1999.

201 Auguste Detoeuf, *Propos de O.-L. Barenton confiseur, ancien élève de l'Ecole polytechnique,* Paris, S. 124-125.

202 Und die gesamte Nachkommenschaft. Siehe Lyman Tower Sargent und Roland Schaer, *Utopie. La quête de la société idéale,* Paris, 2000.

203 Auch François Jullien gebraucht diesen Ausdruck. Der Umweg übers Englische hilft allerdings nicht weiter, denn nach dem *Oxford Dictionary* ist die Opposition der beiden Begriffe nicht traditionell (s. Wolfgang Sachs, *a.a.O.*). Weil der Begriff *efficace* aufgrund des überhandnehmenden angelsächsischen Jargons seine ökonomische Konnotation teilweise an das *franglais*-Wort *efficience* hat abgeben müssen, haben wir vorübergehend geglaubt, ihn für die Übersetzung von *effectiveness* einsetzen zu können. Nach längerem Zögern sind wir jedoch, dem Sprachgebrauch folgend, zur konzeptuellen Oppostion *efficient/effectif* als der annehmbarsten zurückgekehrt. François Julliens Gebrauch der Opposition *efficience/efficacité* nützt uns nicht viel, denn weil er *efficience* in einem Sinn versteht, der sich an die philosophisch-theologische Tradition anschließt (z. B. in dem Ausdruck *grâce efficiente,* wirksame Gnade oder *gratia efficax*), ist bei ihm die *efficacité* sehr stark ökonomisch aufgeladen. »Zwischen der Frage der Wirksamkeit, die vom Voluntarismus durchdrungen ist, und der Frage der ›Effizienz‹, die mit dem Immanenz-Fond zusammenhängt, soll eine Verschiebung vorgenommen werden« (François Jullien, *Über die Wirksamkeit, a.a.O.,* S. 8). »Zwischen Wirksamkeit und Effizienz gibt es den gleichen Unterschied wie zwischen

einem Heilmittel und der Sonne (vgl. die Sonne wird als ›effiziente‹ Ursache bezeichnet, während man von einem Heilmittel sagt, daß es wirksam ist)«, *ebd.*, S. 181. Dieser Gebrauch ist durchaus vertretbar, der der *Ökonomen* ist allerdings eher umgekehrt.

204 Nach dem Bonmot von Patrick Viveret, der die Revue *Transversales sciences/cultures* herausgibt.

205 Soizick Crochet, »Le sacrifice impossible. Contradictions de l'acteur humanitaire«, *Revue du MAUSS*, Nr. 5, 1. Semester, 1995, S. 92.

206 Tonino Perna, *Fair Trade. La sfida etica al mercato mondiale*, Turin, 1998, S. 123.

207 Francine Aizicovici, »Le commerce équitable commence à séduire les investisseurs privés«, *Le Monde*, 9. November 1999.

208 Hagendorf *u.a.*, »Que font-ils de vos dons?«, *50 millions de consommateurs*, 1994, S. 17, zit. v. Godbout, »Consommateurs de don et producteurs de cause. La philanthropie et le marché«, *Revue internationale de psychosociologie*, vol. III, Nr. 8, 1997, S. 121.

209 *Ebd.*, S. 121.

210 *Le Devoir*, 23. Oktober 1996, zit. v. Jacques Godbout, *ebd.*, S. 122.

211 Siehe die kritische Analyse von François Brune in *Les médias pensent comme moi!*, Paris, 1993.

212 Jacques Godbout, »Consommateurs de don et producteurs de cause«, *a.a.O.*, S. 124.

213 *Ebd.*, S. 126.

214 Marcel Detienne und Jean-Pierre Vernant, *a.a.O.* Der Begriff *phronesis* wird, wie gesagt, durch das lateinische *prudentia* bei Cicero nur unzureichend wiedergegeben; wenn wir bequemlichkeitshalber bei der Übersetzung »Klugheit« bleiben, dann muß stets das »Vernünftige« mitgedacht werden.

215 Darüber wundert sich Michel Villette: »Von einer Führungskraft heißt es, sie sei ›dynamisch‹, ›leistungsfähig‹ oder ›effizient‹. Sie als ›klug‹ zu bezeichnen, wäre kein Kompliment; ein solches Wort wäre gleichbedeutend mit ›schüchtern‹« (Michel Villette, *a.a.O.*, S. 160).

216 »Da man nur über das Kontingente beraten kann, ist die Klugheit keine Wissenschaft; aber sie ist, im Sinne der *techne,* auch keine Kunst, da sie

das Handeln *(praxis)* anvisiert und nicht das Hervorbringen [...]. In diesem Sinn wird sie sowohl von der ›Genauigkeit des Auges‹ wie von der ›Lebendigkeit des Geistes‹ und der Fähigkeit des ›Urteilens‹ *(gnome)* ergänzt. Das belegen nicht mehr die in ihren Spekulationen versunkenen Gelehrten, sondern die ›Verwalter von Häusern und Staaten‹ [...] ein Mann der Tat – Perikles« (François Jullien, *Über die Wirksamkeit,* S. 17-18, modifiziert).

217 »Durch eigene Klugheit allein war er mit kürzester Überlegung ein unfehlbarer Erkenner des Augenblicks und auf weiteste Sicht der beste Berechner der Zukunft« (Thukydides, I, 138, 3, zit. v. Marcel Detienne und Jean-Pierre Vernant, *a.a.O.,* S. 302).

218 Aristoteles, *Nikomachische Ethik,* VI, 5.

219 So Michel Villette.

220 Nach François Jullien, *a.a.O.*

221 Marcel Detienne und Jean-Pierre Vernant, *a.a.O.,* S. 305.

222 Michel Villette, *a.a.O.,* S. 172.

223 »Das Projekt einer intellektuellen Beherrschung der gelebten Erfahrung«, schreibt Villette, »wird bei den Modernen zwangsläufig die Erinnerung an die Techniken der religiösen Gewissenserforschung – etwa die katholische Beichte –, an die pädagogischen Techniken der Persönlichkeitsformung – wie sie etwa die Jesuiten praktizierten – oder an die therapeutischen Techniken der Psychoanalytiker und Psychologen wecken. Man soll sich, in einer ersten Annäherung, davor hüten, den weiten Bereich möglicher Formen der Reflexivität auf diese oder jene bestimmte Form von ›Selbstbeherrschung‹ zu reduzieren«, *ebd.,* Anm. S. 170.

224 »Wie wird man zum *phronimos*? Indem man wieder lernt, direkt – d. h. mit eigenen Mitteln, durch Versuch und Irrtum, durch Improvisation und Streit – die Situationen, in die wir professionell eingebunden sind, zu studieren« (*ebd.,* S. 182).

225 Jean-Claude Michéa, *a.a.O.*

226 »Die aristotelische Natur ist ›erfinderisch‹, ›demiurgisch‹, ›produzierend‹; oder aber sie ist ›Malerin‹, Bildhauerin‹ oder ›Hausfrau‹ – und sie hat auch einen Plan. Sie mag sich wohl von den Kunstwerken unterscheiden, weil sie ihr Prinzip in sich selbst hat und auf immanente Weise verfährt, aber sie operiert wie jedes Handeln in einer Beziehung von Mittel zu Zweck« (François Jullien, *Über die Wirksamkeit, a.a.O.,* S. 87).

227 *Ebd.,* S. 88.

228 *Ebd.,* S. 86.

229 *Ebd.,* S. 223-224 (modifizierte Übersetzung).

230 Michel Villette, *a.a.O.,* S. 171.

231 Man ahnt, daß es vom afrikanischen Palaver unendlich viel zu lernen gäbe, und man kann nur wünschen, daß das afrikanische Denken auch noch seinen François Jullien findet.

232 François Jullien, *Umweg und Zugang. Strategien des Sinns in China und Griechenland,* Wien, 2000, S. 250-251.

233 Siehe Michel Lukek (Ambiance Bois), »Entre la centrale économique et la micro-réalisation: le réseau«, *Bulletin de la ligne d'horizon,* Nr. 20, Juni 1998.

234 Tonino Perna, *a.a.O.,* S. 122.

235 Geneviève Even-Granboulan, *Ethique et économie,* Paris, 1998, S. 301.

Das Vernünftige und die Billigkeit: Marktbeziehungen und gerechte Preise

236 Eine erste Version dieses Kapitels ist in der *Revue du MAUSS,* Nr. 15, 1. Semester 2000, unter dem Titel »De l'éthique sur l'étiquette au juste prix. Aristote, les SEL et le commerce équitable« publiziert worden.

237 »Die Gerechtigkeit ist die Barmherzigkeit des Weisen oder die Barmherzigkeit, die mit der Klugheit zusammenfällt«, in Leibniz, *Textes et opuscules inédits,* Paris, 1948, S. 605.

238 Léon Bourgeois, *Solidarité,* Paris, 1902, S. 42.

239 Olivier Corten, *a.a.O.,* S. 6.

240 *Ebd.,* S. 36.

241 *Ebd.,* S. 12.

242 Siehe *L'autre Afrique. Entre don et marché, a.a.O.* (insbesondere den Schluß).

243 Arghiri Emmanuel, *L'échange inégal,* Paris, 1969.

244 Eine Behauptung, die umso erstaunlicher ist, als sie von einem für die soziale Ökonomie verantwortlichen Theoretiker der Kooperativen stammt und letztlich selbst den Begriff des »gerechten Preises« überhaupt eliminiert. »Wir sind davon überzeugt, daß die öffentliche Meinung und das ökonomische Denken einen großen Schritt vorwärts tun würden, wenn sie sich endlich entschlössen, den mehrere Jahrhunderte alten Gedanken des gerechten Preises aus der Liste der ökonomischen Begriffe zu streichen. Es handelt sich um einen moralischen Begriff mit notwendig verschwommenen Konturen, dem keine wissenschaftliche Bedeutung zukommt« (Bernard Lavergne, »L'école coopérative par rapport à la doctrine libérale«, *Revue d'économie coopérative,* Nr. 85, Dezember 1951, S. 179). Siehe auch Benoît Patar, »Le juste prix?«, *Catholica,* Herbst 1998, und Geneviève Even-Granboulan, *a.a.O.*

245 Siehe Serge Latouche, »Ethique et esprit scientifique«, *L'homme et la société,* Nr. 84, 1987.

246 Jean Mousse, »Ethique et profit aujourd'hui«, *Revue française de gestion,* Nr. 112, Januar-Februar 1997.

247 Siehe Serge Latouche, »La monnaie au secours du social ou le social au secours de la monnaie: les SEL et l'informel«, *Revue du MAUSS,* Nr. 9, 1. Semester 1997.

248 Perry Walker und Edward Goldsmith, »Une monnaie pour chaque communauté«, *Silence,* Nr. 246-247, Juli-August 1999, S. 20. Die Frage stellt sich jedoch nach wie vor in den LETS. Siehe Finn Bowring, »Les SEL et les inégalités sociales«, *Revue du MAUSS,* Nr. 15, 1. Semester 2000.

249 *Nikomachische Ethik,* V, 8. Kurioserweise scheint Schumpeter begriffen zu haben, worum es geht, wenn er schreibt: »Überdies waren seine gerechten Werte soziale Werte – die, wie er sicherlich annahm, den Wert ausdrückten, den die Gesellschaft jedem einzelnen Gut beimaß«, um allerdings sofort in einer Fußnote hinzuzufügen: »Es existiert kein realistischer Sinn für die Behauptung, daß eine nicht sozialistische Gesellschaft als solche den Wert von Waren bestimmt« (Joseph Alois Schumpeter, *Geschichte der ökonomischen Analyse,* Bd. I, Göttingen, 1965, S. 102).

250 Pierre Leroux, in *Trente-cinq années de colloques sur le socialisme républicain de Pierre Leroux aux dreyfusards,* Nr. 14, Aix-en-Provence, 1998, S. 116.

251 *Le Canard enchaîné* vom 6. Oktober 1999 kommentiert: »Das Gefühl, sein Geld wert zu sein (4 Millionen pro Jahr): ein Seminar, das unbedingt ins Programm der nationalen Verwaltungshochschule gehört?«

252 *Libération,* 5. Oktober 1999.

253 J. Lebas, F. Veber, G. Brucker, *Médecine humanitaire,* Paris, 1994, zit. v. Bernard Hours, *L'idéologie humanitaire ou le spectacle de l'altérité perdue,* Paris, 1998, S. 45.

254 »Der Konsument ist König, sagt man. Seine Rationalität ist souverän und seine Souveränität rational: Einerseits urteilt er selbst über seine Präferenzen und Werte am besten, andererseits ist die Geldsumme, die er für eine bestimmte Ware oder Dienstleistung auszugeben gewillt ist, gewissermaßen ein Bündel von Stimmzetteln, um eine Metapher, die die Ökonomen gern benutzen, aufzugreifen. Dann ist es nur noch ein Schritt, bis es heißt: ›Die Demokratie ist der Markt‹« (Franck-Dominique Vivien und Agnès Pivot, *a.a.O.,* S. 51).

255 Siehe Stéphène Jourdain und Albert Durieux, *L'entreprise barbare,* Paris, 1999.

256 Hier Marc Williger, »La méthode d'évaluation contingente: de l'observation à la construction des valeurs de préservation«, *Natures Sciences Sociétés,* Nr. 4, 1, 1999.

257 Raimon Panikkar, »Les fondements de la démocratie«, *Interculture,* Nr. 136, Montreal, April 1999.

258 Dorothée Pierret, »Système d'échanges et personnes morales«, *Silence,* Nr. 246-247, Juli-August 1999, S. 17.

259 Die Netze für wechselseitigen Wissensaustausch sind in Frankreich 1971 entstanden. Heute gibt es sechshundert Netze mit etwa hunderttausend Teilnehmern. Von jedem Teilnehmer wird angenommen, daß er ein Wissen weiterzugeben hat, und diese Weitergabe gilt als valorisierend. Der Tausch geschieht auf der Grundlage einer bei jedem vorausgesetzten Gleichheit des Wissens und der Zeit. Allerdings ging es von Anfang an darum, Leuten, die in Schwierigkeiten waren, zu helfen, indem man ihnen ermöglichte, sich kostenlos weiterzubilden (Englisch, Informatik, etc.). Die kommunalen Behörden stellten oft Lokalitäten und bezahlte Animateure, die das Experiment instrumentalisierten, indem sie es mehr oder weniger für die Integration der Außenseiter in Dienst nahmen.

260 Perry Walker und Edward Goldsmith, *a.a.O.,* S. 23.

Die Rückkehr der Rhetorik

261 François de la Rochefoucauld, *Maximes,* Nr. 209, Ausgabe von 1678.

262 Barbara Cassin, »Grecs et Romains: les paradigmes de l'antiquité chez Arendt et Heidegger«, in *Hannah Arendt, Ontologie et politique, a.a.O.,* S. 31.

263 Françoise Collin, »N'être«, *a.a.O.,* S. 123.

264 Daniel Labéy, *a.a.O.,* S. 3.

265 Er fügt hinzu: »Das heißt nicht, daß die Rhetorik moralisch wäre, dieses Feld wäre viel zu weit, aber sie befördert zumindest den Kult der Ehrlichkeit« (*ebd.,* S. 3).

266 *Ebd.,* S. 12.

267 *Ebd.,* S. 6.

268 René Girard, *Das Heilige und die Gewalt,* Zürich, 1987, S. 276.

269 *Ebd.,* S. 300.

270 Jean-François Lyotard, *Das postmoderne Wissen. Ein Bericht,* Graz-Wien, 1986, S. 90-91.

271 Paul Feyerabend, *Wider den Methodenzwang,* Frankfurt, 1995.

272 Bruno Latour und Steve Woolgar, *Laboratory Life. The Social Construction of Scientific Facts,* London, 1979.

273 Nicholas Georgescu-Roegen, *La science économique, ses problèmes, ses difficultés,* Paris, 1970, S. 28.

274 Helvetius, *De l'esprit,* Paris, 1973, S. 107.

275 Theodor W. Adorno, *Ästhetische Theorie,* Frankfurt, 1970, S. 264.

276 Aus diesem Grund ist der heroische Versuch, den Henri Raynal in der *Revue du MAUSS,* 2. Semester 1998, unternommen hat, zu begrüßen. Siehe die Artikel von ihm und seinen Schülern, »De l'émerveillement. Autour de l'oeuvre d'Henri Raynal«.

Diesseits oder jenseits der Ökonomie: das Vernünftige wiederfinden

277 Dieser Text ist die überarbeitete Fassung eines Vortrags, der beim siebten internationalen Karl-Polanyi-Kolloquium gehalten wurde: »Y a-t-il une économie substantive?«, Lyon, 26.-27. Mai 1999.

278 Karl Polanyi, *The Livelihood of Man,* New York, 1977, S. 13.

279 Alain Caillé, *Bulletin du MAUSS,* Nr. 18, Juni 1986, S. 5.

280 Michel Camdessus, Interview mit der Zeitung *Le Monde,* 27. Oktober 1998.

281 Douglas North, »Le défi de Karl Polanyi. Le marché et les autres systèmes d'allocation des ressources«, *Revue du MAUSS,* Nr. 10, 1997.

282 Louis Dumont, Vorwort zu Karl Polanyi, *La grande transformation. Aux origines politiques et économiques de notre temps*, Paris, 1983, S. VII.

283 »*The Great Transformation* dürfte die insgesamt radikalste Kritik des liberalen Kapitalismus sein« (*ebd.,* S. XIV).

284 Karl Polanyi und Conrad M. Arensberg, *Trade and Market in the Early Empires. Economies in History and Theory*, Glencoe, 1957, S. 243.

285 Karl Polanyi, *The Livelihood of Man, a.a.O.,* S. 31, zit. v. Gérald Berthoud, »Un anti-économiste nommé Polanyi«, *a.a.O.,* S. 78.

286 Karl Polanyi und Conrad M. Arensberg, *a.a.O.,* S. 245.

287 Zit. von Gérald Berthoud, »Un anti-économiste nommé Polanyi«, *a.a.O.,* S. 12.

288 *Ebd.,* S. 62.

289 Karl Polanyi und C. Arensberg, *a.a.O.,* S. 246. In *La fallace* heißt es sogar: »Die Mittel, nicht die Zwecke sind materiell. Ob die nützlichen Dinge zur Abwendung des Hungers oder für pädagogische, militärische oder religiöse Zwecke notwendig sind, ist nicht so wichtig« (S. 21).

290 Gérald Berthoud hat sehr treffend darauf hingewiesen, daß Polanyi den Konsum und vor allem den Verbrauch nicht behandelt hat. Siehe »Un anti-économiste nommé Polanyi«, *a.a.O.,* S. 82.

291 Karl Polanyi, zit. von Gérald Berthoud, *a.a.O.,* S. 21.

292 Karl Polanyi und Conrad M. Arensberg, *a.a.O.,* S. 244.

293 *Ebd.,* S. 262.

294 Louis Dumont, Vorwort zu Karl Polanyi, *La grande transformation, a.a.O.,* S. XVI.

295 Karl Polanyi und C. Arensberg, *a.a.O.,* S. 250.

296 Louis Dumont, Vorwort zu Karl Polanyi, *La grande transformation, a.a.O.,* S. VII.

297 Zitiert von G. Berthoud, *a.a.O.,* S. 20 (Hervorhebung von uns). Polanyi behauptet sogar, hier liege »der Ursprung der substantiellen Definition des Ökonomischen«.

298 Gérald Berthoud, »Un anti-économiste nommé Polanyi«, *a.a.O.,* S. 82.

299 Es gibt, wie Gérald Berthoud bemerkt, neoklassische Ökonomen, die diesen Schritt tun und ihnen eine formale Ökonomie zuschreiben. Siehe *ebd.,* Anm. 6, S. 91.

300 Maurice Godelier, Vorwort zu Karl Polanyi und C. Arensberg, *a.a.O.,* S. 12.

301 *Primitive, Archaic and Modern Economies, Essays of Karl Polanyi,* New York, 1968, S. 306-307, zit. v. Gérald Berthoud, »Un anti-économiste nommé Polanyi«, *a.a.O.,* S. 86.

302 Louis Dumont, Vorwort zu *La grande transformation, a.a.O.,* S. XVI.

303 Louis Dumont, *Homo aequalis. Génèse et épanouissement de l'idéologie économique,* Paris, 1977, S. 33.

304 Maurice Godelier, Vorwort zu Karl Polanyi und C. Arensberg, *a.a.O.,* S. 1.

305 *Ebd.,* S. 268.

306 Vom griechischen *katallattein,* »tauschen«; der Ausdruck wird vorgeschlagen, um die Wissenschaft vom Austausch, also einer ausschließlich vom Markt bestimmten Ökonomie, zu bezeichnen.

307 Louis Dumont, *Homo aequalis, a.a.O.,* S. 33, und auch Gérald Berthoud, »Un anti-économiste nommé Polanyi«, *a.a.O.,* S. 88.

308 Karl Polanyi, *The Livelihood of Man, a.a.O.,* S. 56, zit. von Gérald Berthoud, *ebd.*

309 Douglas North, »Le défi de Karl Polanyi«, *a.a.O.,* S. 58.

310 Karl Polanyi und C. Arensberg, *a.a.O.,* S. 247.

311 Douglas North, »Le défi de Karl Polanyi«, *a.a.O.,* S. 57.

312 *Ebd.*

313 *Ebd.,* S. 60.

314 *Ebd.,* S. 61.

315 *Ebd.,* S. 63.

316 Karl Polanyi und C. Arensberg, *a.a.O.,* S. 240.

317 Maurice Godelier, *a.a.O.,* S. 26.

318 Douglas North, »Le défi de Karl Polanyi«, *a.a.O.,* S. 62 (Hervorhebung von uns).

319 Gérald Berthoud, »Homo polanyiensis«, *Bulletin du MAUSS,* Nr. 19, S. 118.

320 Gottfried Wilhelm Leibniz, *Neue Abhandlungen über den menschlichen Verstand,* Buch I, Kap. III, § 8, Darmstadt, 1959, S. 85.

321 Jean Lacouture, *Les Jésuites,* Paris, 1991, Bd. 1, S. 197.

322 Anläßlich des Problems der *wissenschaftlichen* Forschung in den traditionellen Gesellschaften der Fon und Yoruba kommt Issiaka-Prosper Laleye zu ähnlichen Schlüssen: »Eine Sache kann in einer Sprache fehlen, vor allem wenn man mit Hilfe von fremden *Übersetzungen* nach ihr sucht, und doch in der Kultur der Sprecher dieser Sprache anwesend sein.« (Issiaka-Prosper Laleye, »La perception de la recherche dans la mentalité africaine traditionnelle. Le cas du Bénin«, *Université Recherche et Développement,* Nr. 2, Saint-Louis, Senegal, Oktober 1993.)

323 Maurice Godelier, Vorwort zu Karl Polanyi und C. Arensberg, *a.a.O.,* S. 21.

324 *Ebd.,* S. 10 (Hervorhebung von uns).

325 Wir sind bei der Entwicklung auf diese ethische Dimension gestoßen. Siehe Serge Latouche, »La signification éthique du développement«, *Bulletin du MAUSS,* Nr. 24, 1987.

326 Max Weber, *Die protestantische Ethik und der Geist des Kapitalismus*, Max-Weber-Gesamtausgabe, Bd. 18, Tübingen, 1984 ff.

327 Siehe Jules Delvaille, *Essai sur l'histoire de l'idée de progrès jusqu'à la fin du XVIIe siècle,* Paris, 1910, S. 327.

328 Auch wenn wir hier nicht weiter darauf eingehen können, sind die Studien, die B. L. Whorf der Abwesenheit des Zeitbegriffs bei den Hopi gewidmet hat, in dieser Hinsicht sehr wichtig. Tatsächlich kann man annehmen, daß seit Kant (und verstärkt noch durch Heidegger, wenn auch in einem sehr anderen Sinn) die vorgängige Konzeption der Zeit und des Raums die Bedingung für das Existieren eines »Dings« war. Ebenso viele Konzeptionen wie verschiedenartige »Dinge«. Siehe zu diesem Punkt auch unsere Aufsätze: »La question de l'autonomie de l'économique«, *Epistémologie de l'économique,* Carnets des ateliers de recherche, Nr. 6, Amiens, 1985, und »La construction imaginaire de l'économique«, *Vie et sciences économiques,* Nr. 140-141, Januar-Juni 1994.

329 Louis Dumont, *Homo aequalis, a.a.O.,* S. 33-34.

330 Jean Guyart, »Les opérations quasi bancaires au Vanuatu«, in *Banque et société humaine,* publication de l'association française des banques, 1986.

331 Oder der Tausch von Männern. Seit Lévi-Strauss hat man gezeigt, »daß der Männertausch unter Frauen ebenso bei den Tetum in Indonesien wie bei den Jorai in Vietnam und in einigen anderen Gesellschaften vorkommt« (Maurice Godelier, *L'énigme du don,* Paris, 1996, S. 52). Dann tauschen die Schwestern ihre Brüder, und der *bridewealth* (Brautpreis) wird durch einen *groomwealth* ersetzt. Auch der doppelte Tausch existiert.

332 Siehe die berühmte Arbeit von Benveniste über den Ursprung des Vokabulars der indo-europäischen Institutionen.

333 Philippe Rospabé, *La monnaie et l'échange dans les sociétés sauvages,* Diss., Paris-I, 1991, und »Don archaique et monnaie sauvage«, in MAUSS, *Ce que donner veut dire, don et intérêt,* Paris, 1993.

334 Maurice Godelier, *L'énigme du don, a.a.O.,* S. 203.

335 Siehe Serge Latouche, »La construction de l'imaginaire économique«, *a.a.O.,* und »Marchands, non marchand«, *Bulletin du MAUSS,* Nr. 7, 1983.

336 Gérald Berthoud, »Homo polanyiensis«, *a.a.O.,* S. 132.

337 *Ebd.,* S. 77.

338 Karl Polanyi, zit. von Gérald Berthoud, »Un anti-économiste nommé Polanyi«, *a.a.O.,* S. 16.

339 Karl Polanyi, *The great Transformation. Politische und ökonomische Ursprünge von Gesellschaften und Wirtschaftssystemen,* Wien, 1977, S. 17.

340 Maurice Godelier, Vorwort zu Karl Polanyi und C. Arensberg, *a.a.O.,* S. 10.

341 Louis Dumont, Vorwort zu Karl Polanyi, *La grande transformation, a.a.O.,* S. XI.

342 Cornelius Castoriadis, *La montée de l'insignifiance, a.a.O.,* S. 96.

343 Siehe hierzu die schöne Demonstration von Geneviève Azam, »Economie sociale: quel pari?«, in *Economie et Humanisme,* Nr. 347, Dezember 1998/Januar 1999, S. 20-21.

Bibliographie

Aizicovici, Francine, »Le commerce équitable commence à séduire les investisseurs privés«, *Le Monde,* 9. November 1999.

Albagli, Claude, *L'économie des dieux céréaliers,* L'Harmattan, Paris, 1989.

Alcaro, Mario, *Sull'identità meridionale. Forme di una cultura mediterranea,* Bollati Boringhieri, Turin, 1999.

Arendt, Hannah, *Between Past and Future. Six Essays in Political Thought,* Viking Press, New York, 1961; dt.: *Zwischen Vergangenheit und Zukunft: Übungen im politischen Denken I,* Piper, München, 1994.

Aristoteles, *Nikomachische Ethik,* übers. v. Franz Dirlmeier, Philipp Reclam jun., Stuttgart, 1969.

Assoun, Paul-Laurent und Raulet, Gérard, *Marxisme et théorie critique,* Payot, Paris, 1978.

Atangana, B., »Actualité de la palabre?«, *Etudes,* April 1966.

Aubenque, Pierre, *La prudence chez Aristote,* PUF, Paris, 1997 (1963).

Austruy, Jacques, *Le scandale du développement,* Clairefontaine, Genf-Paris, 1987 (1968).

Azam, Geneviève, »Economie sociale: quel pari?«, *Economie et Humanisme,* Nr. 347, Dezember 1998/Januar 1999.

Badie, Bertrand, *L'Etat importé,* Fayard, Paris, 1992.

Baechler, Jean, *Démocraties,* Calmann-Lévy, Paris, 1985.

Baudrillard, Jean, »Le mondial et l'universel«, *Libération,* 18. März 1996.

Bentham, Jeremy, »Le calcul des plaisirs et des peines«, *Revue du MAUSS,* Nr. 5, 1989.

Bernal, Martin, *Schwarze Athena. Die afrikanischen Wurzeln der griechischen Antike,* übers. v. Joachim Rehork, List, München-Leipzig, 1992.

Berthoud, Arnaud, »L'économie politique redécouvre-t-elle Aristote?«, *Revue du MAUSS,* Nr. 15-16, 1992.

Berthoud, Gérald, »Un anti-économiste nommé Polanyi«, *Bulletin du MAUSS,* Nr. 18, Juni 1986.

—, »Homo polanyiensis«, *Bulletin du MAUSS,* Nr. 19, September 1989.

Bidima, Jean-Godefroy, *La palabre. Une juridiction de la parole,* Michalon, coll. Le bien commun, Paris, 1997.

Bourgeois, Léon, *Solidarité,* Armand Colin, Paris, 1902 (1896).

Brune, François, *Les médias pensent comme moi!,* L'Harmattan, Paris, 1993.

Cahuc, Pierre, *La nouvelle microéconomie,* La Découverte, coll. Repères, Paris, 1993.

Camus, Albert, »L'exil d'Hélène«, *L'été,* Gallimard, Paris, 1959.

Cassano, Franco, *Il pensiero meridiano,* Laterza, Rom/Bari, 1996.

— , »Pour un relativisme bien tempéré«, *Revue du MAUSS,* Nr. 13, La Découverte, Paris, 1999.

Cassin, Barbara, »Grecs et Romains: les paradigmes de l'antiquité chez Arendt et Heidegger«, in *Hannah Arendt. Ontologie et politique,* Tierce, Paris, 1989.

Castoriadis, Cornelius, *La montée de l'insignifiance. Les carrefours du labyrinthe, IV,* Seuil, Paris, 1996.

— , »La démocratie. Débat avec le MAUSS«, *Revue du MAUSS,* Nr. 14, 2. Semester 1999.

— , *Sur le »Politique« de Platon,* Seuil, Paris, 1999.

Chevallier, Jacques, »Vers un droit postmoderne? Les transformations de la régulation juridique«, *Revue du droit public,* Nr. 3, 1998.

Collin, Françoise, »N'être. Evénement et représentation«, in *Hannah Arendt. Ontologie et politique,* Tierce, Paris, 1989.

Colliot-Thélène, Cathérine, »Max Weber et l'Islam«, *Revue du MAUSS,* Nr. 10, 4. Trimester 1990.

Cordonnier, Laurent, *Coopération et réciprocité,* PUF, Paris, 1997.

Corten, Olivier, »L'interprétation du ›raisonnable‹ par les juridictions internationales. Au-delà du positivisme juridique?«, *Revue générale de droit international public,* Nr. 1, 1998.

Crochet, Soizick, »Le sacrifice impossible. Contradictions de l'acteur humanitaire«, *Revue du MAUSS,* Nr. 5, 1. Semester 1995.

Delvaille Jules, *Essai sur l'histoire de l'idée de progrès jusqu'à la fin du XVIIe siècle,* Félix Alcan, Paris, 1910.

Descartes, René, *Abhandlung über die Methode,* übers. v. A. Buchenau, Felix Meiner, Hamburg, 1960.

Detienne, Marcel und Vernant, Jean-Pierre, *Les ruses de l'Intelligence. La métis des Grecs,* Flammarion, coll. Champs, Paris, 1974.

Detoeuf, Auguste, *Propos de O.-L. Barenton confiseur, ancien élève de l'Ecole polytechnique,* Editions de l'Organisation, Paris, 2000.

Dia, Mamadou, Beitrag in *Finances et développement,* Dezember 1991.

Dubarle, Dominique und Gorz, André, *Logique et dialectique*, Larousse, Paris, 1972.

Dumont, Louis, *Gesellschaft in Indien. Die Soziologie des Kastenwesens*, Europa Verlag, Wien, 1976.

—, *Homo aequalis. Genèse et épanouissement de l'idéologie économique*, Gallimard, Paris, 1977.

—, Vorwort zu Karl Polanyi, *La grande transformation. Aux origines politiques et économiques de notre temps*, Gallimard, Paris, 1983.

Dupuy, Jean-Pierre, und Jean, Robert, *La trahison de l'opulence*, PUF, Paris, 1976.

Dupuy, Jean-Pierre, »Convention et common knowledge«, *Revue économique, L'économie des conventions*, März 1989.

Eboussi, Boulaga F., *Les conférences nationales en Afrique noire: une affaire à suivre*, Paris, Karthala, 1993.

Emmanuel, Arghiri, *L'échange inégal*, Maspero, Paris, 1969.

Engelhard, Philippe, *L'Afrique miroir du monde? Plaidoyer pour une nouvelle économie*, Arléa, Paris, 1998.

Even-Granboulan, Geneviève, *Ethique et économie*, L'Harmattan, Paris, 1998.

Feyerabend, Paul, *Wider den Methodenzwang*, übers. v. H. Vetter, Suhrkamp, Frankfurt, 1981.

—, *Irrwege der Vernunft*, übers. v. J. Blasius, Suhrkamp, Frankfurt, 1989.

Fontaine, André, *Après le déluge*, Fayard, Paris, 1995.

Gail de Planque, E., Colloque cindynique 95, *Les Cahiers du Groupe Epistémologie des Cindyniques*, Nr. 3, Dezember 1996.

Gauthey, F. und Xardel, D., *Management interculturel: mythes et réalités*, Economica, Paris, 1990.

—, *Management interculturel: modes et modèles*, Economica, Paris, 1991.

Georgescu-Roegen, Nicholas, *La science économique, ses problèmes, ses difficultés*, Dunod, Paris, 1970.

—, *La décroissance. Entropie-écologie-économie*, Sang de terre, Paris, 1995.

Geschiere, Peter, *Village Communities and the State. Changing Relations among the Maka of Southeastern Cameroon*, Kegan Paul, London-Leyden, 1992.

—, *Sorcellerie et politique en Afrique. La viande des autres*, Karthala, Paris, 1995.

Girard, René, *Das Heilige und die Gewalt*, übers. v. Elisabeth Mainberger-Ruh, Benziger, Zürich, 1987.

Godard, Olivier, *Le principe de précaution dans la conduite des affaires humaines*, Editions de la MSH et de l'INRA, Paris, 1997.

Godbout, Jacques, Rezension von Laurent Cordonnier, *Coopération et réciprocité,* in *Revue du MAUSS,* Nr. 12, 2. Semester 1998.

Godelier, Maurice, Vorwort zu Karl Polanyi und Conrad M. Arensberg, *Les systèmes économiques dans l'histoire et dans la théorie,* Larousse, Paris, 1975.
—, *L'énigme du don,* Fayard, Paris, 1996; dt.: *Das Rätsel der Gabe,* C.H. Beck, München, 1999.

Guyart, Jean, »Les opérations quasi bancaires au Vanuatu«, in *Banque et société humaine,* Association française des banques, 1986.

Hagendorf u.a, »Que font-ils de vos dons?«, *50 millions de consommateurs,* 1994.

Harribey, Jean-Marie, »Répartition ou capitalisation, on ne finance jamais sa propre retraite«, *Le Monde,* 3. November 1998.

Helvetius, *De l'esprit,* Marabout, Paris, 1973.

Heritier, Françoise, »L'identité samo«, in Claude Lévi-Strauss, *L'identité,* PUF, Paris, 1977.

Hours, Bernard, *L'idéologie humanitaire ou le spectacle de l'altérité perdue,* L'Harmattan, Paris, 1998.

Hyden, Goran, »La crise africaine et la paysannerie non capturée«, *Politique africaine,* Nr. 18, Juni 1985.

Illich, Ivan, *Die Nemesis der Medizin. Von den Grenzen des Gesundheitswesens,* übers. v. Th. Lindquist, Rowohlt, Reinbek, 1981.

Iribarne, Philippe d', *La logique de l'honneur, gestion des entreprises et traditions nationales,* Seuil, Paris, 1989.

Janicaud, Dominique, *La puissance du rationnel,* Gallimard, Paris, 1985.
—, *A nouveau la philosophie,* Albin Michel, Paris, 1991.

Jourdain, Stéphène und Durieux, Albert, *L'entreprise barbare,* Albin Michel, Paris 1999.

Jullien, François, *La propension des choses. Pour une histoire de l'efficacité en Chine,* Seuil, coll. Des travaux, Paris, 1992.
—, *Umweg und Zugang. Strategien des Sinns in China und Griechenland,* übers. v. Markus Sedlaczek, Passagen, Wien, 2000.
—, *Über die Wirksamkeit,* übers. v. Gabriele Ricke und Ronald Voullié, Merve, Berlin, 1999.

Kabou, Axelle, *Et si l'Afrique refusait le développement?,* L'Harmattan, Paris, 1991.

Kant, Immanuel, *Kritik der reinen Vernunft,* Felix Meiner, Hamburg.

Keynes, John Maynard, *Das Ende des Laissez-faire. Ideen zur Verbindung von Privat- und Gemeinwirtschaft,* Duncker und Humblot, Berlin, 1929.

Labéy, Daniel, »Le système de la rhétorique ancienne et la raison«, CEGERNA, 1994.

—, »L'illustre précédent ou la rhétorique grecque du IVe siècle regardée comme une méthode d'aide à la prise de décision publique«, CEGERNA, Juli 1999.

Laburthe-Tolra, Philippe, *Les seigneurs de la forêt. Minlaaba 1. Essai sur le passé historique, l'organisation sociale et les normes éthiques des anciens Bëti du Cameroun,* Publication de la Sorbonne, Paris, 1981.

Lacouture, Jean, *Les Jésuites,* Bd. 1 und 2, Seuil, Paris, 1991.

Ladrière, Jean, »Le rationnel et le raisonnable«, in *Le défi du XXIe siècle. Relier les connaissances,* Journées thématiques conçues et animées par Edgar Morin, Paris, 16.-24. März 1998, Seuil, Paris, 1999.

Lagadec, André, *La civilisation du risque. Catastrophes technologiques et responsabilité sociale,* Seuil, Paris, 1981.

Lalande, André, *Vocabulaire technique et critique de la philosophie,* PUF, Paris, 1976.

Laleye, Issiaka-Prosper, »La perception de la recherche dans la mentalité africaine traditionnelle. Le cas du Bénin«, *Université Recherche et Développement,* Nr. 2, Saint-Louis (Senegal), Oktober 1993.

Landry, Adolphe, *Principes de la morale rationnelle,* Félix Alcan, Paris, 1906.

La Rochefoucauld, François de, *Maximes,* Ausgabe von 1678.

Lash, Christopher, *La culture du narcissisme,* Climats, Castelnau-le-Lez, 2000.

Latouche, Serge, »Marchands, non-marchand«, *Bulletin du MAUSS,* Nr. 7, 1983.

—, »La question de l'autonomie de l'économique«, *Epistémologie de l'économique,* Carnets des ateliers de recherche, Nr. 6, Amiens, 1985.

—, »La signification éthique du développement«, *Bulletin du MAUSS,* Nr. 24, 1987.

—, »Ethique et esprit scientifique«, *L'homme et la société,* Nr. 84, 1987.

—, »L'efficacité raisonnable et le piège de l'efficience rationnelle«, *Economie et humanisme,* Nr. 347, Dezember 1998/Januar 1999; *Silence,* Nr. 246-247, Juli-August 1999.

—, *L'occidentalisation du monde,* La Découverte, Paris, 1989; dt.: *Die Verwestlichung der Welt. Essay über die Bedeutung, den Fortgang und die Grenzen der Zivilisation,* übers. v. J. Utz, dipa, Frankfurt, 1994.

—, *La planète des naufragés,* La Découverte, Paris, 1991.

— , »Le rationnel et le raisonnable. Les antinomies du postulat métaphysique de la raison économique«, *Cahiers de recherche en sciences économiques de la faculté Jean Monnet,* Nr. 4, Frühjahr 1992; *Krisis,* Nr. 12, 1992; *Plein Sud,* Nr. 10, Januar 1993; unter dem Titel »La déraison de la raison économique«, *Revue du MAUSS,* Nr. 6, 2. Semester 1995.

— , »La construction imaginaire de l'économique«, *Vie et sciences économiques,* Nr. 140-141, Januar-Juni 1994.

— , »Utilitarisme noble et anti-utilitarisme des nobles, l'ambiguïté du duc de la Rochefoucauld«, *Revue du MAUSS,* Nr. 6, 2. Semester 1995.

— , *La Mégamachine. Raison technoscientifique, raison économique et mythe du progrès,* La Découverte-MAUSS, Paris, 1995.

— , »La monnaie au secours du social ou le social au secours de la monnaie: les SEL et l'informel«, *Revue du MAUSS,* Nr. 9, 1. Semester 1997.

— , »Le raisonnable contre le rationnel: contribution à la critique de la tyrannie de l'esprit de géométrie«, *Les cahiers du groupe Epistémologie des Cindyniques,* Nr. 4, Januar 1998.

— , *L'autre Afrique. Entre don et marché,* Albin Michel, Paris, 1998.

— , *Les dangers du marché planétaire,* Presses de Sciences-po, Paris, 1998.

Latour, Bruno und Woolgar, Steve, *Laboratory Life. The Social Construction of Scientific Facts,* Sage, London, 1979.

Lavergne, Bernard, »L'école coopérative par rapport à la doctrine libérale«, *Revue d'économie coopérative,* Nr. 85, Dezember 1951.

Lebas, J., Veber, F., Brucker, G., *Médicine humanitaire,* Flammarion, Paris, 1994.

Leibniz, Gottfried Wilhelm, *Neue Abhandlungen über den menschlichen Verstand,* übers. v. W. von Engelhardt und H. H. Holz, Wissenschaftliche Buchgesellschaft, Darmstadt, 1959.

—, *Textes et opuscules inédits,* G. Grua, Paris, 1948.

Lukek, Michel, »Entre la centrale économique et la microréalisation: le réseau«, *Bulletin de la ligne d'horizon,* Nr. 20, Juni 1998.

Lyotard, Jean-François, *Das postmoderne Wissen. Ein Bericht,* übers. v. Otto Pfersmann, Passagen, Graz-Wien, 1986.

Macchia, Giovanni, *Il principe di Palagonia,* Mondadori, Mailand, 1978.

Malaurie, Jean, *Les derniers rois de Thulé. Avec les esquimaux polaires face à leur destin,* Plon, Paris, 1976.

Malinvaud, Edmond, »Pourquoi les économistes ne font pas de découvertes«, *Revue d'économie politique,* Nr. 6, November-Dezember 1996, zit. in *Le Monde,* 27./28. April 1997.

Maris, Bernard, »Qu'est-ce que l'efficacité?«, in Prades, Jacques und Charbonneau, Bernard, *Une vie entière à dénoncer la grande imposture*, Erès, 1997.

Marti, Serge, »Le ›consensus de Washington‹ se fissure«, *Le Monde*, 22. Juni 1999.

Matvejevitch, Pedrag, *La Méditerranée et l'Europe*, Stock, Paris, 1998.

Mel, Meledje R., *Emokr, système de gestion des conflits chez les Odjukru*, Diss., Paris, 1994.

Meyer, Michel, *Questions de rhétorique: langage, raison et séduction*, Livre de Poche, Paris, 1993.

Michaux, Henri, *Ein Barbar auf Reisen*, übers. v. Dieter Hornig, Eichborn, Frankfurt, 1998.

Michéa, Jean-Claude, *L'enseignement de l'ignorance et ses conditions modernes*, Climats, Castelnau-le-Lez, 1999.

Mill, John Stuart, *A System of Logic Ratiocinative and Inductive*, Routledge & Kegan Paul, London, 1973.

Mises, Ludwig von, *Human Action. A Treatise on Economics*, Yale University Press, New Haven, 1949.

Mongardini, Carlo, *Economia come ideologia. Sul ruolo dell'economia nella cultura moderna*, Franco Angeli, Mailand, 1997.

Mousse, Jean, »Ethique et profit aujourd'hui«, *Revue française de la gestion*, Nr. 112, Januar-Februar 1997.

Nadoulek, Bernard, *Guide mondial des cultures à l'usage des entreprises*, EFE, 1998.

Neumann, John von und Morgenstern, O., *Theory of Games and Economic Behaviour*, Science Edition, New York, 1964.

Nicolas, Guy, »Développement rural et comportement économique traditionnel au sein d'une société africaine«, *Genève-Afrique*, vol. VIII, Nr. 2, 1969.

Nietzsche, Friedrich, *Jenseits von Gut und Böse*, in *Sämtliche Werke*. Kritische Studienausgabe, Bd. V.

Nikonoff, Jacques, *La comédie des fonds de pension. Une faillite intellectuelle*, Arléa, Paris, 1999.

North, Douglas, »Le défi de Karl Polanyi. Le marché et les autres systèmes d'allocation des ressources«, *Revue du MAUSS*, Nr. 10, 1997.

Nyerere, Julius, *The African and Democracy*, London, 1961.

Nze-Nguema, F., »L'entreprise informelle offre-t-elle des correctifs au secteur formel et lesquels?«, in *Organisations économiques et cultures africaines,* L'Harmattan, Paris, 1996.

Okamba, Emmanuel, »Le processus d'acculturation en Afrique: les vertus de la palabre locale au service de l'entreprise«, *Cahiers de sciences humaines,* Orstom, 1994, vol. 30, Nr. 4.

Pallante, Maurizio, *Le tecnologie di armonia,* Bollati Boringhieri, Turin, 1994.

Panikkar, Raimon, *Vivre avec la terre,* Institut interculturel de Montreal, 1992.
— , »Les fondements de la démocratie«, *Interculture,* Nr. 136, Montréal, April 1999.

Patar, Benoît, »Le juste prix?«, *Catholica,* Herbst 1998.

Perelman, Chaim, *Das Reich der Rhetorik. Rhetorik und Argumentation,* C.H. Beck, München, 1980.

Perna, Tonino, *Fair trade. La sfida etica al mercato mondiale,* Bollati Boringhieri, Turin, 1998.

Pierret, Dorothée, »Système d'échanges et personnes morales«, *Silence,* Nr. 246-247, Juli-August 1999.

Piriou, Jean-Paul, *Lexique des sciences économiques et sociales,* La Découverte, Paris, 1996.

Polanyi, Karl/Arensberg, Conrad M./ Pearson, Harry W., *Trade and Market in the Early Empires. Economies in History and Theory,* The Free Press, Glencoe, 1957.

Polanyi, Karl, *Primitive, Archaic and Modern Economics, Essays of Karl Polanyi,* Anchor Books, New York, 1968.
— , *The Great Transformation. Politische und ökonomische Ursprünge von Gesellschaften und Wirtschaftssystemen,* übers. v. H. Jelinek, Europa Verlag, Wien, 1977.

Popper, Karl R., »Les fondements philosophiques des systèmes économiques«, *Mélanges en l'honneur de Jacques Rueff,* Payot, Paris, 1967.

Radkowski, Georges-Hubert de, *Métamorphoses de la valeur,* PUG, Grenoble, 1987.

Rawls, John, *Eine Theorie der Gerechtigkeit,* übers. v. H. Vetter, Suhrkamp, Frankfurt, 1979.

Raynal, Henri, »De l'émerveillement. Autour de l'oeuvre d'Henri Raynal«, *Revue du MAUSS,* Nr. 12, 2. Semester 1998.

Revault d'Allonnes, Myriam, »La persévérance du politique«, in *Hannah Arendt, Ontologie et politique,* Paris, 1989.

Ricoeur, Paul, »Entretien«, in *Ethique et responsabilité,* La Baconnière, Neuchâtel, 1994.

Rosier, Michel, »Rationalité universelle et raisons singulières«, *Cahiers d'épistémologie,* Nr. 9115, Université de Québec, Montreal, September 1990.

Rosny, Eric de, *La nuit, les yeux ouverts,* Seuil, Paris, 1996.

Rospabé, Philippe, *La dette de vie. Aux origines de la monnaie,* La Découverte, Paris, 1995.

Sachs, Wolfgang, »Le culte de l'efficience absolue«, *Revue du MAUSS,* Nr. 3, 1. Trimester 1989.

Sahlins, Marshall, *Kultur und praktische Vernunft,* Suhrkamp, Frankfurt, 1981.

Salomon, Jean-Jacques, *Survivre à la science. Une certaine idée du futur,* Albin Michel, Paris, 1999.
—, »Pour une éthique de la science. De la prudence au principe de précaution«, in *Futuribles,* September 1999.

Schumpeter, Joseph Alois, *Geschichte der ökonomischen Analyse,* Bd. I, Vandenhoeck & Ruprecht, Göttingen, 1965.
—, *Kapitalismus, Sozialismus und Demokratie,* übers. v. Susanne Preiswerk, Francke, München, 1950.

Senghor, Léopold Sédar, *L'homme de couleur,* Plon, Paris, 1939.
—, *Liberté I,* Seuil, Paris, 1964.

Séraphin, Gilles, »Les concepts de *science* et *technique* au sein de l'UNESCO«, Mémoire IEDES, Paris, 1994.

Sotinel, Thomas, »Les recettes du management à l'africaine«, *Le Monde,* 26. Februar 1999.

Thévenot, Laurent, »Equilibre et rationalité dans un univers complexe«, *Revue économique,* März 1989.

Vandenberghe, Frédéric, *Une histoire critique de la sociologie allemande,* La Découverte-MAUSS, Paris, 1997.

Villette, Michel, *Le manager jetable. Récits du management réel,* La Découverte, Paris, 1996.

Vivien, Franck-Dominique und Pivot, Agnès, »A propos de la méthode d'évaluation contingente«, *Natures Sciences Sociétés,* Nr. 7, 2, 1999.

Walker, Perry und Goldsmith, Edward, »Une monnaie pour chaque communauté«, *Silence,* Nr. 246-247, Juli-August 1999.

Warnier, Jean-Pierre, *L'esprit d'entreprise au Cameroun,* Karthala, Paris, 1993.

Weber, Max, *Die protestantische Ethik und der Geist des Kapitalismus,* Max-Weber-Gesamtausgabe, Bd. 18, J. C. B. Mohr (Paul Siebeck), Tübingen, 1986ff.

— , *Wirtschaftsgeschichte. Abriß der universalen Sozial- und Wirtschaftsgeschichte,* hrsg. v. S. Hellmann und M. Palyi, Duncker und Humblot, Berlin, 1958.

Whittaker, André, *L'analyse transformationnelle en sciences sociales. La société antillaise-guyanaise et le mode de production créole. Eléments pour une nouvelle théorie de l'entreprise et du développement ou efficience sociale de la production,* Diss., Paris-VII, 1996.

Williger, Marc, »La méthode d'évaluation contingente: de l'observation à la construction des valeurs de préservation«, *Natures Sciences Sociétés,* Nr. 4, 1, 1999.

Zaoual, Hassan, »La banque mondiale à la recherche des valeurs africaines«, *Annales marocaines d'économie,* Nr. 12, Sommer 1995.

Zedi, Kessy Marcel, *Culture d'entreprise et management de l'entreprise moderne,* CEDA, Abidjan-CLE, Yaoundé, 1999.

Anonyme Beiträge, Zeitungen und Zeitschriften

Bulletin du MAUSS, Nr. 18, Juni 1986.

Revue du MAUSS, La Découverte, Paris.

Groupe Epistémologie des Cindyniques, Nr. 3, Dezember 1996.

Le Canard enchaîné, 6. Oktober 1999.

Le Devoir, 23. Oktober 1996.

Le Monde, 9. Oktober 1992.

Le Monde, 27. Oktober 1998.

L'Express, 29. Juli 1999.

Libération, 5. Oktober 1999.

Silence, Nr. 246-247, Juli-August 1999.

Sweatshop Watch, 1998, 720 Market Street, San Francisco.

Namenindex

Bernhard Siegert, Joseph Vogl (Hg.)
Europa. Kultur der Sekretäre

272 Seiten
ISBN 3-935300-38-7
EURO 32.90 / SFr. 55.30

Eine Grundregel unserer Schriftkultur besagt seit dem Ende des 18. Jahrhunderts, daß ein Autor immer anderes und immer mehr sei als ein bloßer Schreiber. Diese Regel hat Werke und Schulen, Texte und Kommentare hervorgebracht. Und diese Regel hat vergessen gemacht, was stets den Boden dieser repräsentativen Kulturarbeit bereitet: ein unaufhörliches Aufschreiben, Abschreiben, Verzeichnen, Registrieren und Archivieren.

Ausgehend von einer Überlegung dieser Art geht es in dem vorliegenden Band um eine eher verborgene und apokryphe »Kultur der Sekretäre« – um eine Kultur, die in die Namenlosigkeit von Diskursen und in die Anonymität von institutionellen und bürokratischen Verarbeitungstechniken zurückführt.

Olivier Razac
Politische Geschichte des Stacheldrahts
Prärie, Schützengraben, Lager

112 Seiten
ISBN 3-935300-31-x
EURO 12.90 / SFr. 22.70

Um drei historische Zeitabschnitte – die Eroberung der Prärie, den Ersten Weltkrieg, das Konzentrationslager – gruppiert der junge Philosoph Olivier Razac seine ebenso faszinierende wie beklemmende Studie über den Stacheldraht.

In Anlehnung an Michel Foucault und Giorgio Agamben legt Razac prägnant und einleuchtend die Mechanismen von Einschluß und Ausschluß, Schutz und Gewaltanwendung bloß, in deren Rahmen der Stacheldraht die politische Beherrschung des Raums und der Menschen darin ermöglicht. Eine gerade Linie zeichnet sich ab, die bruchlos von der amerikanischen Prärie über die Mandschurei, Verdun, Dachau bis nach Guantanamo und vor die Schutzwälle der heutigen Ersten Welt führt.